内蒙古自治区哲学社会科学规划项目

内蒙古地区社区认同和社区治理的协同建构研究 (2016NDC093)

| 国 | 研 | 文 | 库 |

重构社区认同的文化治理策略研究

——内蒙古社区治理创新实践考察

付春华 ———— 著

光明日报出版社

图书在版编目（CIP）数据

重构社区认同的文化治理策略研究：内蒙古社区治理创新实践考察 / 付春华著. -- 北京：光明日报出版社，2021.4

ISBN 978 - 7 - 5194 - 5889 - 8

Ⅰ.①重… Ⅱ.①付… Ⅲ.①社区文化—文化管理—研究—内蒙古 Ⅳ.①G127.26

中国版本图书馆 CIP 数据核字（2021）第 056966 号

重构社区认同的文化治理策略研究：内蒙古社区治理创新实践考察
CHONGGOU SHEQU RENTONG DE WENHUA ZHILI CELÜE YANJIU:
NEIMENGGU SHEQU ZHILI CHUANGXIN SHIJIAN KAOCHA

著　者：付春华			
责任编辑：黄　莺		责任校对：袁家乐	
封面设计：中联华文		责任印制：曹　净	

出版发行：光明日报出版社

地　　址：北京市西城区永安路 106 号，100050

电　　话：010 - 63169890（咨询），010 - 63131930（邮购）

传　　真：010 - 63131930

网　　址：http://book.gmw.cn

E - mail：huangying@ gmw.cn

法律顾问：北京德恒律师事务所龚柳方律师

印　　刷：三河市华东印刷有限公司

装　　订：三河市华东印刷有限公司

本书如有破损、缺页、装订错误，请与本社联系调换，电话：010 - 63131930

开　　本：170mm×240mm

字　　数：212 千字　　　　印　　张：16.5

版　　次：2021 年 4 月第 1 版　　印　　次：2021 年 4 月第 1 次印刷

书　　号：ISBN 978 - 7 - 5194 - 5889 - 8

定　　价：95.00 元

前　言

　　党的十九届四中全会强调，坚持和完善共建共治共享的社会治理制度，建设人人有责、人人尽责、人人享有的社会治理共同体，构建基层社会治理新格局。①

　　2018 年 11 月，习近平总书记在上海市虹口区市民驿站考察时指出，城市治理的"最后一公里"就在社区，社区是党委和政府联系群众、服务群众的神经末梢，要及时感知社区居民的操心事、烦心事、揪心事，一件一件加以解决。② 2019 年 11 月，习近平总书记深入上海杨浦滨江、古北社区，就贯彻落实党的十九届四中全会精神、城市公共空间规划建设、社区治理和服务等进行调研，指出城市是人民的城市，人民城市为人民，无论是城市规划还是城市建设，都要坚持以人民为中心，聚焦人民群众的需求，让人民有更多获得感，为人民创造更加幸福的美好生活。总书记在古北社区市民中心考察时特别强调，城市治理是推进国家治理体系和治理能力现代化的重要内容，要牢记党的根本宗旨，坚持民有所呼、我有所应，

---

　　①　编写组.中共中央关于坚持和完善中国特色社会主义制度、推进国家治理体系和治理能力现代化若干重大问题的决定（2019 年十九届四中全会决定单行本）［M］.北京：人民出版社，2019.

　　②　新华网.习近平在上海考察［R/OL］.新华社上海，2018 - 11 - 07.

把群众大大小小的事情办好，推动城市治理的重心和配套资源向街道社区下沉，聚焦基层党建、城市管理、社区治理和公共服务等主责主业，整合相关方面力量，面向区域内群众开展服务，同时指出，文化是城市的灵魂，坚定文化自信，增强家国情怀。① 总书记的一系列重要讲话和党的最新治国理政方针告诉我们，社区治理必须"以社区居民为中心"。要让社区居民重新树立起传统的家园意识，只有让他们回归社区生活共同体当中，充分享受到社区生活的愉悦、社区发展的实惠，居民才能对社区产生强烈的认同感，才能关注社区发展、支持社区建设、参与社区治理、维护社区利益。唯此，社区才能实现人人有责、人人尽责、人人享有。

"重构社区认同"是构建"共建共治共享"的基层治理新格局的核心议题。社区认同是社区治理的内生动力，是完善社区治理体系、增强社区治理能力的前提基础。"共建共治共享"的社区治理格局实质是追求社区应有的"共同体价值"，社区治理要以构建居民利益共享和文化共享的社区生活共同体为目标归宿。当前社区治理发展普遍面临的现实困境，其内因主要是居民群体的社区认同不足。社区认同是居民个体和群体基于社区需求而产生的心理和行为过程及状态，不仅表现为直接的情感认同，还表现为更稳定、更深刻的文化价值层面的理性认同。

文化认同是社区认同的本质属性，社区认同不足的根源是社区文化培育及治理性功能发挥不足。社区文化既可作为社区治理对象，又可作为社区治理的有效工具。"文化治理"作为我国近年来新兴的学术概念和治理理论，为重构社区认同提供了一剂良方，抓住了社区认同问题的症结，开拓了社区治理行动的空间。文化治理策略通过培育协同治理取向的社区文化体系，发挥文化治理功能，实现社区成员对"共建共治共享"价值理念

---

① 新华网. 习近平在上海考察时强调 深入学习贯彻党的十九届四中全会精神 提高社会主义现代化国际大都市治理能力和水平 [R/OL]. 新华社上海，2019 – 11 – 03.

的心理和行动认同。

　　用发展中的理论指导发展中的实践，用成功的实践经验反哺探索中的理论创新，笔者认为，这是学术研究的理想目标。当前，我国各地区的社区治理创新实践不断向广度和深度发展，着力打造祖国北疆亮丽风景线的内蒙古自治区社区治理发展也迈出一步步可喜的步伐，在国家层面取得了不少成绩，在西部地区范围表现不俗。

　　本书聚焦基层社区场域，旨在通过对新兴理论热点"文化治理"做进一步研究探索，为推进社区治理提供更有效的行动策略，同时，以文化治理策略为视角，对内蒙古地区近年来社区治理创新实践不失时机地进行考察，梳理成功做法，提炼发展经验，希望能为其他地区社区治理发展的政策研究与完善提供有益思考。笔者近年来持续关注国内典型地区的社区治理发展，利用项目调研、实地考察、交流学习等机会积累了丰富的第一手经验资料，书中有针对性地甄选了大量典型案例，可为基层治理相关人员提供有价值、可参考、生动具体的真实素材。

目　录
CONTENTS

第一章

导　论

"社区"一词作为一个专业研究术语，它的提出最早应追溯到1887年，由斐迪南·滕尼斯（Ferdinand Tonnies）在《共同体与社会》一书中首先提出。在他看来，社区是基于传统的血缘、地缘、文化等自然形成的，是具有共同价值观念的同质人口组成的守望相助、关系亲密的共同生活体，基础是情感、意向、习惯、记忆等自然的意志。社区至少具有两个方面的本质属性：一是地域性，具有能使社区成员经常交往、相互熟识的地理环境；二是社会性，社区成员在共同生活中产生功能、组织和心理上的联系。因此，社区作为居民生活共同体，还包含着支撑其存在和发展的、被社区成员所普遍认同的结构、规则和价值等文化要素。

第一节　研究背景

一、社区认同不足是社区治理发展的现实困境

中国传统社区是建立在血缘、地缘、业缘关系基础上的"熟人社区"，是"精神共同体"与"地域共同体"的高度统一。无论是家庭、亲属、街

坊，还是因工作而聚合的群体，人们普遍拥有趋同的文化传统、价值观念、行为特点等，并以此为基础通过持续的交往活动形成了一致的社区意识，也形成了关怀互助的社区行动网络。但现代社区的特征逐渐远离了社区共同体的原始意义，"精神共同体"意义流失殆尽。随着城镇化进程快速推进，人口流动性加剧，新型社区形态不断涌现，基于居住地选择的"陌生人社区"成为城市社区的主要形态，导致社区不再是以往价值观念趋同的社群性组织，而更多的是以理性和差异性为特征的个体的联合，成员之间缺乏共同的文化意识和价值观念，社区公共精神缺失，公共参与冷漠，精神共同体意义上的社区逐步退化为"地理空间"意义上的"小区"。

社区治理是指基层党组织、政府及其派出机构、社区自治组织、社区社会组织、专业社会组织、驻区企事业单位、社区居民等多元主体，运用多样化的方式，共同应对社区公共问题、完成公共服务和公共事务管理，实现社区公共利益最大化的活动。改革开放40多年，政府与社会对"社区发展"这一实践课题的认识不断发展深化，在政策话语、理论焦点和发展导向上，发生了从"社区服务"到"社区建设"，从"社区管理"到"社区治理"的过渡和转向，在实践中取得了不少积极成效和先进经验，先后涌现出一批社区治理发展典型。2019年10月，党的十九届四中全会在强调"坚持和完善共建共治共享的社会治理制度"的基础上，提出"建设人人有责、人人尽责、人人享有的社会治理共同体"，为新时代社区治理发展指明了方向，为社区治理提供了中国化的丰富内涵和理论解释。但另一方面，社区治理在不同范围和程度上也存在一些问题，例如，治理体系不完善、政社互动不畅通、公众参与不深入、社区回应不及时等，明显制约了社区治理的发展。当前，从宏观层面看，各地区社区治理发展普遍存在社区认同不足的现实困境。

第一，现代社区居民的主体意识和自治意识欠缺。在西方国家，社区通常与社区精神密不可分，社区从开始就具有较强的自治意义，社区居民是社区的管理主体，通过个体和群体的形式积极参与社区事务，对社区表现出强烈的认同感、归属感和主人翁意识。在我国，社区的形成最初是政府基于社会整合的目的，按照"便于服务管理，便于开发资源，便于社区居民自治"的原则来划分的，是政府为弥补单位制解体所带来的社会组织和管理真空而创造的国家基层管理单元。在这样的历史背景和现实基础上建立的社区，虽有明确的地域位置，居民间却不具有"生活共同体"意义上的情感共鸣，难以产生对社区的主体意识和归属感。社区制运行初期行政化倾向所带来的制度化诟病，使现代社区的多数活动仍具有较强的行政色彩，居民之间以及居民对形式意义上的居民自治主体即居民委员会和基层政府、街道办事处缺少信任，对居委会和基层政府的各项政策号召和社区整体利益漠不关心，除非涉及个人切身利益；对社区事务的参与更多的是被动性的、表面性的、执行性的，没有把自身作为社区建设和治理过程中的积极性力量，没有实现从"单位人"到"社会人"再到"社区人"的过渡，自主自治意识不足，表现出一种"理性无知"。社区居民宁愿选择旁观者、享受者也不愿自我行动起来，使得社区治理陷入政府治理—居民看客、社工服务—居民享受的循环之中。①

第二，现代社区缺少彼此信任、互惠互助、协商合作的文化环境。社区认同必须建立在社区成员互相信任、互惠合作的文化基础上。然而中国的人际信任是以自己为中心的同心圆，或者说是费孝通先生在《乡土中国》中所谓的"差序格局"，即个体对他人的信任是以是否与自己具有血缘、亲缘为依据的。离自己最近的圈内的人，也就是与自己有血缘、亲缘关系的人，则对他们采取信任的态度，而对于处于圈外的人，则无法给予

---

① 陈伟东.社区行动者逻辑：破解社区治理难题［J］.政治学研究，2018（1）.

其信任，更不会与其合作。现代社区在更多人看来，是以诸多家庭为单位的陌生人的聚居地，彼此之间情感淡漠、关系疏离，这样一来，社区居民缺乏主动交往的意愿，难以形成彼此行为的理性预期，彼此的沟通互动和合作互助更为稀缺，社区中没有守望相助、自我管理和普遍认同的社区规范；社区中缺乏关联性的网络，私人领域不断挤压公共领域，居民不愿进入社区公共空间，相互之间的联系甚微，很少能积极主动地参与到社区公共生活中。社区缺失了信任、规范和网络的社会资本，社区的公共网络无法建构，居民之间呈现原子性状态，因此难以产生对社区的认同感和归属感，在这样的生活氛围下，互助合作、协商共治难以具备运行的条件。

第三，现代社区功能发挥不足，居民个人和群体的社区诉求无法得到充分满足。社区作为居民与社会取得关联、表达生存发展诉求的最基本场所，给社区居民和社区组织提供社会支持，是其应有的重要功能。然而，由于社区功能所依赖的社区公共空间发育不足，社区的公共场所、公共规范、公共行动和公共精神缺失，社区成员在其最基本的生存生活场所中无法取得应有的支持，合理诉求在社区层面上无法得到满足，而是更多依托于社区之外的公共资源。社区本身所提供的社会支持是薄弱的，甚至是缺位的，特别是居民异质性很高的、人口流动性很大的社区，社区社会支持功能的缺位更为明显，导致社区居民对社区是疏远的，情感上是寄居的。

有学者从意义上把社区分为价值意义上的社区和工具意义上的社区。价值意义上的社区是指作为生活共同体的理想社区，工具意义上的社区是指以政府为主的多元主体参与社区建设、实现发展目标的场域。社区治理是社区建设进入新阶段面临的新任务，价值意义上的社区是社区建设和社区治理的最终目标。人们怎样理解社区，就会怎样去建设社区、治理社区。只有按照人类的本性建设和治理社区，价值意义上的社区才是可能的。① 社区治理过程需要科学合理的公共资源分配和体制机制建设，通过强化社区成员的利益关联、价值意识和需求实现来推动多元主体的协同行动。对于共同体意义消解殆尽的现代社区来说，文化价值层面的"认同"问题成为社区建设在新时期的突出问题。只有加强社区认同，才能重建居民有着利益联系和共享文化价值的社区共同体。

习近平总书记强调："社会治理的重心必须落到城乡社区，社区服务和管理能力强了，社会治理的基础就实了"②，"要推动社会治理重心向基层下移，把更多资源、服务、管理放到社区"③，"社区工作是一门学问，要积极探索创新，通过多种形式延伸管理链条，提高服务水平，让千家万户切身感受到党和政府的温暖"④，"要发挥社会各方面作用，激发全社会活力，群众的事同群众多商量，大家的事人人参与"⑤，"要把党的惠民政策宣传好，把社区居民和单位组织好，打造共建共治共享的社区治理格局"⑥。习近平总书记关于社区治理的重要论述立意高远，既从认识论和方法论上回答了社区治理怎么看的问题，又进一步回答了怎么办的问题。

文化治理是社会治理的重要内容和方式，是培养社会公众"公共精神"和"公共责任"、引导公众参与"公共生活"的重要路径，是重构

---

① 丁元竹. 价值意义与工具意义上的社区——关于社区建设和社区治理的探索［J］. 中国治理评论，2013（2）.
② 习近平在参加十二届全国人大二次会议上海代表团审议时的讲话（2014 年 3 月 5 日）［N］. 人民日报，2014 - 03 - 06.
③ 新华网. 习近平在山东考察时强调 切实把新发展理念落到实处 不断增强经济社会发展创新力［R/OL］. 新华社济南，2018 - 06 - 14.
④ 新华网. 习近平春节前夕赴陕西看望慰问广大干部群众 向全国人民致以新春祝福［R/OL］. 中央政府门户网站，2015 - 02 - 16.
⑤ 新华网. 习近平：践行新发展理念深化改革开放 加快建设现代化国际大都市［R/OL］. 新华社北京，2017 - 03 - 05.
⑥ 新华网. 习近平在湖北考察时强调 坚持新发展理念打好"三大攻坚战"奋力谱写新时代湖北发展新篇章［R/OL］. 新华社武汉，2018 - 04 - 28.

"社区认同"的核心策略。要充分利用和激活文化的治理功能，帮助居民重建社区情感，培养社区意识，增强心理归属，激活内生动力，使其意识到主体身份和地位，自觉关注社区公共事务；使党政组织、社会组织、居民群众等多元主体有热情和能力共同投身社区治理，增进良性互动，实现社区善治。

二、内蒙古社区治理改革创新势在必行

党的十八届三中全会提出了"社会治理"理念并明确了"推进城乡社区治理"的改革任务，党的十九大进一步提出"打造共建共治共享的社会治理格局"，并明确指出，"要加强社区治理体系建设，推动社会治理重心向基层下移，发挥社会组织作用，实现政府治理和社会调节、居民自治良性互动"，突出了社区治理在国家战略全局中的重要地位，突出了社区治理改革创新的重要意义。2017 年 1 月，国家发改委印发《西部大开发"十三五"规划》（发改西部〔2017〕89 号），其中专设一节"创新社会治理机制"，强调"加强和创新西部地区城乡社会治理机制建设"。2017 年 4 月，中共中央、国务院下发了《关于加强和完善城乡社区治理的意见》（中发〔2017〕13 号）（以下简称《意见》），这是我国第一个以党中央、国务院名义出台的关于城乡社区治理的纲领性文件，首次从"促进城乡社区治理体系和治理能力现代化"的发展高度，提出了新时期社区治理发展的总体目标、主攻方向和推进策略，与国家治理现代化的发展目标相统一。《意见》指出，要坚持以基层党组织建设为关键、政府治理为主导、居民需求为导向、改革创新为动力，形成基层党组织领导、基层政府主导的多方参与、共同治理的城乡社区治理体系；要推动各地立足自身资源禀赋、基础条件、人文特色等实际，确定加强和完善城乡社区治理的发展思路和推进策略，实现顶层设计和基层实践有机结合，加快形成既有共性又

有特色的城乡社区治理模式。

内蒙古地区随着新时期经济社会的迅速发展和城市化进程的突飞猛进，新型城市社区、城乡过渡型社区、农村牧区社区规模不断增大。一方面，从总体上看，内蒙古地区社区治理发展相对滞后，大部分地区的社区建设尚处于"治理"模式的萌芽或初级阶段，社区综合服务设施利用不充分、社区服务功能和资源整合不充分、社会力量协同作用发挥不充分等问题广泛存在，社区治理的发展基础仍很薄弱。另一方面，城乡社区治理发展不平衡现象突出，基础设施覆盖率差距较大。据内蒙古自治区民政厅最新统计数据，截至2019年12月底，全区有村委会11058个、居委会2490个，共有社区服务机构和设施总数5014个。其中，社区服务指导中心4个；社区服务中心1009个（其中农村社区服务中心208个）；社区服务站1542个（其中农村社区服务站425个）；其他社区服务（养老）机构和设施2459个（其中农村1506个）。社区服务机构（设施）覆盖率为37%，①具体看，城市社区服务机构（设施）覆盖率超过100%，农村覆盖率则不足20%。社区公共服务能力是社区治理能力的首要因素，社区服务机构对于社区治理体系的完善乃至社区治理水平的提升至关重要。

从深层次考察，当前，内蒙古地区社会主体参与治理的内在意识和行动能力还明显不足，多元参与、协作共治的社区文化氛围尚未广泛形成，社区协商自治的发育土壤贫瘠，社区治理发展的内力不强，不利于夯实党的执政根基，更好地为社区居民提供精准化精细化服务，有效增强人民群众的获得感、幸福感、安全感。究其原因，与基层党组织和政府部门在推进社区治理中发挥引领作用、找准职能角色、把握治理策略、迎合民情民意上的不足和困境有很大关联。因此，社区治理改革创新已成为内蒙古地

---

① 注：社区服务机构（设施）覆盖率等于社区服务机构和设施总数除以村委会数与居委会数之和。

区党和政府巩固基层基础、推动社会发展、化解社会矛盾、分享改革成果的重要战略和有力手段，大势所趋，势在必行。

在全国上下积极推进社区治理改革创新的浪潮下，内蒙古地区通过政策引领、理论研究、基层实践的推动，也加速开启了社区治理创新的步伐。特别是在2010年之后，二连浩特市、包头市等地在城市社区领域先行先试，赤峰市、鄂尔多斯市等地紧随其后，这些地区立足实际，从不同角度、在不同领域积极学习借鉴先进经验，稳步推进改革创新实践，推动社区治理不断拓展广度和深度，近年来取得了不少富有特色的积极成果，得到了国家层面的认可和支持，以创新成果的集聚效应在中西部地区起到了较强的引领示范作用，改革创新势头强劲。

2017年12月31日，内蒙古自治区党委、人民政府印发了《关于加强和完善城乡社区治理的实施意见》（内党发〔2017〕40号），结合自治区内的典型地区成功经验，对各地区统筹推进社区治理提出了较为全面的政策意见和目标要求，这势必在更大范围、更深程度上对各地区社区治理改革创新实践产生重要影响，推动新时期内蒙古地区社区治理总体发展进入新阶段。

第二节　研究目的和意义

社区认同是社区治理的内生动力，是完善社区治理体系、增强社区治理能力的前提基础。如前所述，当前我国社区治理发展所普遍面临的现实困境有公众参与不足、公共精神淡化、价值理念缺失、运行机制空转、互动回应低效等，其内因主要在于居民群体的社区认同不足。其产生的主要因素在于基层政府社区认同建设的有效性不足。基层政府是党委领导下解决"社区认同"问题的主要责任人,其在社区认同建设过程中如何精准发力,有效发挥在社区治理体系中的主导作用,关系社区治理的绩效,这是本研究的关注重点。

"重构社区认同"问题近年来越来越得到学界的重视,对"社区认同"这一学术概念的研究正在逐步深入,仍有很大的理论研究空间。如何跳出"社会认同"范畴的宏观研究,如何结合当前中国的社区治理实践特点进行合理解读,把握"社区认同"与"社区治理"的有机关联,深化对社区治理问题和发展策略的认识,目前的学术成果还不多,本研究试图作更深一步的探讨,为基层社区治理改革创新找到新的视角、提出新的方案。

随着党的十八届三中全会提出"国家治理"和"社会治理"理念,本研究的另一个关键词"文化治理",作为一个独立的中文学术概念,成为当前学界研究的热门课题,并延伸到基层社会治理领域的理论和实践层面。有学者提出将"社区治理的文化转向"作为一种新的理论视角,来探讨"文化治理"的效用,主张以"社区文化治理"来强化社区文化空间建构、文化价值重构、文化认同培育。社区文化不仅是社区治理的对象,更是一种有效的治理工具,可以说,社区治理面对当下社区认同不足的困境,"文化治理"策略为"重构社区认同"找到了出路。因此,本研究的落脚点是政府针对社区的"文化治理"策略,力求为基层政府推进社区治理在价值引领、制度设计、政策供给、行为引导上提供可行方案。

以理论的发展深化为基础,总结提炼基层改革创新的经验做法,使之转化为指导工作的政策参考,是广泛推动实践的有效办法。本研究深入内蒙古地区基层社区治理实践,对取得阶段性成果、又各具特色的包头市、二连浩特市、赤峰市等先进地区经验进行调查研究和实证研究,提炼经验内核,把握政策着力点,为内蒙古地区乃至中西部地区加强和完善社区治理提供有参考价值的路径建议。

第三节　研究思路和内容

　　本专著紧跟党的十九届四中全会关于"推进国家治理体系和治理能力现代化"的精神引领，聚焦社区治理问题，聚焦我国当前社区治理普遍面临的现实困境，采取理论研究与实证研究相结合的方式，将"社区治理"作为理论出发点和实践落脚点，坚持在实践意义上进行理论创新，实现研究意义。

　　第一，在"社区治理""社区认同""文化治理"三者研究成果基础上，通过对社区变迁、社区意识、社区空间、社区文化等方面的理论研究，结合当前我国社区治理的特点、趋势和关键问题，以"社区治理"为支点，对"社区治理""社区认同""文化治理"三者的内在联系进行系统论述，从而实现对现阶段社区治理发展问题和策略的深入把握。本书第二章主要研究论述了"社区认同"与"社区治理"的关联，在个体需求和社区发展视角下对"社区认同"的内涵进行系统性解读，进而在第三章研究论述了"社区认同"与"文化治理"的关联，通过对社区认同问题的再挖掘和文化治理效能的再思考，把握二者之间"目标"与"策略"的关系，论述"社区文化治理"如何作为"重构社区认同"的行动策略，为推进社区治理找到新的结构分析视角。

　　第二，结合国内各地区社区治理发展先进经验，对"重构社区认同"的文化治理策略进一步研究论述，为推动我国新时期的社区治理提出行动路径和政策建议。本书第四章分别从社区文化治理的四个实践载体即交往互动空间、主体权利体制、需求回应机制、共同价值意识展开，系统论述构建社区"共建共治共享"新格局的文化治理策略体系，为推进社区治理发展提供一个新的分析框架，力求为社区治理创新提供新的视角和方案。

第三，以"文化治理策略"为视角，对内蒙古地区的社区治理改革创新实践进行深度考察，梳理典型经验做法，分析改革创新成效。本书第五章对内蒙古包头市青山区和昆都仑区、鄂尔多斯市康巴什新区、赤峰市红山区、二连浩特市 5 个代表性城区的社区治理创新实践进行了梳理，相对全面地展示了内蒙古地区近年来的社区治理改革创新突出成果，总结了改革创新的主要特点和基本经验，并对下一步社区治理创新实践在"文化治理策略"上的拓展空间进行了延伸思考。

第四节　重点概念的研究综述

一、关于"社区治理"的研究

在 20 世纪 90 年代西方治理理论的广泛影响下，国外对社区治理的研究迅速发展，成果颇丰。研究可以分为三个层面：一是哲学和政治层面，二是制度体系和制度分析层面，三是发展策略和操作手段层面。"社会化理论"创始人美国经济学家萨缪尔·伯勒斯（Samuel Bowles）和赫伯特·金迪斯（Herbert Gintis）的《社会资本与社区治理》，深刻分析了社区治理的必要性及社区治理中培育社会资本的重要意义。西英格兰大学的城市治理教授海伦·苏利文（Helen Sulivan）在《现代化、民主化与社区治理》中，强调了社区治理的三大核心主题：社区领导力、促进公共服务的供给与管理、培育社会资本。国外学者对社区治理的主张主要涵盖四种范式：集权主义型治理范式，地方主义型治理范式，个人主义型治理范式，社会动员型治理范式。四种范式受西方意识形态影响，带有明显的西方社会话语特征。

伴随着我国社区建设实践的迅速发展，特别是近年来各地区社区治理改革的实验浪潮，国内对社区治理的学术研究相应发展起来，学者通过对各地社区治理改革实践先进经验的介绍、总结、提炼，结合多学科相关理论分析，不断出现质量较高的研究成果，研究更多地着眼于社会体制下政府、市场、社区三者之间的关联与合作，并出现向社会个体和群体的意识与行为关注的新趋势。例如，夏建中教授的著作《中国城市社区治理结构研究》（2012），不仅对国外社区研究的最新理论进展进行了系统性、创新性论述，还对我国当前社区建设中的不同治理结构进行大量实证研究，对社会资本培育问题进行了深入探索。

从多学科理论视野上看，近年来，国内学界对社区治理的研究主要分为以下几个角度。

一是以公民社会理论、整体性治理理论为基础，从"国家—社会"关系的角度展开研究，形成了以"自治型社区""融合型社区"为主流的理论观点。该理论认为要大力培育各类社会组织，发挥公民社会自身的作用，通过社区自治来实现社区的自我治理；要实现国家主导与社区自治的统一，在政府与社区的互动中实现资源互补和利益双赢。

二是以治理和善治理论为基础，从元治理、多中心治理、新公共管理等理论视角展开研究。治理理论强调社区治理体系中的政府、社会组织、自治组织等不同主体的协商、合作和互动。"元治理"理论视角认为，我国社区治理结构的特点是"一核多元"，即以基层党委为核心，政府发挥主导作用，其他主体之间进行协作；"多中心治理"理论视角更重视多元社会主体之间的协作，注重发挥社会力量在社区治理的功能作用；"新公共管理"理论视角主张"公共治理""协同治理"，更强调社区治理中居民参与的重要性，鼓励使用竞争机制和私人部门的管理方法、管理技术，通过政府机制与社会机制的有机融合和良性互动，实现政府力量与社会组织、社区单位、居民群体和个人等社会力量的共同参与、责任共担、利益共享、协同行动。更多学者认为，协同治理导向更加适合我国的社区治理发展要求和趋势。

三是以社会资本理论为基础，从社区认同、社区信任、社会组织等视角展开研究。社会资本被认为是一种存在于社会关系中的"黏合剂"，表现为个人关系、成员身份和社会网络，核心要素是信任关系，是一种可以增值的"无形资产"。从社区层面来说，社区社会资本能被用来理解居民个体如何实现信任与合作，克服集体行动困境和产生社区"认同感""归属感"等意识和行为现象。燕继荣教授认为，良好的社区治理的衡量指标可包括以下几个维度：社区自组织水平、社区交往程度、社区成员信任度、社区集体行动能力。从社会组织的角度看，社会资本有助于丰富组织资源，提高组织的凝聚力，促进社会自组织机制的形成。影响和决定社会自组织机制的要素有：社会利益结构的分殊性（组织成员之间的相互依存度）、个体对组织的依存度（组织内部资源的丰富性）、社会联系的密度和频度（成员之间的信任度）、利益共识的深度和广度（集体行动的必要性）、社会精英的组织意识（自组织发起机制）等。①

从社区治理实践视野上看，国内学界的研究还聚焦以下几个维度。

一是社区治理模式的研究。一般认为，我国社区治理模式可分为：行政型、自治型和合作型。还有学者借鉴新公共管理改革的经验，将社区治

---

① 燕继荣. 社区治理与社会资本投资——中国社区治理创新的理论解释［J］. 天津社会科学，2010（3）.

理模式分为授权型、竞争型、企业运作型、居民参与型、互助协作型。①

二是社区治理体制机制的研究。对于社区治理体制，学界普遍认为应改革"行政化"治理体制，向"复合型""合作型"治理体制转变；对于社区治理机制，学者们从协作机制、协商机制、参与机制、培育机制、互动机制等多角度展开研究。

三是社区治理主体及其角色功能的研究。这一研究主要从政府主体和社会主体两个主要方面展开。对于政府主体来说，理论焦点在于如何在"一核多元"的治理结构中有效发挥基层党组织的引领作用和基层政府的主导作用；对于社会主体来说，如何实现有效的社会协同和公众参与，是研究的核心问题。

二、关于"社区认同"的研究

国外对"社区认同"问题的研究源于"社会认同"研究。社会认同理论由社会心理学家亨利·泰弗尔（Henry Tajfel）于1986年提出，他认为社会认同主要来自群体成员身份或资格，及其在价值和情感上的重要性，是一个人自我概念的重要组成部分，会影响他们的社会态度和行为，该理论为解释群体行为提供了新的思路。约翰·特纳（John Turner）是欧美社会认同理论最有影响的学者之一，对社会认同理论进一步发展完善。社会认同理论试图解释个体所获得的对自己所在群体的成员身份的认识是如何影响他的社会知觉、社会态度和社会行为的。当一个人与他人进行交往时，他不是作为一个单独的个体，而是作为一类人的代表在与他人交往。在社会交往中，人们总是努力获得或维持积极的社会认同，这种积极的认

---

① 陈炳辉，王菁."社区再造"的原则与战略——新公共管理下的城市社区治理模式 [J]. 行政论坛，2010（3）.

同很大程度上来自内群体和相关外群体的有利比较。当人们不满意当前的社会认同时，可以选择离开该群体或寻求达到积极认同的途径。具体到社区研究上，仍然关注于"个体"，学术界对社区人际关系的改善、社区居民的归属感、居民个性心理和社会心理的变化等方面的研究一直没有间断过，这与国外意识形态和价值观念密切相关。针对"社区认同"问题，国外主要有三种理论观点：社区失落论、社区继存论、社区解放论。后两者体现了现代社区发展特点和主流研究趋势，即强调社区中个体的情感联系和突破地域限制的社会联系。

社会认同理论的研究在国外得到极大发展，总体上呈现从静态到动态、从一元到多元、从重人文到重实证以及从理论到应用的发展趋势，经历了从最初的哲学思辨、心理学实验到社会学的综合，以及政治学、经济学等学科的具体应用的多元化发展历程。社会认同理论是微观与宏观的结合性研究成果，构筑了个人—群体、宏观—微观的中介桥梁，在研究对象和研究问题的具体化上还存在很大空间。国内对"社会认同"问题的关注始于2001年前后，在心理学、社会学、政治学、教育学等领域，结合学科特点与中国文化特征及国情，对社会认同提出了不同的理论性界定。随着传统社区的变迁和现代社区问题的出现，"社区认同"也逐渐被纳为重要研究对象，但研究视角更关注"社会"，通常把社区认同问题理解为社会问题在社区层面的表现，主要研究社会变迁与群体价值观念问题。

李友梅教授给出了社会认同的三个核心领域——社会组织、意义系统和福利渗透，并将社会认同定义为"社会成员共同拥有的信仰、价值和行动取向的集中体现，本质上是一种集体观念。与利益联系相比，注重归属感的社会认同更加具有稳定性"。[①] 郑杭生教授则是从社会学中的社会互构

① 李友梅，肖瑛，黄晓春.社会认同：一种结构视野的分析——以美、德、日三国为例［M］.上海：上海人民出版社，2007：55.

论视角界定社会认同，即个人和群体对其身份和社会角色的自我认定和他者认可，其 2009 年主编的《中国人民大学中国社会发展研究报告 2019：走向更有共识的社会——社会认同的挑战及其应对》一书，较为全面深刻地论述了与社会认同相关的一系列问题，也特别关注了社区建设与社会认同的关系，强调重构社会认同是当代社区建设的题中之义。诸多心理学研究者认为社会认同的结构主要由四个方面组成，即认知、情感、动机、行为。虽然各个学者对社会认同理解的出发点不同，但对其本质的理解是一致的。社会认同在本质上是一种群体性观念，是一个社会的成员共同拥有的信仰、价值和行动取向的集中体现，是增强社会内聚力的必要条件。从社会层面上讲，社会秩序是建立在社会认同的基础上的，社会认同是实现社会整合的内生力量；从个人层面上讲，社会认同可以为个人融入社会、融入社区、融入群体提供支撑。

伴随国内各地社区建设发展，一些学者针对社区认同问题，从影响因素、形成机理、表现形式等方面进行了有益探索。唐有财等认为，社区认同反映了居民对社区功能状况的认可程度以及居民与社区的情感联结强度，它是基于利益相关、居住时间、历史记忆、社会交往等多种因素形成的。① 舒晓虎等认为，社区认同感的基础是居民之间较为频繁的交往和互动，在调查研究中提出重塑社区认同的四种新机制：网络型、社团型、治理型、记忆型。② 张良从文化层面对社区认同的宏观前提、行为基础、物质形态基础和功能基础方面进行了思考，为全面认识社区认同提供了较好的思路。更多学者指出，在当前社区建设中，往往只重视硬件建设，没有看到社区精神和意

---

① 唐有财，胡兵．社区治理中的公众参与：国家认同与社区认同的双重驱动［J］．云南师范大学学报（哲学社会科学版），2016（2）．

② 舒晓虎，陈伟东，罗鹏飞．"新邻里主义"与新城市社区认同机制——对苏州工业园区构建和谐新邻里关系的调查研究［J］．社会主义研究，2013（4）．

识建设的功能作用；社区主体的意识没有从"单位人"向"社会人"转变，缺少认同感、归属感以及参与社区建设的主观能动性。

三、关于"文化治理"的研究

国外关于"文化治理"的研究是在西方学者对治理问题的深入关注并与文化领域和文化理论相结合的过程中发展起来的。主要理论渊源包括意大利共产党的创始人安东尼奥·葛兰西（Antonio Gramsci）的"文化霸权"理论、法国哲学家米歇尔·福柯（Michel Foucault）的"治理术"理论、英国著名的文化研究学者托尼·本尼特（Tony Bennett）的"文化的治理"理论等。葛兰西的"文化霸权"思想，强调意识形态作为一种强有力的统治工具或统治资源对维持社会秩序的重要性，也就是强调"文化"统治的重要性，该理论为之后探讨"经由文化的治理"提供了理论基础。福柯的"治理术"思想是"文化治理"思想的重要理论源泉，他主张用"治理艺术"取代以往维护君主统治的手段，治理艺术是多元、多层次、多向度的，而不是单向度的自上而下的压制，具有动态性、整体性，与一系列策略、机制等微观技术的使用密切相关，存在治理主体和过程的自我性和自在性、自治与他治的维度。托尼·本尼特在 20 世纪 90 年代开始关注文化中的"治理"问题，他从福柯的"治理术"思想中汲取了大量资源，关注"文化治理"中的机构、策略性要素及其历史性的发展过程，认为文化在社会中产生作用的过程要依靠与权力技术相联系的"符号系统技术"以及"自我技术"的机制而运作，文化不再仅仅是一种生活方式，还是一种连接权力技艺与自我技艺，作用于社会关系之上的治理机制。该理论融通了文化与治理的内在逻辑，探讨了文化研究的现实作用。托尼·本尼特认为，文化治理"应该作为一门改革者的科学"①。

虽然以本尼特为代表的西方学者较为深入地探讨了文化与治理的关联问题，但并未把"文化治理"作为一个独立的学术概念提出来。21 世纪初，"文化治理"作为中文语境中的一个独立概念在中国台湾地区的学界进行了开创性建构。2003 年，中国台湾学者王志弘发表了《台北市文化治理的性质与转变（1967—2002）》一文，对"文化治理"概念进行了较为系统和学理化的界定，其英文表述"cultural governance"也被提出。在吸收西方学者理论的基础上，王志弘将"文化治理"较为清晰地从政治学中的"统治"（government）概念中区分出来，认为"文化治理"既强调权力规制、统治机构和知识形式及其再现模式，又突出治理组织不拘于政府机构的性质而呈现出网络化的复杂形态，指出"文化治理概念的根本意涵，在于视其为文化政治场域，亦即透过再现、象征、表意作用而运作和争论的权力操作、资源分配，以及认识世界与自我认识的制度性机制"。2010 年，王志弘又发表了《文化如何治理？一个分析架构的概念性探讨》②，对"文化治理"进一步深入探讨，认为其是"以各种程序、技术、组织、知识、论述和行动为操作机制而构成的场域"。

21 世纪初，大陆学界开始将"文化治理"作为一个独立的研究术语在不同领域中使用，但对其本身的学理性意义的探讨还极为有限。随着党和政府近年来在推进全面深化改革中对国家治理问题的高度重视，文化视域下的治理问题和实践策略日益受到关注，学界也越来越多地关注到了"文化治理"的学理和现实意义。

---

① 托尼·本尼特. 文化与社会［M］. 王杰，等译. 桂林：广西师范大学出版社，2007：102.

② 王志弘. 文化如何治理？一个分析架构的概念性探索［J］. 世新人文社会学报，2010（11）.

　　2012 年，学者胡惠林在其研究成果中阐述了"文化治理"有别于"文化管理"的内涵和特点，并针对如何提高国家文化治理能力问题提出了很好的建议。他认为，文化具有社会治理的功能与特征，文化治理是国家治理的重要组成部分，文化治理是国家采取一系列政策措施和制度安排，利用和借助文化的功能用以克服和解决国家发展中问题的工具，对象是政治、经济、社会和文化，主体是政府和社会，政府发挥主导作用，社会参与共治。文化治理的特征，是通过主动寻求一种创造性文化增生的范式，实现文化的包容性发展，更突出人、社会与国家的能动性和自主性。①

　　学者毛少莹以国际视角梳理了文化治理的发展脉络和经验，重点阐述了文化治理的关键性制度安排，认为文化治理即推动建立由各利益相关方组成的共同治理公共文化事务的制度框架。各国文化治理的实践经验表明，保护公民文化权利是开展文化治理的核心理念和法理依据，形成"治理"结构，建立政府与民间的合作伙伴关系，则是文化治理的关键性制度安排。②

　　吴理财是近年来对"文化治理"保持高度关注的著名学者，他整合了治理理论、福柯"治理术"理论、本尼特的"文化治理性"等英国文化理论和中国台湾学者的文化治理理论，基于现代公共文化服务体系建设实践，主张"把治理引入公共文化服务"，认为公共文化服务涉及资源分配、社会整合、政治认同，以及这些过程的象征化、美学化和合理化，包含了权力关系的议题（主要体现在政府与民众间的关系上），涉及政府、社会和市场多元主体关系以及这些关系的协调和合作;③ 他通过系统的文献梳理，从政治、社会、经济三个角度对文化治理进行了深刻剖析，认为尽管文化治理在具体的实践中可以展现多样面孔和丰富形态，但是其实质都是

---

① 胡惠林. 国家文化治理：发展文化产业的新维度［J］. 学术月刊, 2012（5）.
② 毛少莹. 文化治理及其国际经验［J］. 中国文化产业评论, 2014（2）.
③ 吴理财. 公共文化服务的运作逻辑及后果［J］. 江淮论坛, 2011（4）.

要透过文化和以文化为场域达致治理；① 他针对社区治理领域，将文化治理作为一种新的理论视角，呼吁"社区治理的文化转向"，认为"文化治理，是一种自我规训，它是一种基于认同之上可以主动避免矛盾发生的和谐治理模式"②。

当下，我国文化治理研究不再局限于国家治理层面的学术探讨与理论建构，而是进一步延伸到基层社会治理层面的经验总结与实践行动。地方性文化治理开辟了基层社会治理的行动路径与发展空间，推动了基层社会治理体系与治理能力现代化。③

---

① 吴理财. 文化治理的三张面孔［J］. 华中师范大学学报（人文社会科学版），2014（1）.

② 李世敏，吴理财. 社区治理的文化转向：一种新的理论视角［J］. 理论与改革，2015（1）.

③ 李山，吴理财. 社区文化治理及其公共性重建［M］// 赵秀玲. 中国基层治理发展报告（2016），广州：广东人民出版社，2016：256.

第二章

社区认同与社区治理

理解"社区认同"的内涵，必须要立足中国社区建设进入社区治理发展新时期的时代背景。"社区认同"与"社区治理"这两个实践主题，在社区的现实场域中具有目标的一致性和过程的协同性、互构性。社区治理的目标归宿是实现"共建共治共享"的社区生活共同体，解决社区治理面临的"共同体困境"，关键在于"重构社区认同"。

第一节　社区认同

一、认同是社会人必然产生的心理和精神要素

认同是基于人的心理、思想与信仰形成的，其逻辑起点源于人的自我认知。所以，认同问题最早由心理学领域提出。认同是指个人发现或模仿、内化他人的价值、规范与面貌，形成自己行为模式的过程，人们对某

一事物认同的产生意味着其在心理上和行为上相应归属感的出现。①

认同是人在社会存在中必然产生的心理与精神要素，是人的生存与生活之本。人的现实存在不是孤立的，而是社会性存在，人的自我认知一定是基于其社会存在以及由此形成的社会关系。人是通过他者认知来认知自身的，对他者的认知程度直接关系到自我认知，正是在这种建构自我与他者的关系过程中，形成了人们的心理和精神上的认同，认同对象在社会层面包括个人、集体、组织、其他社会共同体，于是就产生了权威认同、群体认同、组织认同、社区认同等。

不论是把人定位为天生的政治动物，还是天生的社会动物，其现实存在一定是在四种力量规范下形成的：一是自然，二是组织，三是制度，四是价值。现实的人是这四大规范力量共同作用的产物，但同时也是创造这些规范的力量。人类社会发展以追求人的自由与解放为核心取向，人类历史从古代迈入现代的根本标志即人从一种被决定的力量逐渐解放为一种决定性的力量，于是，人成为现代社会与现代国家的逻辑起点。由此，人的观念、权益与行动就自然成为建构和发展国家与社会的决定力量。因此，现代国家非常重视认同问题，现代国家对认同的需求，源于人的独立性与自主性。

"认同"作为一个社会问题出现并引起学者关注，与现代社会秩序的建构有关。"认同"在现代社会出现了危机，在现代性的表面繁荣之下，在个人和社会的层面上产生了诸多问题。

二、立足"社区建设"的现实背景探究"社区认同"

自 20 世纪"单位制"解体以来，社区成为人民的基本生活空间和活

---

① 王立洲．当代中国人的文化认同危机及其重建——兼论社会主义核心价值体系建设的路径和方法［J］．求实，2011（4）．

动场所，是满足社会成员基本生活需求的主要载体，是社会系统中承载社会问题、实现公平正义和社会良性发展的最广泛、最基础领域，是公共服务的基本立足点，也是社会冲突的主要聚集地。

探究"社区认同"的内涵，必须立足于中国"社区建设"的现实背景。为了适应基层社会的发展需要，1998 年 7 月，根据当时国务院机构改革方案，民政部在原基层政权建设司的基础上组建基层政权和社区建设司，社区建设成为职能部门的一项重要专项工作。2000 年，中共中央办公厅、国务院办公厅转发《民政部关于在全国推进城市社区建设的意见》，指出"社区是指聚居在一定地域范围内的人们所组成的社会生活共同体"，明确"社区建设是指在党和政府的领导下，依靠社区力量，利用社区资源，强化社区功能，解决社区问题，促进社区政治、经济、文化、环境协调和健康发展，不断提高社区成员生活水平和生活质量的过程"①。以此为契机，民政部牵头组织开展了全国社区建设实验区和城市社区建设示范活动，取得了一批先进典型和示范经验。

与国家的政策导向所对应的现实问题是，现代社区是人们在地缘基础上结成的生活结合体，越来越多地成为因商品房小区而形成的"陌生人社会"，表现为"地理空间"意义上的小区，有别于在地缘、血缘、文化基础上形成的传统社区。在现代社区的形成发展中，社区中的居民群体呈现出身份、背景、个性、喜好等方面差异不断扩大的趋势，彼此情感淡漠、关联疏离，相对于"精神共同体"与"地域共同体"高度统一的传统社区所具有的地域性、同质性、单一性，现代社区表现出明显的"脱域"性、异质性和多元化等特征。"脱域"性表现为社区居民和社区内其他主体普

---

① 中共中央办公厅．国务院办公厅关于转发《民政部关于在全国推进城市社区建设的意见》的通知〔2000〕23 号〔A/OL〕．中华人民共和国中央人民政府官网，2000 - 11 - 19.

遍缺乏维护公共空间、主动参与治理的意识和动力；异质性表现为现代社区的成员具有不同的价值观念，彼此交往趋于理性甚至淡漠，亲密程度很低；多元化则表现为现代社区主体的多样化，成员需求的多样化，服务方式的多样化，社区事务、社区组织、社区活动等方面的多样化、个性化。

随着中国社区的变迁，在现代社区的特征明显远离"生活共同体"的社区原始意义的现实困境下，探究"社区认同"的内涵，必须立足于中国"社区建设"的现实背景。特别是中国"社区建设"问题进入新时期，聚焦于加强和完善"社区治理"的新主题新任务后，对"社区认同"的认识，已不仅局限于"满意度""归属感"等感性心理层面，其影响因素除了历史记忆、居住时间、人际关系、物质环境等，更重要的是保持社区良性发展的体制、机制、价值等方面。可以说，"社区认同"问题，是现阶段社区建设的突出问题；社区认同建设，是新时期社区建设的重要内容；"社区认同"研究，承载着重构"社区共同体"的时代使命。

三、社区治理视域下"社区认同"的内涵解读

社区治理是社区利益相关者之间合作治理社区公共事务的过程，社区治理的基本要素包括治理主体（平等参与者）、治理客体（社区公共事务）、治理规则（社区成员认同的社区规范）、治理过程（社区治理是实体活动，表现为成员之间的合作互动行为）。①

当前，学界对于"社区认同"在内涵和外延上还尚未形成相对一致的见解，使用中国话语的时代性表达还不充分，不利于当前在社区建设中的把握和实践。在我国社区建设进入社区治理的新时期后，"社区认同"概念应该有更加贴近中国社区发展特征和现实场景的本土化、时代性话语

---

① 陈伟东，李雪萍. 社区治理主体：利益相关者［J］. 当代世界与社会主义，2004（2）.

解读。

在社区治理视域下，"社区认同"的内涵可理解为，社区范围内的居民个体和群体基于社区层面的生活发展需求，产生包括意识感知、制度评价、组织参与、价值内化等方面的心理和行为，是社区居民在对社区权力结构及规则进行评价和接受社区反馈的过程中，内化形成的对社区生活共同体的认同感、归属感、责任感等社区意识，这些意识外化为社区公共参与行动，进而形成"共建共治共享"的社区文化价值观。

社区认同在实践中并非是一个静止的、固定的状态或程度，而是具有发展阶段性、动态增进性和相对稳定性，社区认同的建设和增进过程是通过社会资本培育发生作用的。在实践中，社会主体"社区认同"的表现形式和实现过程不是简单的"政府的公共投入→居民的心理认同"过程，而是伴随着需求表达、权利实现、反馈回应、组织参与、意识凝结等一系列复杂过程和关联因素，其本质并非感性的心理特征，而是最终体现到理性的文化价值层面。具有公共性的社区意识是居民个体和群体实现社区认同的前提基础；反映社区居民群体普遍生活方式、行为模式、价值观念的社区精神的形成是实现社区认同的重要标志。

在我国的社区治理发展中，基层政府（包括基层党组织及政府公共机构）是增进社区认同不可或缺的必要因素，但它并非社区认同建设的唯一主体，社区居委会等自治组织、社区社会组织、专业社会组织及社区居民个体都是社区认同的建设主体。社区认同是基层政府推动社区建设的重要内容和目标归宿，通过基层政府协同其他社会主体的社区认同建设，使社区成为利益共同体和意义共同体，实现社区建设价值，推进基层治理发展。

第二节　社区治理发展的关键问题：重构社区认同

社区是国家和社会的根基，是国家治理和社会治理的重要支点。社区治理是国家治理的基础环节，是社区建设进入新阶段后提出的新任务，是党和政府不断满足人民日益增长的美好生活需要、不断促进社会公平正义的基石。社区和社区治理不仅是人文社会科学的研究重点，也是国家政策的关注焦点。当前，社区治理普遍面临着社区认同不足的"共同体困境"，这是解决社区治理问题的关键所在。社区建设和社区治理只有从这个问题出发才会实现其真正的价值，而不会落入行政化的俗套之中。我们要跳出工具意义上的社区的怪圈，探索价值意义社区建设与治理的内涵与外延，并使工具意义上的社区建设和社区治理与之密切联系，围绕价值意义社区来改善人们的社会生活和公共生活，这是当今社区建设和社区治理必须面对的新课题。①

一、"重构社区认同"是加强和完善社区治理的前提基础

社区治理现代化是国家治理现代化的基本前提，社区治理要实现多元参与、协商协作、合作共治的理想状态，意味着要经历社区治理主体和内部权利结构的重塑，经历涉及社区资源供给、公共决策、集体行动等方面体制机制的优化，其中的核心内容是完善社区治理体系和增强社区治理能力，中共中央、国务院《关于加强和完善城乡社区治理的意见》（以下简

①　丁元竹．价值意义与工具意义上的社区——关于社区建设和社区治理的探索［J］．中国治理评论，2013（2）．

称《意见》）对这两个方面予以重点关注。

第一，《意见》提出要形成基层党组织领导、基层政府主导的多方参与、共同治理的城乡社区治理体系的目标，并针对健全完善社区治理体系提出四条发展导向：充分发挥基层党组织领导核心作用，有效发挥基层政府主导作用，注重发挥基层群众性自治组织基础作用，统筹发挥社会力量协同作用。

上述四个导向密切相关、相辅相成。一是对社区治理体系中的国家与社会的关系进行了清晰定位，即"强国家—强社会"。二是对社区治理体系中政府力量与社会力量的状态和角色进行了准确把握，即"两手并重"，权力与权利共生，同时，各司其职，协同行动，具体表述就是"党委领导、政府主导、公众参与、社会协同"。三是对现阶段推进社区治理的基本思路进行了高度概括，即增进党政力量与社会力量的双向对接和协同行动，实现共建共治共享。一方面要充分发挥党政机构的优势，党组织要强化引领带动作用，充分发挥政策动议、组织动员和凝聚示范作用，基层政府机构要强化统筹引导，做好政策支持、资源保障、能力培养工作；另一方面，要激发社会主体的功能，让社区自治力量、社会组织及其他利益攸关者参与公共事务，增强公共选择和公共博弈，在与基层政府的良性互动中协同共治。

社区治理体系的完善是社区治理走向"善治"的前提和基础，关系到社区治理的良性发展和绩效。良好的社区治理，必须是良好的政府治理与良好的社会自理的结合和互动，无论是强化基层党组织引领作用还是基层政府主导作用，其目标都必须包含激发基层公众参与和增进社会主体协同，这既是当前推进社区治理的方向和重点，也是其薄弱环节。

第二，《意见》中把增强社区治理能力作为提升社区治理水平的主要策略，具体指出了 6 种能力建设，包括社区居民参与能力、社区服务供给能力、社区文化引领能力、社区依法办事能力、社区矛盾预防化解能力、社区信息化应用能力。把增强上述 6 种能力作为政策着力点，突出体现了居民群众在社区治理体系中的主体地位，也抓住了社区治理良性可持续发展的关键。社区治理的价值基础是基层民主，实践基础是社会参与。社会力量参与社区治理是现代社区建设和良性发展的需要，是满足社会力量的权利实现和合理利益表达的基本要求，是社区治理的核心价值取向，体现着基层民主建设的水平。

相对于"社区治理体系"来说，"社区治理能力"在更大程度上属于社区治理的"软实力"，关系到党政力量与社会力量协同互动的有效性，关系到实现"共建共治共享"格局的质量和深度。社区治理能力的提升对社区治理体系的完善产生重要的强化作用。社会力量有效地参与社区治理意味着多元主体平等开放的对话、权利与责任的融入和制度化、高效益的合作行动，这是理想和良性的社区治理状态。

那么，基层政府在推动社区治理时，如何才能调动社区公众的参与热情？如何取得社区主体的信任和支持？如何让社区自治主体为满足自身合理需求，通过有效社区参与而提升获得能力，从而实现与社会调节、居民自治的良性互动？这在根本上需要基层社会产生对多元参与、协同共治的制度机制和价值理念广泛深刻认同的内生动力。社区作为社会治理的基础平台，在激发社会内生动力和满足社会主体的参与需求方面存在独特的功能和空间。

社区认同是社区治理的内生动力，是完善社区治理体系、增强社区治理能力的前提基础。社区治理的实践表明，只有实现了充分的社区认同，居民才会自觉关心和参与社区公共事务，承担社区公共责任，在为社区贡献自身力量的同时获得自我需要和价值。社区治理仅仅依靠基层政府的职能转变和权力转移难以实现，只有社会公众建立起对社区治理的价值认同、制度认同和行动认同，"共建共治共享的社区治理格局"才能真正实现。

理想的社区治理应是政府、社会组织、社区居民等利益攸关者，基于权利和理性，在对社区发展理念和价值、社区体制和权利实现、信息交流与需求满足等方面取得认同、达成共识的基础上，以互动、协商、合作的方式实施对公共事务决策和处理的过程，从而实现社区主体凝聚力的强化、居民生活质量的提高和社区公共利益的最大化。

二、"重构社区认同"与"共建共治共享"的价值目标相一致

当前，从总体上看，各地区社区治理发展普遍面临的现实瓶颈可定义为"共同体困境"，主要表现在：一是社区公共精神淡化，社会主体参与治理的意识和动力不强；二是社区权力结构失衡，基层政府主体之外的社会主体缺乏有效的赋权，在社区建设和社区发展的讨论、决策、执行、评估等环节中严重缺位，社区运行体制空转；三是社区公共互动低效，公共诉求反馈不及时、实现不充分，社区主体对社区缺乏认同感和归属感。

"重构社区认同"，就是针对当前社区治理存在的"共同体困境"，通过强化社区主体的公共意识，搭建参与治理的体制平台，建立横向联动的制度机制，使社区主体充分认同社区的共同体价值，充分参与社区建设和治理过程，实现联建互动、议事协商、责任共担、协同行动、利益共享，社区居民的生活发展需要得到充分满足，将社区打造成共建共治共享的生活共同体、利益共同体和价值共同体。

党的十九大报告指出，"中国特色社会主义进入新时代，我国社会主要矛盾已经转化为人民日益增长的美好生活需要和不平衡不充分的发展之

间的矛盾"①，在这一背景下，提出"要打造共建共治共享的社会治理格局"。党的十九届四中全会强调"坚持和完善共建共治共享的社会治理制度"，"建设人人有责、人人尽责、人人享有的社会治理共同体"②。这充分体现了党和政府以人民为中心的发展导向，是对新时代社会主要矛盾转变的积极回应，是对现阶段社会发展趋势、需求和战略的准确把握。2018年4月，习近平总书记视察湖北时专门到社区考察并强调，"要把党的惠民政策宣传好，把社区居民和单位组织好，打造共建共治共享的社区治理格局"③。

社区是社会治理的基础，社会治理的重心在城乡社区。"共建共治共享"为新时代社区治理发展指明了方向，为"社区治理"提供了中国化的丰富内涵和理论解释。"共建共治共享"，就是赋予基层党组织、政府公共机构、社会组织、社区居民和团体、企事业单位等各类主体在社区治理中的权利，合理界定他们的权、责、利边界，形成合理的社区权力结构，共同参与社区建设的讨论、决策、实施、评估等各方面；就是各社区主体秉持公共精神，通过协商互动、协作联动，共同治理社区公共事务，解决公共问题，生产公共产品，提供公共服务；就是在追求公共利益的前提下实现个人利益，通过有效的制度安排，使治理成果有效惠及尽可能多的社区利益相关主体，实现社区公共利益的最大化。"共建共治共享"的社区治理格局实质是追求社区的"共同体"价值，通过共同参与、共同治理、共享利益、共生发展，满足社区居民的生活和发展需求，实现广泛的社区

---

① 习近平. 决胜全面建成小康社会 夺取新时代中国特色社会主义伟大胜利：在中国共产党第十九次全国代表大会上的报告 [M]. 北京：人民出版社，2017.

② 编写组. 中共中央关于坚持和完善中国特色社会主义制度、推进国家治理体系和治理能力现代化若干重大问题的决定（2019年十九届四中全会决定单行本）[M]. 北京：人民出版社，2019.

③ 新华网. 习近平在湖北考察时强调 坚持新发展理念打好"三大攻坚战"奋力谱写新时代湖北发展新篇章 [R/OL]. 新华社武汉，2018－04－28.

认同。

可见，"重构社区认同"与"共建共治共享"格局的价值追求相契合，它们的最终归宿都指向"社区"的价值意义。如丁元竹教授所说，只有当社区居民把公共利益、自觉维护社区公共秩序和公共安全当作生活的一部分，只有当社区居民构建起自己的分享体系时，价值意义上的社区才可能。①

第三节 社区认同与社区治理的有机联系

在社区的场域中，"社区认同"与"社区治理"同为社区建设的新主题、新任务，两者具有协同性和互构性，两者对社区建设的作用相辅相成，社区认同的程度与社区治理的绩效密切相关。

一、社区认同是社区治理的内生动力

社区认同最终会体现到文化价值层面，从根本上说，是社区成员对支撑社区生存和发展的社区文化的认同。社区治理离不开社区文化，社区文化是社区发展的灵魂。制度文化表现为在社区建设发展中形成并受到社区主体普遍认可的组织结构、规章制度等，是社区主体协商解决共同利益问题的保障和载体，集中体现着社区治理过程的权利取向；行为文化是社区文化的重要内容，表现为各类社区主体对社区公共事务和自治活动的参与形式，以活动为载体增进关联和互动，培养和改变社区居民的行为取向和

① 丁元竹. 价值意义与工具意义上的社区——关于社区建设和社区治理的探索［J］. 中国治理评论，2013（2）.

方式，集中体现着社区治理的运行深度；精神文化既是社区文化的核心，也是社区文化建设的最终指向，即确立社区成员的普遍价值观，集中体现着社区治理理念。

现阶段的社区治理过程，政府与社会的多元合作、协作共治是基本取向，社区协同治理是我国社区治理发展的必然趋势和现实需要。社区协同治理仅仅依靠基层政府的职能转变和权力转移难以实现，最根本的是需要社区产生推动其运行的内生动力，即社区认同的不断增进。要使社区成员在积极参与社区建设过程中不断提高社区参与和自治能力，增强社区居民的民主素养和公共精神，促进社区公共生活的发育与发展，形成促进公共利益最大化的集体行动机制，才能树立自下而上的、支撑社区治理乃至社会治理不断深化的社会文化价值观，实现社区治理的良性可持续发展。社区认同的建设过程帮助居民重建社区情感，培养社区意识，增强心理归属，激活内生动力，意识到主体身份和地位，自觉关注社区事务和社区健康持续发展，使政府、社区、社会组织等多元主体共同投身社区治理，推进社区发展，实现社区善治。

二、社区认同的建构过程对社区治理运行产生支撑作用

任何社会治理理念和策略都必须以相应的社会文化为基础，没有一定的社会文化认同，治理理念和策略都很难自下而上地形成共识。社区治理的重要支点在于政府需打造较强的社区认同，否则社区治理的多元主体力量和整体效能就难以发挥。只有公民社会建立起对多元共治模式的制度认同、行动认同和价值认同，多元协作共治才能实现。社区治理的目标与社会治理一致即实现善治，理想的社区治理应是政府、社会组织、社区居民等利益相关者，在对社区发展理念和价值、社区体制和权利实现、信息交流与需求满足等方面取得认同的基础上，以互动、协商、合作的方式对公

共事务进行管理，从而实现社区公共利益的最大化。

社区认同建构过程中对社区治理所产生的支撑作用，主要是通过社会资本培育实现的。在实现社区认同过程中，社会资本对社区治理产生不可或缺的作用，社区认同在不同层面的持续增进和实现，对社区治理运行起到了支撑效应。"社会资本"的含义在政治学界普遍被认为是帕特南（Putnam）所定义的社会关系的特征，包括信任、规范和网络，它包含了对契约精神、公民意识、个体关联和社会共同体的认同。

就一个社区场域而言，社会资本的总量和分布状况，决定了社区认同感和凝聚力的强弱以及社区治理的绩效，社会资本存量丰富且分布均衡，居民的社区归属感就强，社区治理的效果就好，社区发展的目标就能顺利实现；反之，社区就会因居民不愿参与社区事务而缺乏认同感，社区发展的目标就很难实现。①

第一，社区治理需要协调分散化的多元权利主体的利益，建立多元合作关系，通过集体行动实现对社区公共事务的有效管理。社区认同的建设过程，以社区意识的建设为起点，多元主体经过利己与利他的博弈达成互利的统一，建立个体利益与社区公共利益的共赢意识，然后通过社会资本要素的积累形成信任和互惠规范，促进多元主体之间的合作。信任是一切社区活动的居民和组织进行交往合作的前提，是最基本的社区意识。

第二，社区治理实现对公共事务的有效管理，达到善治目标的基础是社区组织和社会非营利组织必须能够充分行使参与治理的权利，这就要求政府、社会组织等社区利益相关者在博弈和互动中建立彼此认可和支持的权利体制，其形成和维持则需要不断强化社区利益相关者对信任、合作、互惠的价值观念和权力运行规范的认同。信任、合作、互惠正是社会资本

---

① 杨荣. 社会资本的缺失与重建——以中国城市社区发展为视角［J］. 山东科技大学学报（社会科学版），2004（3）.

的核心内容和要素，善治的实现与社会资本的内涵具有一致性，或者说，善治需要以社会资本为基础，来达成国家与公民社会的合作。社区社会资本可以促进社区成员之间、邻里之间、各社区组织之间的互动、协调、沟通、合作，形成普遍互惠的规范，从而有利于社区公共事务的管理和公共产品的创造。通过信任、合作、互惠这些社会资本核心要素的积累，为社区参与提供精神动力和行动支持。良好的互惠合作规范有利于形成他们对社区的承诺、责任和奉献，可以保证社区治理的方向和目的。

第三，社区治理的持续运行需要建立多元主体的协作参与网络，形成一种可吸收和整合多元主体需求的集体行动方式。基层政府基于多元主体对各类社区公共事务的不同利益诉求，需要建立高效稳定的沟通回应机制，为不同利益群体提供畅通的利益表达渠道并进行反馈和调适，促成集体行动。这种渠道并非全部以静态的制度化表现形式建立，这仅是社区治理中效能很低的一部分，而是主要通过一定的社区团体和社会组织来建立。为促进共同利益和采取集体行动的正式和非正式的规范和网络正是社会资本的重要内容，这些规范和网络通过主体之间的充分互动回应需求、整合利益，形成稳定的集体行动方式，并在长期运行中形成共同的关于社区治理和社区发展的文化价值理念，进一步支撑社区多元合作治理的运行。

三、有效的社区治理对社区认同产生强化作用

社区治理的最终目标在于实现社区公共利益的最大化，实现社区的和谐有序、绿色文明、创新包容、共建共享。有效的社区治理意味着尊重社会主体权利、激发社会主体力量的社区治理体制不断健全，充分回应和满足社区主体需求、引导社区主体参与互动的公共服务供给机制和公共事务管理机制不断优化，更意味着基层政府与各类社区主体对社区发展的文化

价值观取得深入共识。社区认同具有动态增进性和发展阶段性特征，在社区治理的有效运行过程中，会取得更深程度和更广范围的社区认同。

社区治理过程，使基层政府不断提高治理的制度化水平，建立健全社区各类利益群体的责任和权利，对不同群体表达利益、实现权利做出制度性安排，进一步强化主体权利体制；社区治理过程固化下来的信息传递、协商对话、集体决策方式，既为社区居民提供了交流沟通的平台，也是居民需求的反馈窗口，并给予合理的回应，最大限度满足居民的不同需求，进一步强化需求回应机制；社区居委会和社区组织在社区治理过程中不断成长，为社区居民发挥最基础、最广泛的纽带作用，带动更多居民参与各类文娱、互助、自治活动，使更多人意识到社区与自身生活利益息息相关，从而增强了更多居民的主体意识和自治精神，有助于强化社区精神的形成。

第四节　社区认同是社区"共建共治共享"模式的行动落脚点

一、"共建共治共享"理念下的社区治理格局

基层政府在现阶段推进社区治理过程中，既发挥着天然的主导作用，又在激发和培育社会力量的过程中尊重其自治权利，在各类社区公共事务中最大限度吸纳和整合不同的合理需求，对不同社区公共事务形成相对稳定的合作行动模式。"多元共治"是近年来社会各界对社区治理发展理念的普遍共识。

党的十九大报告提出了"共建共治共享"的社会治理理念，为新时期社区治理提供了新的发展内涵、价值导向和实践指导，是对以往社区治理理念的反思和超越。"共享"应作为"共建共治"的前提，共建共治体现

了权利责任、回应利益诉求，"共建共治共享"更加强调多元主体间的权责对等、风险共担、协同共进、利益共享，其出发点和落脚点是为了解决社会领域发展不平衡不充分带来的矛盾，实现人人有责、人人尽责、人人享有的社区治理格局，充分回应了人民群众在社区领域的美好生活需要，这也是实现社区认同的基本要求。

社区治理的主体是社区利益相关者，即与社区需求和实现存在直接或间接利益关联的个人和组织（单位）。从组织性质的角度，可以将社区治理主体分为三大类：一是党政组织，包括社区党组织和政府行政组织、事业单位及公共机构；二是社会组织，包括社区自治组织（居民委员会和业主委员会）、社区社会组织、专业社会组织；三是营利组织，包括营利性的驻社区单位和其他参与社区治理的经济组织（如物业公司等）。社区利益相关者的多元性是由社区公共事务的属性决定的。

社区公共事务是公共产品的组合，是涉及多个个体、家庭和组织的需求的集合。治理社区公共事务涉及多个利益主体之间的复杂权利关系，需要社区利益相关者贡献资源、分摊成本，共担风险、共享利益，各治理主体因掌握的资源和功能特点不同而彼此相互依赖，无论是行政主体与自治主体之间，还是自治主体内部，并非互无接触、各自为政，而是多元主体之间不断调适目标，通过各种制度化、有序化的方式共同解决争议，达成行动共识，充分调动和整合各方资源优势，互动合作、协同共行，充分满足各自利益，实现社区善治，即社区公共利益最大化，从而实现广泛的社区认同。

社区治理的理想状态，应当是在基层党组织的引领下、基层政府的主导作用下，通过制度化和社会化的多种行动方式，建立公共服务机构、社区居委会、社区社会组织、专业社会组织和居民等多元主体平等参与、分工协作、责任共担的权利体制，形成党政力量与社会力量协商对话、协同共治、利益共享的运作机制，实现社会资源在社区的有效配置，政府治理和社会调节、居民自治良性互动，对社区公共事务进行有效参与和解决，最终实现社区公共利益最大化和居民在社区场域的美好生活需要，这即是"共建共治共享"的格局。

二、"社区协同治理"是实现"共建共治共享"的有效模式

社区治理模式是指各社区治理主体之间的权利关系及相互作用方式，在社区治理过程中体现为各治理主体之间基于相互关系和各自功能而形成的相对稳定的运行方式和作用机制。在我国以往社区治理发展的实践探索中，社区治理主要存在三种模式：一是政府主导下的行政型社区治理模式，二是社区主导与政府支持的小政府、大社会的自治型治理模式，三是政府推动与社区自治相结合的合作型治理模式。

随着学者对治理理论的不断深入研究，关于现代社区治理模式的认识又经历了以下几种观点：一是参与式治理模式，强调居民对社区治理的公共参与；二是多元共治模式，强调政府治理与社会自治的衔接、行政力量与社会力量的合作；三是协同治理模式，强调多元主体间的整合与协同。燕继荣教授认为，协同治理是善治理论的3.0版。近年来，国内更多的理论研究和实践经验表明，"协同治理"是建立在"多元共治"总体格局下最符合我国当前国情和发展需要的社区治理模式。

协同治理理论起源于20世纪70年代西方的协同学，90年代之后与治理理论相结合而发展成为新兴治理理论，并引起国内学者关注。协同治理理论强调政府、非政府组织、企业、公民个人等子系统的相互协调与协作，强调政府与公民、国家与社会的良性互动，从而实现各方利益的有效融合，推动治理过程实现善治。协同治理试图通过协商、对话、承诺，发挥政府、企业、社会组织、个体公民等组织和行为者各自的资源、知识、

技能等优势，承担各自责任，从而使公共治理产生整体功能大于局部之和的功效。① 这一过程并非多元治理主体之间简单的集体行动，而是既强调治理过程的政府主导作用，又强调社会的主体地位和自身运作机制，是各治理主体在保持相对独立性的前提下，通过构建协同机制促进多元主体发挥各自优势，形成彼此功能与结构融合互补的过程，由此带来的直接效果就是理性和充分的公众参与。良好的公众参与是实现"共建共治共享"及社区认同的直接要求，社区协同治理模式意味着平等开放的对话、权利与责任的融入和制度化、高效益的合作行动，可以为激发公众参与更好地提供理念和实践上的支持。

首先，协同治理强调治理主体的多元性和平等性，突破了公民参与的机会和能力壁垒。在政府—市场—社会的力量对比中，社会公众处于相对弱势地位，基层群众自身条件、社会资源占有程度以及社会影响力不同，导致他们拥有的参与机会和能力不同，从而造成公民参与行动的不足和参与意识的衰退。协同治理强调政府对社会主体权利地位的充分尊重，重视主体多元化和参与能力的培育提高，通过制度化安排来弥补社会权利的弱势地位，完善社区自治结构，激发社会自组织力量，促进公众广泛参与，同时，重视发挥市场机制积极作用，调动非营利性质的社会优质资源参与制度和服务供给，积极应对市场失灵的不利影响。

其次，协同治理强调系统性和动态性，有助于增强公民参与的有效性。协同治理为公民参与和政府回应提供了互动衔接的平台，其系统性带来的网络特征和融合效应，使各治理主体能在不同时空和行动领域内相互依存和产生功能联系，寻求多元互动、共同协作的权力运作方式，并承担起属于自身的那份集体责任；其动态性有效弥补了政府回应的缺失，要求

---

① 叶笑云，许义平，李慧凤．社区协同治理［M］．杭州：浙江大学出版社，2015：21．

政府必须定期、主动向公众征询意见并对公众的普遍要求做出及时负责的反应，增强了公民对公共决策的参与范围和实质影响力。

最后，协同治理强调协商、协作、整合、互动的行动方式，有助于增强公民参与的有序性。协同治理模式下，政府不是依靠强制力，而是通过与公民社会的协商对话来共同治理公共事务；多元主体在协作过程中通过竞争、妥协，达成对公共利益边界的确定，促进公共利益最大化；协同治理下的社区自组织行动、政府回应和多方协作，对社区系统内不同范围和层次的公共诉求通过聚集、过滤实现整合，提高了行动主体自身的组织化程度；公民在参与公共事务过程中通过与政府主体在公共选择和公共博弈中的互动，提高了对公共管理和公共政策的理解和认知程度，强化了政治支持和信任，促进了公民参与的良性发展。

综上，可以认为，"协同治理"是"共建共治共享"的运作机制，社区协同治理模式是实践"共建共治共享"的有效模式。

三、社区协同治理的主体行动方式

社区协同治理模式体现了现阶段政府与公民社会在社区场域的一种最佳关系和状态，其有效运行以扁平化、网络化、合作化的社区多元主体权利体制为基础，以行政力量与自治力量之间以及自治力量内部的协商、整合、互动、协作为基本行动方式。把握其行动方式的内涵特征，有助于基层政府更好地定位自身角色和发挥主导作用，激发基层公众参与社区治理过程。

（一）协商

协同治理模式下的各参与主体基于各自的组织规则、发展目标、利益取向，针对相关的社区公共事务提出自己的意见、方案和对策，并试图影响其他组织的对策和原则向对自己有利的方向转变，彼此之间处于一种博弈状态，但同时又都具有只有通过彼此合作才能最大限度实现自身利益的共识，各利益相关者能力不同但身份平等。因此，必须通过协商的方式来形成集体行动方案，在协商过程中融合意见、调试目标、商讨公共管理的最佳方案，使方案趋向公共利益最大化。在治理社区事务过程中，根据一定的协商背景和主题，应尽可能让社区居民和社会组织便捷、有序地提出自己的意见，并通过制度化的方式予以吸纳和反馈。协商是协同治理的最基本要求和特点，要求治理体系必须具有一定的开放性，社区基层的公共决策要向社会主体开放，搭建社区协商的制度化平台，吸纳社区多元主体的广泛参与。

（二）整合

协同治理意味着社区资源乃至社会资源在社区治理体系下的优化配置，这是一个资源整合的过程，也是政府机制与非政府机制（包括市场机制和社会机制）有效对接的过程，还是党政资源力量内部的协调过程。一是体现在社区公共服务供给过程中，政府通过市场机制来实现社会优质服务资源的整合，社区通过自组织机制实现对社区内有效资源的整合；二是体现在社区自治的运行过程中，各类社区自治组织对分散的社区资源的整合，社区居委会作为自治组织核心对社区自治力量进行不同层次的资源和行动整合，实现与行政力量的有效沟通和博弈，形成自我服务、自我管理的行动合力，增强公众参与和自治行动的有序性；三是体现在党政机构之间以及政府机构内部之间，包括区域基层党组织的资源与行动整合、地方政府机构在不同层级、不同部门、具体治理领域上的力量与行动整合等。

（三）互动

协同治理模式下的互动包括信息和行为两个层次上的互动，行为互动以信息互动为基础。既然协同治理模式能够容纳政府、市场、公民社会多元治理主体之间的民主协商和利益博弈，那么就意味着社区治理中必然存在多元主体博弈过程中的信息互动。特定信息交流的意义在于表达诉求、施加影响，让基层政府更容易把握公众需求，更有针对性地做出回应，增进公众理解和支持，以争取多元主体间在不断深化信任度的基础上建立更稳定持久的良性协作。多元主体在持续的信息互动中增进信任、彼此认同、形成共识，进而产生行为互动，社区党组织和居民委员会通过一定的制度化安排和形式，使社区主体更加深入地参与社区议事、决策和监督过程，在互动中调适行动方案、完善制度机制、巩固协同治理架构，逐步形成稳定成熟的社区治理模式。因此，扁平化、多元性的社区主体权利体制和常态化、开放性的社区议事、决策、监督平台是实现良性互动的基本要素，敏感的民意发现渠道、便捷的民意表达形式和及时、稳定、接地气的需求回应方式，对于保持良好的互动状态、完善协同治理机制起到重要保障作用。

（四）协作

协作方式以协商、整合、互动的良好运行为基础，没有多元主体充分有效的协商、整合、互动，就无法达成多元协作下的集体行动。协同治理模式下的各参与主体具有相互依赖性和功能互补性，基于自身利益和共同目标，彼此间只有通过协作才能充分体现各自在资源、知识、技能、专业等方面的优势，发挥大于个体效能之和的整体绩效，实现自身利益的最大化和行动成本的最小化。"这一过程并非异质组织之间简单的合并或联合，而是各治理主体在保持相对独立性的前提下，彼此功能与结构的嵌入。"①协作是协同治理的最显著特征和直接目标。基层政府推进多元治理主体有效协作，一是要针对不同领域和问题，做好政府力量与社会力量的合理分工和有效对接，为社会主体"赋权"；二是要通过有效的制度搭建、资源

---

① 郁建兴，张利萍．地方治理体系中的协同机制及其整合［J］．思想战线，2013（6）．

供给和社会技术，为社会主体"增能"；三是要建立科学合理的责任分担、监督评估和激励引导机制，确保社会主体的权责对等、利益共享。

四、社区认同是构建协同治理模式的行动落脚点

现阶段的我国社区发展，在基层政府职能依然存在缺位、越位现象，社会又不具备完全自主自治的现实下，党政力量与社会力量的协同共治是国家与社会的最佳互动模式。协同治理模式强调系统性、动态性和融合性，其有效运行依赖多重机制的复合作用。机制作用的发挥取决于三个要素，即体制框架、制度和规范、主体的主观能动性。体制和制度属于静态形式，只有通过主体的主观能动性，才能在动态状态下发挥制度在体制运行中的规范引导作用和体制对制度运行的保障作用。实现社区协同治理，只有激活包括政府主体在内的各类治理主体的意识和动力，才能在不断完善治理体系、健全行动规则的过程中，形成多元主体共同助推协同治理的运行模式。因此，开展协同治理落脚点在于增进社区认同。

增进社区认同的过程，基层政府的行动效用毋庸置疑。基层政府主导作用的合理发挥是协同治理体系良性运行的关键，激发公众参与和增进社会协同是基层政府的行为目标和方向。分析社区协同治理的行动特征发现，基层政府的作用途径可分为两类：制度化方式和社会化方式。协同治理的原则是，必须遵循协同治理体系的基本行动特点，即协商、整合、互动、协作。

基于政府在协同治理体系中的角色定位，制度供给仍是政府的主要责任，但协同治理中的制度供给不应以政府为唯一主体，社区、自治团体、社会非营利组织、社工专业机构等新兴社会力量的发展可以为社区治理提供新的制度供给来源。因此，政府发挥主导作用的着力点在于，一方面，强化制度安排的系统性、引导性和规范性，创造有利于多元主体协同互动

的外部环境，为协同治理体系的良性运行起到引领、支撑和保障作用；另一方面，强化制度安排的包容性、开放性和博弈性，增强制度供给的多元化，提高制度供给质量，以社会化的方式激发社会主体活力，促进协同治理的绩效，最大限度满足社会主体的需求。

总之，基层政府推进社区协同治理的基本行动理路是，统筹用好制度化方式和社会化方式，以制度化水平增强社会化潜力，以社会化手段提升制度供给质量和效率，通过有效的制度供给和社会资本培育，在不断增进社区认同的过程中，推动协同治理的有效运行，逐步实现"共建共治共享"的社区治理格局。上述行动策略，本质上是社区的"文化治理"策略。

第三章

社区认同与文化治理

重构社区认同的过程，就是推进社区居民主体不断融入"公共领域"，不断发展社区公共空间的过程。社区认同的本质是社区主体在社区公共空间对社区文化的认同，是社区居民对社区文化的内在要素所产生的心理和行动上的共鸣。社区文化具有治理性功能，"社区文化治理"既作为行动对象，又作为治理工具，是建构社区认同的行动策略。

第一节　重构社区认同的核心内容：社区公共空间的发展

一、实现社区认同过程实质是社会资本培育的过程

社区不是一个地域概念或物理概念，而是一个组织概念或社会概念，必须让社区成员相互交往，结成有机联系，形成互助、互信、具有共同归属感、认同感和集体行动能力的生活共同体。① 社区认同过程，是社区成

① 燕继荣.协同治理：社会管理创新之道——基于国家与社会关系的理论思考［J］.中国行政管理，2013（2）.

员在情感投入、彼此信任和联系、共同参与社区事务过程中分享公共利益、产生公共精神和共同价值的过程。其实质是"社会资本"生产和发生作用的过程。

社会资本是一种存在于社会网络中具有信任、互惠关系、交往规范等特性的"无形资产"。社会资本被认定为社会的一种"黏合剂",它在"质"与"量"两个方面的性质影响和决定了一个组织、一个地区、一个国家的成员之间的信任与合作状况。社会资本被认为是一个非常有用的概念,它能够成为我们理解个体如何实现合作和克服集体行动问题以达到更高程度经济绩效的核心基础,它关注社会网络和人际关系,用以说明社会信任、社会归属感和责任感何以产生等问题。① 社区社会资本,通过社区居民和组织在互动中形成的信任、互惠和关系网络,提升了社区个体关联度,将处于原子状态的个人黏合成相互关系密切的"熟人社会",为社区居民创造认同感,提供行为约束的机制和集体行动的动力。

(一) 社会资本为社区成员提供情感和动力支持

社区社会资本作为社区居民和组织间互动所产生的互惠互利关系的总和,使社区内各种分散的资源得以整合并发挥作用。社会资本能为社区居民和组织提供所需要的认同、信任、情感等社会支持,有利于社区形成人际关系融合、团结互助依赖的生活共同体,社会资本通过社区内正式、非正式的支持网络和信任、互惠的合作关系,为社区参与提供精神动力和行动支持,是实现情感认同和价值认同的主要渠道。

(二) 社区多元利益的表达与整合依赖社会资本培育

社区居民的利益呈多元化特征,实现社区认同的过程特别是制度认同过程,需要多元主体利益的有效表达和整合。居民个人虽然具有表达和维

---

① 燕继荣. 社区治理与社会资本投资——中国社区治理创新的理论解释 [J]. 天津社会科学, 2010 (3).

护自身合法利益的权利，但单独的个体的影响力往往不易引起关注，需要具有共同利益的群体依赖丰富的社会资本，以组织化的形式进行利益表达和整合，形成较强的影响力。基于多元治理体系中的不同利益诉求，政府作为社区认同的基础构建者，应当在社区治理体系中为不同的利益群体提供畅通的利益表达渠道，除了静态、固定的制度化形式外，更有效的方式是通过培育一定的社区团体和社会组织来建立。社区组织和非营利组织的自身发展除了需要以公民社会的主体意识为基础外，还要以信任、合作、互惠的理念为发展的价值基础。

（三）社区多元主体信任和合作行为的产生以社会资本为基础

社会资本的积累对实现行动认同具有重要意义，解决集体行动困境的关键在于通过社会资本要素的积累，实现对个人利益与社区公共利益共赢的认同，促成社区内部各利益相关者之间的合作。为促进共同利益而采取集体行动的正式和非正式的规范和网络正是社会资本的重要内容。社会资本在产生、运作和发展过程中，可以促进水平参与网络结构的形成，社区成员之间、邻里之间、各社区组织之间在密集而持续的互动、协调、沟通、合作过程中，经过利己与利他的博弈达到了互利的统一，形成了信任和互惠规范，使社区利益主体认识到只有兼顾他者利益才能最终最大限度实现自身利益，从而有效地解决了个体利益与社区公共利益之间的矛盾，促进了多元主体合作行为的达成，控制了"搭便车"动机。

二、发展社区公共空间是培育社会资本的主要方式

基层政府在社区建设中发挥主导作用，是社区认同建设的第一推动人，但对社区社会资本的培育是外部性的，其基本路径是收缩政府自己的"行政领域"，把一部分治理权能让渡给社区主体，完善社区自身功能，发展更多的"公共领域"，构建社区居民和组织间的信任、规范和网络基础，营造共同管理、共享利益的环境，让社区主体更多地走进来交往互动，通过有序参与对社区公共事务的共管共治，增进对社区的认同。从社会资本理论角度看，好的社区管理者应该是一个"理财"高手，它的理财目标是保持社区社会资本增值，即提高社区成员对社区的"认同感"和"归属感"，增强社区成员之间的"信任度"，而它的理财方式无非是增加社区居民的"互动性""互惠性""组织性""资源共享性"。①

（一）"公共领域"和"社区公共空间"

一般来说，社区公共空间是指居民进行交往、参与社区活动的公共场所。但从学理上看，"公共空间"又是一个包含多元意义的概念，研究涉及政治学、社会学、城市规划学等多个领域，并不断发展延伸。从政治和社会研究领域看，"公共空间"的概念从场所的物质空间延伸到政治参与、社会交往的行动载体和规则形式。社区公共空间的内涵，既包括社区"物理空间"层面的社区居民交流和互动的公共区域，也包括社区"社会空间"层面交往活动的形式、载体和平台。

从政治学的视角，公共空间的研究源于西方"公共领域"的研究，更有诸多学者认为，两者并无差异。西方关于"公共领域"的理论主要来源于20世纪的汉娜·阿伦特（Hannah Arendt）和尤尔根·哈贝马斯（Jurgen Habermas）。阿伦特在《人的条件》中提出了人类实践活动的三个领域：个人领域、社会领域和公共领域，认为人性中最有价值的特征是通过社会交往实现的，人们进入以自由平等关系为要旨的公共空间，通过言谈和行动展现自我的独特性，是实现人性"完整性"的必备条件，公共领域是行动者透过言行展现自我、与他人协力行动的领域。哈贝马斯在《公共领域》中提出："公共领域指的是我们社会生活的一个领域，在这个领域中，

---

① 燕继荣. 社区治理与社会资本投资——中国社区治理创新的理论解释 [J]. 天津社会科学，2010（3）.

像公共意见这样的事物能够形成。公共领域原则上向所有公民开放。公共领域的一部分由各种对话构成……公众可以自由地集合和组合，可以自由地表达和公开他们的意见。"①

　　国内学者近年来也对"公共空间"进行了探究。有学者将城市公共空间定位为"由公共权力创建并保持的、供所有市民不受限制地自由出入、自由使用和自由交流的场所和空间"②；有学者强调社区公共空间具有物质性和精神性，认为社区公共空间是居民物质、精神生活使用的公有户外空间③；社区公共空间具有公共性、开放性和文化性的特点，三者密切相关。社区公共空间的基本属性是公共性，是社区的公共资源；同时，它意味着可以向所有社区成员开放和共享，是开展社区公共活动的场所和平台，是社区居民和组织交往互动的载体，培育着社区社会资本，不断密切着社区成员的关联；它还影响着社区居民的公共意识、生活方式和行为习惯，承载着社区的公共精神和公共价值，是社区文化的核心载体，是创造社区生活共同体和精神共同体的源泉。

　　社区公共空间包含以下四个要素：公共场所、公共规则、公共活动、公共精神。一是公共场所。这是体现公共空间开放性的基本条件，社区必须具备能够让成员以自由平等的身份出入和集聚、交流和表达、议事和行动的场所和平台，不仅包括实体的物质场所和硬件设施，也包括日益成长的线上虚拟的空间和平台。二是公共规则。要确保公共性，就要建立符合公共利益、保证有序参与、体现公平公正、促成集体行动的制度规范，制度供给的主体包括基层党政机构、社区自治机构、社区社会组织等各类社

① 哈贝马斯. 公共领域［M］//汪晖，陈燕谷. 文化与公共性. 北京：生活·读书·新知三联书店，2005：125.
② 柳立子. 城市公共空间建设与城市文化发展——以广州和岭南文化为例［J］. 学术界，2014（2）.
③ 李昕阳. 城市老人、儿童适宜性社区公共空间研究［J］. 城市发展研究，2015（5）.

区主体。三是公共活动。这是公共空间存在的直接意义，不仅仅是指社区成员交流交往活动和社区主体组织开展的公共文化娱乐教育活动，更重要的是为实现公共利益、解决公共问题而进行的讨论、议事、决策、服务、反馈等活动。四是公共精神。这是公共空间的根本价值所在。公共精神以公共场所、公共规则、公共活动为载体，在三者的发展完善过程中不断固化凝结，又反过来支撑它们的发展，体现着社区公共空间的存在意义。

（二）社区公共空间是实现社区认同的核心问题

社区公共空间作为社区的公共资源，是社区公共生活的"容器"。社区公共空间吸引居民产生行为交集，并在互动中产生情感联系与共生关系，不仅为居民和社区组织进行交往活动、参与社区公共事务提供了场所，也承载着社区的公共利益、共同价值和独特的社区精神，是实现社区认同的核心。现代社区的碎片化、异质化和脱域性趋势，使原本以社区内部公共空间为载体的社区活动或被转移到社区外的消费场所，或依靠网络社交媒体完成，社区居民相互之间的交往无论在频度还是强度上都较以往大为降低。[①] 作为居民日常交往载体的社区公共空间失去了情感纽带的作用，居民的社区认同感、归属感逐渐降低。

通过社区公共空间的发展，更多的社区居民从自己的私人领域中走出来，融入各种形式的社区公共空间，共同参与到社区活动中，参与社区公共事务。以社区公共空间为载体，社区社会资本产生并发挥纽带作用，社区成员彼此建立信任，增进了日常交往互动，在相互的交流讨论中达成维护公共利益的行动共识，建立互惠的行动规范，促成集体行动。在这样的趋势下，社区才逐步发展成一个拥有共同情感归属和价值取向、横向的复杂行动网络的生活共同体。社区公共空间直接影响和引导着社区居民和组

---

① 卓健，孙源铎. 社区共治视角下公共空间更新的现实困境与路径［J］. 规划师，2019（3）.

织的意识和行为方式，居民个体和组织会不断调适思维和行为，从而逐步靠近社区公共空间所承载的公共生活方式。伴随着社区公共空间的发展，越来越多的居民在心理、意识和行为上趋于一致，多元利益关系不断梳理，形成稳定的治理规则和运行机制，进而产生独特的社区文化，这即是实现社区认同的过程。

社会网络、信任和互惠性规范是社会资本的核心要素，从培育社区社会资本的角度，社区公共空间的作用可以从以下几方面分析。

首先，社区公共空间决定着社区主体横向联系网络的质量。社区公共空间的开发、设计和承载能力，制约着社区居民交流交往和公共参与的频度和广度，而其功能设定和特定价值，又制约着社区公共生活的内容、深度和效果。因此，社区公共空间的质量，特别是其公共场所的质量，对社区主体的参与关系网络有直接影响。

其次，社区公共空间是社区主体产生信任的发源地。信任是社会资本的核心要素。社区公共空间通过公共场所和公共活动为居民和团体提供传递信息、交流互动、合作共享的空间和机会，成为成员彼此建立情感联系的纽带，促使社区成员在相互交流互动中产生情感信任和认知信任，增进社区归属感、依赖感，产生情感认同。

最后，社区公共空间是公共规范的创生地。公共规范（公共规则）本身就是社区公共空间的基本要素之一。公共规范往往包括制度性规范和非制度性规范两类，社区公共空间通过公共规范维系其自身的存在发展、保证公共活动的有序运行、实现其承载着的公共精神。公共规范的互惠性和有效运行直接影响社区主体的制度认同、行动认同和价值认同。社区公共空间往往是社区团体意识和社区归属感的重要"演练场"和"培育场"，甚至是社区的"标识"，是社区凝聚力与社区精神的承载物或体现。①

第二节　社区认同的本质是文化认同

一、社区文化

社区文化是区域性的社会文化，是社会文化的有机构成部分，既具有社会文化的共同属性，又具有自身区域属性。随着现代社区的变迁和发展，社区文化越来越呈现出多样性、丰富性和包容性。

（一）以"社会互构论"分析社区文化的内涵

有学者认为，广义的社区文化，是指社区居民在特定区域内长期实践创造出来的物质文化、观念文化和制度文化的总和。狭义的社区文化，是指社区居民在特定区域内的长期活动过程中形成的，具有鲜明个性的群体意识、价值观念、行为模式和生活方式等文化现象的总和；② 也有学者指出，社区文化特指一定地域内的居民在价值理念、生活方式、历史传统、风俗习惯与集体意识等方面所具有的共性特点的统称，是社区作为生活共同体形成、维系与运行的关键。③《中国大百科全书：社会学卷》把社区文化定义为"通行于社区范围之内的特定的文化现象。包括社区内的人们的信仰、价值观、行为规范、历史传统、风俗习惯、生活方式、地方语言和

---

① 张勇. 论社会资本的社区公共空间向度［J］. 深圳大学学报（人文社会科学版），2017（6）.
② 奚从清. 社区研究、社区建设、社区发展［M］. 北京：华夏出版社，1996：93.
③ 毕天云. 社区文化：社区建设的重要资源［J］. 思想战线，2003（4）.

特定象征等"①。

郑杭生教授基于"社会互构论"将城市社区文化定义为在城市社区这一特定区域内发生的，以社区居民为主体，由政府、市场和社会共同参与建设的物质和精神文化活动。②"社会互构论"注重分析多元社会行动主体间的相互形塑、同构共生的关系。国家、市场与社会三大主体的关系结构在彼此互动中形成和优化，社区作为一定地域范围内的社会生活共同体，渗透着复杂的权利和利益关系，国家、市场和社会是形塑社区过程中最重要的三股力量，社区建设集中表现了国家、市场和社会的互动过程，三者在共同行动中实现由"主观行动意义赋予"向"外在行动意义转变"的过程。社区文化在这一过程中形成和巩固，支撑社区建设的持续发展，坚持社区公共利益最大化，最大限度满足社区居民的生活和发展需求。

综上，基于现代社区多元参与的公共空间属性，笔者认为，社区文化是在社区公共生活中形成的、被社区居民及社区其他主体广泛接受并坚持和维护的公共资源、公共规范、公共活动和公共精神等文化现象的总和。

社区文化的形成过程，体现了三类性质的参与行为。

1. 基层政府的政治和行政性参与

基层政府（党政机构）在社区文化形成中发挥着关键的目标引领和公共管理作用。基层党组织主要发挥思想引领和组织动员作用，通过对社区组织和居民在思想价值观念上的引领教育，在公共行为和公共活动上的组织、动员、引导、规范，把握社区文化的发展方向，夯实社区文化的发展基础，实现社区主体在社区发展目标价值上的统一，培育健康向上又富有

---

① 中国大百科全书编委会. 中国大百科全书：社会学［M］. 北京：中国大百科全书出版社，1991：367.
② 郑杭生，尹雷."社会互构论"视野下的城市社区文化建设刍议——基于南海的案例分析［J］. 学习与实践，2014（5）.

特色的社区精神；而基层政府机构则主要发挥宏观规划和行政管理的主导性作用，通过制定公共政策，配置公共资源，实施公共管理，提供公共服务、政策支持和保障措施，建立和完善多元参与、协商协作的制度机制，来引导社区组织和居民、市场和社会组织参与社区建设发展，打造生活便利、环境宜居、运行有序、民主和谐的社区，充分满足社区居民的生活和发展需求。

2. 社区组织和居民的社会公共性参与

社区居委会、业委会等法定自治组织及其他社区社会组织、团体和广大社区居民个体是社区文化形成和享有的最重要主体，是现代社区建设的重要参与力量，为社区文化增添了包容性和多样性。社区居委会、业委会作为社区自治组织的核心和重要构成，对公共事务的协商、公共规则的形成、公共活动的开展起到关键作用，同时又起到搭建基层政府与社区居民之间沟通桥梁的作用。通过收集和传递社区居民的公共需求，反馈基层政府的主导意见，影响基层政府的行政行为，社区组织和团体获得更多的发展支持，促进了基层政府机构、社区自治组织、社区居民在价值理念、议事规则、公共行动上的交流、互动和融合，对社区公共精神的形成和发展起到了重要作用。充分发展各类社区组织和团体，社区居民充分参与社区公共生活，进一步增值社区社会资本，完善社区公共规则，发展社区互动网络，有助于广大社区居民形成明显的、稳定的、独特的生活方式、行为模式和社区精神，从而巩固和丰富社区文化。

3. 社会组织和市场主体的竞争性参与

社区建设引入专业性社会组织的市场竞争性参与，有效弥补了政府行政效能的不足，为社区文化建设的提质增效起到了积极作用。基层政府以竞争性机制引入的专业性社会组织扎根社区，更有动力和能力去有效利用公共资源、开展公共活动以及汲取、传递和反馈社区的公共需求，有效提高了基层政府和社区居委会等方面的工作效率，更好地满足了社区公共需求，节约了社区公共成本，活跃了社区文化建设。

（二）社区文化的形态结构

社区文化从形态结构上分析，可以分为社区物质文化、社区制度文化、社区行为文化、社区精神文化四个方面。社区文化除在物质文化上直接体现外，其更深层面主要体现在社区成员的行为和意识的普遍形态上，包括社区居民个体和群体的沟通交往方式、权利实现方式、公共参与方式及生活和发展的价值观念等。

社区物质文化是社区文化最直观的表现形态，是通过物质形态表现出来的文化现象，主要包括社区自然景观、社区基础设施、社区功能场所、社区生活环境等方面所包含的文化因素以及社区文化产业和文化网络等，是各类社区主体共同创造和维护的自然环境和人文环境的结合。社区物质文化可以反映社区的基本治理水平，体现社区成员的总体人文素质、交流互动程度和文化兴趣方向，高质量的社区物质文化还能够直观体现出社区文化的价值理念，甚至社区精神。

社区制度文化是社区成员在社区公共生活中形成和共同遵守的，为调整公共关系、处理公共事务、化解社区矛盾、保障生活秩序以及促进交流、交往、学习、娱乐等方面而形成的组织机构、制度准则和非正式制度规范，是社区治理运行的基础和支撑，体现着社区成员生活和发展权利的实现途径和整合程度，应对社区公共事务和解决公共问题的价值导向和运作程序，对各类社区成员在社区公共生活中的行为有约束和引导作用，具有相对稳定性特征。

社区行为文化是社区成员在交往、娱乐、学习、生活、服务、议事、管理等各类社区公共生活中形成的行为方式和运行机制，相对于社区制度文化具有动态性，是对社区精神文化较为直接、明显的体现。社区行为文化的成熟度、丰富度是社区治理良性运转的关键，关系着社区治理主体的参与程度和行动网络，治理过程的互动性和回应性以及治理行动的稳定性和治理绩效。

社区精神文化是社区文化的灵魂和核心内容，是社区成员在长期的社区公共生活中沉淀下来的价值取向，表现为独特的"社区精神"，是社区认同的重要标志，是对社区物质文化、制度文化、行为文化的价值凝结和集中体现，同时又对三者的发展完善起到巩固和支撑作用，对社区成员的治理行为具有长期性、根本性的影响。

以上四个方面相互联系，相互影响，相辅相成，既具有相对的稳定性，又具有动态性，构成了社区文化的体系结构。物质文化是基础，制度文化是保障，行为文化是载体，精神文化是灵魂和核心。

二、社区认同的本质和构成

（一）社区认同的本质

真正意义的社区并非仅是一个地理性概念，而是一个广义的社会文化范畴，它是对一定时期社会价值理念的认可和显现。

社区认同是社区居民团体和个人基于社区生活和发展需求而产生的一系列心理和行动过程，其本质内容是社区文化。社区认同的本质是社区成员对支撑社区存在和发展的文化的认同，是在社区公共空间对社区文化的内在要素所产生的心理和行动上的认可和支持。

文化认同，就是指对人们之间或个人同群体之间的共同文化的确认，使用相同的文化符号、遵循共同的文化理念、秉承共有的思维模式和行为规范，是文化认同的依据。① 文化认同是社会成员对一种文化的心理接受

---

① 崔新建. 文化认同及其根源［J］. 北京师范大学学报（社会科学版），2004（4）.

和选择倾向，是形成支配组织和个体行为的思维模式和目标取向的基础和前提。文化认同是在体验和理解文化现象的基础上，不断接受和认可文化本质的意识选择过程，也是一种价值取向的形成过程。进一步说，文化认同的过程就是人们在感知文化现象后，根据自我发展需求和利益取向对文化信息进行筛选，汲取文化的内在价值理念对自身发展有益的成分，从而形成个体价值取向，固化为自身价值意识的过程。社区成员群体形成广泛社区认同的结果，即是形成反映社区成员普遍生活方式、行为模式、价值观念的独特的"社区精神"，即共同价值意识。

（二）社区认同的构成要素和表现形式

基于社区认同的本质内容，其构成要素和表现形式包括情感认同、制度认同、行动认同和价值认同。制度认同、行动认同和价值认同三者在属性上属于理性认同。

1. 情感认同

情感认同是社区认同的初级表现形式，往往是对社区物质文化或是社区文化其他方面的感性认可，是社区居民一种感性的心理活动和表现，通常是对社区总体的建设情况、功能情况、生活秩序运行情况、文化活动开展情况、邻里交往互动情况等客观状况所产生的积极评价和认可，也可能是对日常关注的、与自身利益密切相关的某些特定状况产生的积极评价。情感认同使社区成员对社区具有了情感上的认可和信任，产生"认同感"和"归属感"。情感认同具有不稳定性。

2. 制度和行动认同

制度认同和行动认同分别是对社区制度文化和社区行为文化的理性认同形式，是社区认同的深层次表现，是通过对社区公共事务的关注和公共生活的参与，将社区文化内化于心、外化于行的理性意识和行为状态，具有较强的稳定性。

　　制度认同表现为对社区治理结构及其制度规则和社区自然形成的非正式制度的支持和认可，如对社区公共事务的参与主体、组织形式、议事过程、决策形式、执行效果等方面合理性、公开性、效能性的积极评价，对居民公约、自治章程、社区规范等方面的支持和认可。

　　行动认同表现为以个体或群体形式对社区公共事务的积极参与，与公共服务机构、社区居委会等治理主体的积极互动，为社区公共利益积极贡献个人资源和能力。

　　3. 价值认同

　　价值认同是对社区精神文化的认同。社区精神文化是社区物质文化、制度文化、行为文化的价值凝结，与三者一脉相承，从根本上说，价值认同是对社区文化整体所包含的文化价值观的理性意识。价值意识的产生首先源于对文化现象的直观感受，获得表面认知，进而在此基础上结合自身的经验和思维辨识，深入文化现象的本质，真正理解文化现象的意义，最终将文化形态抽象为价值意识。

　　价值认同是社区认同的最终归宿，是经过长期的情感认同、制度认同和行动认同过程，形成与社区精神相统一的文化价值观的稳定状态，是对"共建共治共享"理念和社区"生活共同体""利益共同体"意义的深度认同，是社区治理过程中社会主体的最理想状态。

　　三、社区公共空间与社区文化

　　社区认同实质是社区成员在社区公共空间对社区文化的心理和行动认同，社区公共空间是实现社区认同的核心，可见，社区公共空间与社区文化之间紧密关联，社区公共空间是社区文化的集中载体。社区公共空间通过其所包含的四个要素，即公共场所、公共规则、公共活动、公共精神，来承载社区文化。换句话说，社区公共空间是社区文化的集中的、具体的表现形式。社区文化的形成过程是社区成员在特定场域、秉持公共规则、参与公共活动中将稳定的、有益的文化要素沉淀下来，形成价值观念的过程，文化实践需要在一定的空间范畴中展开，文化是一个在特定的空间发展起来的历史范畴。[①]

社区公共场所首先是社区物质文化的直接体现，主要通过其客观的基础资源和功能价值来体现社区物质文化的意义，传递公共利益和公共价值；高质量的社区公共场所又在深层次上间接体现社区制度文化、行为文化乃至精神文化。例如，某些社区设立的"文化礼堂""百姓畅言厅""民情议事厅""睦邻中心"等，这些社区重点打造的公共场所，不仅直接体现出其公共意义，更是从制度文化、行为文化等不同侧面体现出和谐共建、开放包容、民主共治等不同的社区文化。

社区的公共规则和公共活动则是社区制度文化和行为文化的集中体现和载体。为处理社区公共事务、梳理多元利益关系、保障治理主体权利而形成的组织体系，机构和正式、非正式规范在制度层面体现着社区文化的价值意义，组织体系和制度供给的合理性决定着制度文化的稳定性、共享性和可持续性；社区成员的交流交往、公共文化娱乐教育活动特别是为维护公共利益、解决公共问题而开展的公共议事等集体行动则以更加生动的行为形式诠释社区文化价值理念，公共活动的组织方式和质量对行为文化的发展和价值起到关键作用。

社区公共空间所包含的公共精神即共同价值意识是社区精神文化的主体内容，是社区文化的核心。形象地说，社区公共空间与社区文化二者的关系是"肌体"与"血液"之间的关系。社区公共空间的意义即社区文化的存在和发展，社区文化有效支撑了社区生活共同体的运行，推进了社区协同治理。

---

① 冯天瑜，何晓明，周积明. 中华文化史［M］. 上海：上海人民出版社，1990：2.

第三节 文化治理：重构社区认同的行动策略

一、社区文化的治理性功能

（一）文化功能的治理性分析

文化作为社会结构中的一种存在主体，具有独特的能力和特性。文化的功能是指文化系统各要素自身的特性及与外部环境发生作用时所产生的效果。纵观历史发展，中西方文化思想及其背后的社会实践表明，文化具有规范、教化、引导社会成员思想和行为的功能，同时，文化与社会治理之间密不可分、共生共长。

社会治理的运行，首先要对公民个体人格进行社会化塑造，通过教育熏陶努力使其产生与社会发展的价值取向和需求相一致的思想和行为；其次要对各类社会群体的关系和行为进行引导，通过有效的活动载体、制度规则、行动机制等形式，对不同利益进行调适和整合，达成持续稳定的集体行动，实现公共利益最大化；最后要使各类社会主体形成广泛的文化价值认同，通过精神引领、利益凝聚、意识培养等手段，实现"共建共治共享"的善治目标。

文化的社会治理功能可以从三个层面看。

对于公民个体而言，文化具有塑造、示范和教化功能，从社会角色意识、社会信仰和思想观念、社会生活技能等方面，将"自然人"培养成"社会人""道德人""文化人"是社会治理运行的前提基础。

对于社会群体而言，文化具有对社会群体的规范、调控和凝聚功能，文化表现为社会群体应遵循的制度规范、行为方式和精神意识，发挥着价值导向、关系调适、利益整合等作用，从而有效推动社会治理。

对于社会整体而言，文化起到发展导向和驱动作用。社会治理的根本在于共同价值观的形成，主流文化中所蕴含的价值观在特定的社会实践领域中具体转化为行为尺度、准则和目标，对社会成员的行为进行约束、规范和引导，形成文化共识和社会认同，使社会成员从内心自觉维护赖以生存和发展的制度环境和公共利益，形成社会治理的内生动力。

可以说，文化既为社会治理提供了基础、支撑、方向和动力，也丰富了社会治理的路径和工具。同时，社会治理也为文化功能的发挥创造了平台和环境。

当下，社会治理面临的困境，需要从文化层面的深层次原因寻找出路。文化功能在物质、制度、行为、价值要素上的发挥和突破，对社会治理的发展至关重要。切实面对现实中的文化价值观困境，通过文化发展推动社会治理创新，增强政治合法性的认同基础，是新时期社会治理创新的基础所在。①

（二）社区文化的特征

社区是社会治理的最基础平台，是文化孕育的最基层场域。社区文化是由诸多文化现象整合而成的，其形成是由特定的地理地域、社会环境、人与人的社会关系等诸因素决定的。社区文化主要具有以下特征。

第一，区域性。社区文化是一定的地理环境、生活方式、组织运行方式等因素相互作用的结果，它的形成和发展都带有本社区的特征。

第二，继承性。社区文化既是一定时期、一定社会发展阶段内的特定产物，又是以传统文化为基础不断发展、不断积累起来的，具有动态稳定性。

---

① 魏波，孙颖. 在治理创新与文化发展的互动中培育社会认同［J］. 中国特色社会主义研究，2012（1）.

第三，区域普遍性。社区文化是社区生活的衍生物，它以普遍的方式存在于社区各个范围和领域内，对社区成员的生活发展产生影响。

第四，区域共享性。社区文化是全体社区成员在实践活动中共同创造的，社区居民不仅是社区文化的参与者、创造者，也是社区文化成果的分享者、承载者和受益者，社区文化为全体社区成员所共有，并为所有成员普遍接受。

第五，渗透融合性。这种渗透性表现在社区内部和社区外部两个方面，一是社区内部主流社区文化和非主流社区文化之间的相互渗透，二是不同社区之间以及社区与整个社会之间通过传播、交流、互动等各种方式产生影响和交融。

（三）社区文化的治理功能

社区文化是满足社区居民多样化需要和塑造社区人的重要载体，是在社区成员通过自己的力量共同参与社区建设、解决公共事务、实现公共利益的过程中产生和发展的，有助于成员认知自身在社区的价值、对社区发展和治理的责任义务。社区成员是社区文化建设的亲历者、参与者、创造者，也必然是直接受益者，社区文化更多的是体现着社区居民的自治和自主，在公民的社会化过程中发挥重要作用，是培养公民意识的有效途径。社区文化以特定的文化心理积淀有形无形地规范着人们的行为和思维，并影响着文化心理的转换，最终导致行为和思维的变革。社区文化在维系和展示社区生活共同体的价值意义的同时，拥有一种能动地从社区内部塑造、组织与重建一系列经济、社会和政治关系的实践能力，不仅是关于表征和社会意识，而更是有关机制实践、管理程序和空间知识的组织安排，持续性地影响着我们的思维模式，规训着我们的行动方式，强化着我们的社区认同，建构着我们的生活方式①。

社区文化的治理功能可以分为以下几方面。

1. 融合与规范功能

社区文化是实现居民观念整合和行为规范的有效途径，社区文化为生活于社区中的居民提供了共享的风俗习惯、生活方式、规章制度、行为准则，社区文化的这种共享性使居民在思想和行为上的相互协调成为可能，不仅减少了居民在社区生活中合作交易的成本，而且增加了彼此之间行为预期的确定性。一定的社区文化，在一定时期内会强调特定的价值理念、行为方式，规范人们的行为模式，同时排斥所否定的价值观念与行为模式，对居民的个性发展和共同价值意识的形成产生协调整合作用。社区文化还是社区居民之间、各类社会组织之间相互联系、加深感情、增进了解、沟通融合的纽带和桥梁，是社区生活共同体走出"集体行动困境"进而走向信任和合作的必要条件。

2. 传承与导向功能

社区是个人与社会发生交互作用的最基本、最广泛的场所，人们参与社区活动的过程，就是个体学习和传承社会文化、群体价值以及行为模式并逐渐内化的过程。从纵向来说，社区文化与一般文化一样，保留和发展了过去的有益文化，是文化在历史纵向上的传递；从横向来说，每一种文化体系都有自己独特的结构和个性，在文化传播、交流、借鉴的过程中，不同的文化体系经过调整产生新的文化体系。社区文化的形成和发展，凝聚着社区居民的集体智慧和创造精神，它既可以鼓励人们与客观现实相调和，又可以引导人们积极追崇尚未实现的理想和目标，从而较好地把社区居民引导到与社会发展相适应的目标上来。

---

① 李山，吴理财. 社区文化治理及其公共性重建［M］//赵秀玲. 中国基层治理发展报告（2016），广州：广东人民出版社，2016：307.

3. 教育与塑造功能

居民在社区生活中的需求不仅包括物质方面的，休闲、娱乐、沟通、参与、表达、自治等精神和行为方面的需求与日俱增。社区文化通过各种物质载体、宣传手段、活动形式，塑造文化环境、营造文化氛围、丰富文化生活，使社区居民在愉快的享受中接受教育、净化心灵、更新观念，从而提高其精神境界、文化修养，培养其良好的道德情操。任何一种文化形态都具有教育功能，而社区文化的教育功能尤为突出。社区居民在社区生活实践中创造和分享社区文化，同时又受到社区文化的教育和塑造。正是社区文化的陶冶、教育、塑造，居民才有了作为社区成员的文化自觉和自我约束，社区生活共同体才有可能不需要外部力量的强制性干预而自我运行和维系发展。社区认同感、社区精神是在社区成员共同建设社区、共同治理社区并分享公共利益的过程中才能产生的社区要素。

二、社区文化治理是社区认同的实现理路

（一）文化治理的含义

"文化治理"一词是在当下应用非常广泛、含义极为丰富的概念，它既与"文化"相关联，又涉及"治理"的理念和技术。虽然对于"文化治理"概念，目前学界并无统一的认识，但许多学者倾向于从"文化既作为治理对象，又作为一种治理工具的视角"来研究探讨"文化治理"。

正如托尼·本尼特所言，文化被建构既是治理的对象又是治理的工具：就对象或目标而言，术语指涉及下层社会阶级的道德、礼仪和生活方式，就工具而言，狭义文化（艺术和智性活动的范围）是对道德、礼仪和

行为符码等领域的管理干预和调节的手段。①

　　从宏观上来说，文化治理是国家治理体系与治理能力的重要构成，是一种基于国家与社会互动视角的现代国家治理形式，"文化的治理"是国家治理的重要内容和方式。文化的使命是为国家治理提供一整套相对稳定，让广大人民接受认同的思想价值体系，也要为即将到来的制度变革、社会创新等打牢思想基础，国家治理不仅需要文化摇旗呐喊而且需要文化导航引路。② 文化治理的主体是政府加社会，政府发挥主导作用，社会参与共治；对象是政治、经济、社会和文化；治理过程是相关部门通过一系列的制度安排和政策措施，借助文化治理功能来解决问题，实现协同发展；治理技术"既包括政策话语表述、文化象征操作、活动程序安排、实务空间布局等对他者的治理技术，也包括文化解码、价值认同和行为自觉等自我治理的技术"③。

　　从中观上来说，文化治理是社会治理的重要内容和方式，文化不仅是一种生活方式的呈现，还具有作用于社会的治理作用。文化治理的核心是以建立现代社会治理架构为立足点，充分利用和激活文化的治理功能，通过社会资本的培育达到社会的善治，政府、社会组织、企业和个体在文化共识和载体下的互动合作是基本形式。文化治理，需要以文化来塑造现代公民和现代社会，要靠文化的力量培育良好的道德氛围和公共秩序，在每位公民个体内心深处筑牢积极正面的价值大厦。这个大厦还需要渐进的、温和的、理性的社会精神和社会共识作为支撑，建设起一个理性成熟的公民共同体，使得社会转型得以相对平稳理性地实现。④ 从微观来说，文化

---

　　① 托尼·本尼特. 文化与社会［M］. 王杰，等译. 桂林：广西师范大学出版社，2007：189.
　　② 刘忱. 国家治理与文化治理的关系［J］. 中国党政干部论坛，2014（10）.
　　③ 刘忱. 国家治理与文化治理的关系［J］. 中国党政干部论坛，2014（10）.
　　④ 王前. 理解"文化治理"：理论渊源与概念流变［J］. 云南行政学院学报，2015（6）.

治理是文化在横向网络结构中以社会资本的形式发挥治理作用，培养群众"公共责任"和"公共精神"，引导群众参与"公共生活"的重要途径。美国学者艾德佳·沙因（Edgar H. Schein）认为，文化治理主要起到让社会或组织的现有成员整合内部力量解决问题，适应外部环境处理问题的作用，以及让社会或组织的新成员学会用公认正确的价值观念、行为方式来感知、思考和处理问题，以此来培养社会或组织成员的强烈认同感。文化治理的根本价值在于让具有治理精神的社会个体和群体在公共空间里对公共规则达成共识并付诸行动。

文化治理既涉及机制、机构、策略性层面及其历史性维度，还涉及自我、主体向度及与他人、客观世界的关联，① 其包含两个特性。一是文化必须在社会网络中发挥作用。基层治理的运行意味着以平等、信任、合作、互惠为基础的多中心横向社会网络的建立，并非所有领域中文化发挥的作用都是文化治理，如市场和权力运行领域。二是文化是以社会资本的形式参与治理过程的互惠、信任、合作、规范等文化表现，是形成横向协作网络的重要社会资本，是基层治理的重要因素并形成发挥治理作用的载体和机制。

概言之，所谓"文化治理"，是一种集理念、制度、机制和技术于一体的治理形式与治理领域，它既涉及文化功能的重新发掘，又涉及文化组织方式的革新，还涉及个体文化功能性的彰显。② 文化治理，是一种自我规训，它是一种基于认同之上可以主动避免矛盾发生的和谐治理模式。③

---

① 徐一超. "文化治理"：文化研究的"新"视域［J］. 文化艺术研究，2014（3）.
② 王前. 理解"文化治理"：理论渊源与概念流变［J］. 云南行政学院学报，2015（6）.
③ 李世敏，吴理财. 社区治理的文化转向：一种新的理论视角［J］. 理论与改革，2015（1）.

（二）重构社区认同的行动策略——社区文化治理

社区文化治理是文化治理的基层实践。① 社区文化既是社区的共同体要素存在和发展的依据和基础，又具有增强社区居民意识、提高社区内部凝聚力、增进社区认同的治理功能，因此，社区文化既是社区治理的对象，又可作为社区治理的工具。

"社区文化治理"包含两个层面的含义：一是"对文化的治理"，即将社区文化作为治理对象，培育和塑造符合发展取向的社区文化；二是"经由文化的治理"，即将社区文化作为治理工具，发挥社区文化的治理性功能。在这两个层面中，基层政府仍需发挥主导作用，社会多元主体充分发挥协同作用。

社区文化治理的过程，就是社区治理体系中的多元主体，在社区横向联系网络中，通过培育和完善社区文化要素，发挥社区文化的治理功能，促成社区主体的利益共识和集体行动，从而努力实现更加广泛的社区认同和社区治理的善治目标。

社区认同的本质是社区主体在社区公共空间对社区文化的认同。社区公共空间是社区文化的集中载体，重构社区认同的核心问题在于社区公共空间的发展。当前，社区治理所面临的困境在于社区认同不足，从根本上说，是社区文化培育及其治理性功能发挥不足所导致的。现代社区内部的个体化、碎片化、流动性特征，使社区成员的思维和行为被"理性经济人"的价值观所深刻影响，社区公共精神淡薄，社区社会资本难以发育，导致社区公共空间的要素发展艰难，社区文化缺少孕育和发挥作用的土壤，实现社区认同的生活共同体要素难以形成。

社区治理能力的提升与治理工具的有效性密切相关，在某种程度上，

---

① 李山. 社区文化治理：主体架构与实践行动［J］. 云南行政学院学报，2017（1）.

社区文化成为一种微观隐性权力，具有强劲的影响力、规训力和认同力。① 社区文化的形成和发展对强化社区成员的社区认同具有决定性作用，其有效引导和规范着成员的社区心理和自我发展行为，为居民个体超越个人私利，形成关注公共利益、参与公共事务的共同价值意识奠定了基础。

重构社区认同的基本逻辑是，既要将社区文化作为行动对象，又要将其作为治理工具。因此，社区文化治理可作为重构社区认同的行动策略。社区文化治理过程，通过不断完善和发展社区公共空间，培育协同治理取向的社区文化，发挥社区文化的治理性功能，来实现社区成员对社区文化价值取向的心理和行动上的认同，推进社区治理的良性运行。

"社区文化治理"同样具有三个面向。一是政治面向，是国家治理的重要内容，是政府基层治理的重要方式，是维护稳定、构建和谐、以人民为中心、增强人民群众获得感、幸福感、安全感的重要途径，是对国家意识形态、治国理政方向和思想、社会主义核心价值体系的引领。正如王志弘所言，文化治理是"文化政治"的场域，是文化领导权的塑造过程和机制。② 二是社会面向，是社会治理的重要构成，需要政府、市场、社会等多元主体的协同参与，以社区公共空间作为行动场域并不断加以营造和完善，强化公共意识，搭建参与平台，开展公共对话，进行公共决策，达成集体行动，培育公共精神，增强社区认同，推进社区治理。三是经济面向，主要涉及文化产业发展，通过引入市场力量和竞争机制，优化文化资源的生产、配置和消费，提高文化产品的供需质量，有效满足社区成员的生活发展需求和文化权利的实现，通过完善社区公共空间、提高公共生活质量、增进社区生活共同体氛围来强化社区认同。

---

① 李山，吴理财. 社区文化治理及其公共性重建［M］//赵秀玲. 中国基层治理发展报告（2016），广州：广东人民出版社，2016：115.
② 王志弘. 文化治理与空间政治［M］. 台北：群学出版有限公司，2011：12.

（三）"社区认同"建构的文化治理载体

社区认同是社区主体对社区公共空间进行意识感知、价值判断、公共参与等方面的心理和行为过程及状态。社区文化治理，以社区公共空间作为行动场域，通过完善社区公共空间的构成要素，即公共场所、公共规则、公共活动、公共精神，来培育社区文化体系，发挥社区文化在物质、制度、行为和精神层面的治理作用，实现社区成员对社区共同体的情感认同、制度认同、行动认同和价值认同。

在文化治理实践中，基层政府需要在社区治理的横向行动网络中依托相应的治理载体，来有效发挥其主导作用，引导社会多元主体参与社区文化治理过程，主要包括四个实践载体，即交往互动空间、主体权利体制、需求回应机制、共同价值意识，四者有机联系、相互影响、相辅相成，与社区公共空间的构成要素相统一，是建构社区认同的有效抓手。

1. 交往互动空间

交往互动空间是社区公共空间"公共场所"要素的核心构成，集中承载着社区的物质文化。社区首先应具备让成员自由平等地出入、交流、议事和参与的场所空间，包括各类物质场所和日益成长的线上平台。交往互动空间是持续吸引社区资源、社会资源集聚和运转的"磁石"，是社区文化体系培育的物质载体。交往互动空间的完善性和有效性，是社区基础功能、社区治理秩序、公共精神和价值、公共生活氛围和质量的直观体现，直接影响着社区成员对社区的评价和归属感的形成，对社区成员的情感认同具有关键作用，是培育社区社会资本、实现社区认同的物质基础。

2. 主体权利体制

主体权利体制是指在社区治理体系中，为保障治理主体权利而形成的组织结构及支撑其运行的一系列制度，实质上是一套以某种方式构建的调适多元主体关系和行动的规则，因此，主体权利体制是社区公共空间"公共规则"要素的核心构成，承载着社区的制度文化。主体权利体制是保障社区主体的利益和需求的基础，使各类社区主体感知自身的角色和地位，社区成员基于自身的利益而对社区权利结构和组织行为进行评价，从而直接影响对社区的制度认同。

现代社区治理的发展过程，是国家权力逐步向公民权利回归并将国家权力置于公民权利制约之下的过程，是在"权力"与"权利"的共同作用下推动社区走向善治的过程。现代社区是满足社区居民和群体生活发展需求的最基本载体，是公民权利得以体现的最基础平台。在现代社区场域下，权利是社区治理体系中主体关系的本质属性和核心内容。社区居民和群体关注的核心问题是，关切自身利益的应有权利能否具备实现的载体和渠道，这关系着社区治理的主体多元性和过程协同性。主体权利体制的认同效应根源于，任何一种组织体系和行为逻辑都承载着一种价值观念，其主要功能就是向社区主体灌输组织行为逻辑，增强其组织制度认同，从而增进和强化社区文化认同。一种制度如果得到了利益相关人的普遍认同，说明该制度是被需求的，是对相关人有"路径依赖"的。一旦形成有利于社区治理发展的主体权利体制，其承载的社区制度文化将会逐步增进社区主体参与治理的精神动力和信任、规范、互惠、合作意识，强化治理规则，提升治理绩效，促进协同行动。

3. 需求回应机制

需求回应机制是指社区为满足社区成员的生活发展需求，在基层政府与社区主体之间以及社区自身形成的一系列相对稳定的表达、反馈、互动方式和办法及其物质载体，体现了各治理主体在社区治理过程中的沟通和行动模式，是社区公共空间"公共活动"要素的核心构成，承载着社区行为文化。需求回应机制以主体权利体制为基础，与社区成员的需求满足程度直接相关，其有效性直接关系到社区治理主体的自身发展和参与治理的持续性、互动性及治理绩效，对主体权利体制的维系和强化产生影响。需求回应机制的效能高低决定了社区成员对社区公共生活的切身感受，从而对社区成员的情感认同、制度认同特别是行动认同程度产生关键性影响，是影响社区价值认同的至关重要因素。

满足社会需求是现代社区治理的目标和归宿。在中国的社区治理实践中，需求回应机制的重要性在于，对于实现社区多元协同治理体系来说，其前提是政府的"政治需求"和公民的"社会需求"达到一种相对平衡，同时，还要培育社区成员对新制度机制的需求，将政府的管理需求转变为社区居民的生活需求，增强社区主体对新制度机制的依赖性，促进社区协同治理的持续发展，那么，在社区治理体系中发挥主导作用的基层政府，必须在有限的社区资源和活动领域中搭建社会主体为表达诉求和实现利益而参与博弈、寻求平衡、取得共识的制度机制。

4. 共同价值意识

共同价值意识又称为群体价值意识，反映一定社会区域内群体成员对公共生活持有的普遍价值取向和思维方式，承载着社区精神文化，是社区公共空间所具有的"公共精神"的本质内容，是社区认同的目标和归宿。群体价值意识基于个体价值意识的交汇磨合而产生，代表着一定社会范围内多数成员在知识、情感、观念、意志等各方面的共同理解，作为潜在精神力量，起到价值引领和行为导向的作用。[1] 基层政府在文化治理实践中不断强化符合协同治理取向的共同价值意识，增进社区主体对社区生活共同体的价值认同，一定程度的价值认同形成后，则会对社区成员的情感认同、制度认同和行动认同产生根本性影响，实现相对稳定的社区认同效果。

---

[1] 付春华. 基层政府社区认同建设的文化治理效用研究——以包头市为例 [J]. 领导科学，2017（1）.

共同价值意识对社区认同的根本性影响，源于其形成和强化过程对个体价值意识的整合作用。共同价值意识的形成不是孤立的过程，在其形成过程中，基层党政机构发挥着不可或缺的引领作用，通过在打造交往互动空间、建构主体权利体制和需求回应机制的文化治理过程中，对"共建共治共享"的协同治理理念的不断融入，越来越多参与治理的社区成员形成了相一致的个体价值意识，从而形成了一定范围的共同价值意识，这时，共同价值意识通过社区公共空间开始在更大范围的包含不同价值意识的个体之间充当意见交换和思想沟通的媒介，将具有不同思维方式和生活经验的个体汇集起来，彼此交换意见、形成碰撞、产生融合，在情感、思维和利益取向上产生更大范围、更深程度的一致性，通过整合个体价值意识，不断形成更稳固的共同价值意识，建立起群体共同追求的目标，实现广泛的社区认同，从而产生参与治理的内生动力，推动社区协同治理的持续、健康发展。

（四）重构社区认同的文化治理实践理路

社区认同是社区治理的内生动力，社区认同的建构过程对社区治理产生支撑作用。"重构社区认同"的价值目标是实现社区的"共同体"价值，构建"共建共治共享"的社区治理格局。

一种社区治理模式的基础和核心是治理体制和运行机制，但从根本上依赖于特定社会文化的支撑和推动，是一种文化价值观的体现，是社区治理的物质基础、体制机制和文化价值的融合体。社区文化治理作为重构社区认同的行动策略，通过完善和发展社区公共空间要素，培育多元协同治理的社区文化体系，发挥社区文化的治理功能，实现社区治理主体对社区"共建共治共享"价值的心理和行动认同。

1. 社区文化治理策略的核心价值观念：共建共治共享

党中央提出的"共建共治共享"的社会治理理念，为破解新时期社区治理的"共同体困境"提供了科学的理论指导，是社区文化治理策略所需要秉承的核心价值观。"共享"是目标，也是前提；"共建"是基础，也是保障；"共治"是原则，也是手段。

"共建"的重点是建立包容政府、市场、社会等多元主体的社区权利结构及相应的制度安排，保障各主体应有的职能权责，确保各主体各司其职、各取所长，突出"事前"。

"共治"的重点是在"共建"体制的基础上，形成多元参与、协商联动的行动机制，共同打造公共平台、处理公共事务、生产公共产品、提供公共服务，突出"事中"。

"共享"的重点是坚持政府、市场、社会主体在"共建""共治"的过程中秉持公共精神，通过共建、共治，充分满足多元主体的发展利益和需求，让治理成果公平、合理、有效惠及各类利益主体，实现多元主体的利益共享，社区公共利益的最大化，突出"结果"。

"共建共治共享"理念下的社区文化治理过程，有利于培养社区居民的现代治理精神，有利于明确社区自治主体的权利和责任，有效实现党委领导、政府主导、社会协同下的社区自我服务、自我教育、自我管理、自我监督的发展目标，激活社区治理的内生动力，实现政府治理、社会调节和居民自治良性互动，实现社区治理的可持续发展。

2. 社区文化治理的实践理路

社区文化治理不仅仅是基层政府的行动策略，而且是整个社区的行动策略，基层政府应是这一行动策略的"策划人"和"引路人"。在文化治理实践中，基层政府既要有效发挥主导作用，又要坚持"有限政府和服务型政府"，坚持"有所为有所不为"，坚持还政于民、还权于民，因此，需要精准发力、靶向治理。基层政府必须在其应有的职能领域中，有效构建和运用文化治理的实践载体，从而在社区文化治理体系中发挥主导作用，推动多元治理主体参与文化治理过程，最大限度地激发文化治理效能，协同实现社区治理目标。具体来说，应包含以下几个层面。

一是合理建设多元治理主体自由、平等、便捷参与各类社区公共生活的交往互动空间，包括物质性的实体场所设施和虚拟性的线上参与空间，完善社区服务功能，营造公共生活氛围。除了保障社区基本的公共服务场所外，基层政府要把更多的精力放在充分收集和回应社区主体的公共需求，充分调动社区资源和社会力量参与建设上。

二是建立能够体现多元治理主体权利的利益平衡、依存互补、协作共赢导向的主体权利体制。包括适合社区特征和发展基础的职责完善、定位准确的组织机构，以及维护社区公共利益、处理社区公共事务所需的有效制度规则。

三是构建有利于多元治理主体协商、互动、整合、协作的需求回应机制。通过需求回应机制所产生的有效资源供给、制度保障和社会化手段，充分回应社会主体的生活发展利益诉求，调动和整合各方资源优势，培育和激发社会主体在社区治理体系中的意识、能力和行动。

四是在上述三个方面过程中努力强化"共建共治共享"的共同价值意识。强化社区精神文化建设，树立权责对等、协同共行、利益共享的价值理念，加强社区内部的感召凝聚力、协同行动力和政府与社会的社区治理合力，不断深化政府、市场、社会对多元参与、信任互惠、协同共治的文化价值观的社会共识，促进社区成员对政府基层治理理念的认同和对利益共同体意义上的社区的心理归属，使社区成员在充分分享社区发展成果的基础上不断增进对社区生活共同体的心理和行动认同。

在社区文化治理策略中，交往互动空间是物质基础，主体权利体制是制度保障，需求回应机制是核心要件，共同价值意识是内在动力，四者有机联系，依托社区公共空间形成文化治理的系统化过程。以"重构社区认同"为落脚点，社区文化治理的实践理路可以为推动新时期的社区治理发展提供新的理论分析视角，具有方法论意义。

三、文化治理策略的核心要件

需求回应机制是社区文化治理策略的核心要件。在当前的社区发展趋势下，社区服务和社区自治是社区成员的两大类需求主题，也是社区协同治理的核心议题。有效回应这两类社区需求，需要以"协同治理"为导向，以居民为中心，以治理手段的社会化和专业化为基本方式，形成有效的需求回应机制。

（一）社区服务与社区自治的现实需求

1. 社区服务

社区服务是指在基层政府的指导和扶持下，在社会力量的多元参与下，以街道社区党组织和社区居委会为依托，以社区全体居民为对象，以满足社区居民生活需求、提高社区生活质量为目的的社会服务。

社区服务分为基本公共服务、志愿公益服务和便民利民服务三部分。基本公共服务是面向全体社区居民提供的与大多数居民切身利益密切相关的最基础服务，包括劳动就业、社会保障、卫生计生、教育事业、住房保障、文化体育、公共安全、公共法律服务等，责任主体是基层政府部门；志愿公益服务是由社区居民、社会组织、志愿团体、公益协会、共建单位等方面志愿贡献时间、技能、资源、善心，为促进社区进步、扶弱济贫、推动慈善福利事业而在社区开展的无偿性或低偿性的服务；便民利民服务是以方便居民生活为目的而提供的服务，包括家政服务、医疗服务、物业服务等，具有多元化、专业化、个性化特征，主要由社会非营利性机构提供。

社区服务既指称社区公共服务，又指称社区社会服务，既具有公共性，又具有社会性。

就社区服务的公共性而言，社区可以协助基层政府履行基本公共服务职能，承接政府的基层公共服务，如社会保障服务、公共就业服务、卫生计生服务、福利救助服务、流动人口服务等，这是政府公共服务职能向社区的延伸，提高了公共服务供给的效益，提高了社区成员的社区认同感。

就社区服务的社会性而言，主要体现在社会化功能上。社会服务的供给主体主要是社会组织、社工机构和企业，政府的行政服务仅仅是受益面和影响力很小的一部分。在社区服务中，多元社会主体的供给内容和形式迎合了社区居民分散、琐碎、多元的生活发展需求，较政府的服务内容和方式更具有多样性和灵活性，越来越成为居民广泛认同的服务供给方式。

社区服务的发展趋势和实践经验表明，单纯的行政供给或市场供给都无法为居民提供有效的社区服务。社区服务的公共性和社会性决定了供给主体不仅包括政府，还包括专业社会组织、社区社会组织及专业社工，同时也决定了供给方式的多样性。政府自上而下、制度化、规模化的行政供给方式对社区层面的分散而琐碎的居民需求反应很弱，无法触及居民生活的方方面面，不能及时满足居民需求。市场供给模式由于遵循利润最大化原则，因此在低偿或无偿性服务供给方面难以实现。"非政府""非市场"的社会化供给方式则主要依托社会组织。社会组织通过自下而上的主动参与方式，自上而下的政府购买服务方式，政府支持与自下而上参与的双向结合方式（如对社区社会组织的公益创投、项目补贴、项目认领），"市场化＋社会化方式"（企业通过技术、资源等优势建立和运营社会组织参与治理）四种方式，提供多元化、个性化、专业化、精细化的社区服务，弥补政府供给和市场供给的不足。但是，基层政府对社区公共服务的总体规划、支持引导和监督保障不可或缺，市场因素的竞争效应对公共产品供给质量的保障也非常必要。因此，社区服务的多元主体协同供给模式是回应社区服务发展需求的必然选择。

2. 社区自治

社区自治是社区治理的重要实践主题，社区治理的价值基础在民主，实践基础在自治。所谓社区自治，是指社区居民在社区党组织的领导下，以社区居委会为依托，以民主选举、民主决策、民主管理、民主监督为主要形式，合作处理社区公共事务的过程，使社区进入自我教育、自我管理、自我服务、自我监督的状态。党的十八大报告中明确指出："在城乡社区治理、基层公共事务和公益事业中实行群众自我管理、自我服务、自我教育、自我监督，是人民依法直接行使民主权利的重要方式。要健全基层党组织领导的充满活力的基层群众自治机制，以扩大有序参与、推进信息公开、加强协商意识、强化权力监督为重点，拓宽范围和途径、丰富内容和形式，保障人民享有更多更切实的民主权利。"

社区自治包含以下基本要素。

第一，社区自治的主体，即依法享有参与和自主处理社区公共事务的权利，并承担相应义务和责任的个人和组织。社区居委会是社区自治的核心载体，社区居民是最主要的自治主体，可以个人形式参与自治。社会组织是社区自治的传输主体，处于政府与居民之间，起到动员、组织、支持社区自治的作用。

第二，社区自治的对象，即社区公共事务。主要包括人事选免、财产财务、社区教育、社区服务、社区管理等方面。

第三，社区自治的基础，即基层民主协商机制。在社区场域中，任何一个组织都无法通过强制方式来整合分散于各类社区成员中的资源并平衡各方利益差异，必须通过民主协商机制来实现。

第四，社区自治的标志。衡量社区自治走向成熟，应从社区的内生要素来考量，至少可以从两个方面来判断：一是信任、合作、互助是否成为社区成员的主流价值取向，即社区成员是否愿意通过建立彼此的信任、合作、互助来形成相互联系和发展的纽带和方式；二是民主协商是否已成为社区公共事务的解决方式，社区成员是否习惯于通过协商方式来消除分歧、解决冲突、增进信任、取得共识，从而合作处理社区公共事务。

社区自治实现良性发展，使社区逐步实现"自我教育、自我管理、自我服务、自我监督"的自我维系状态，是社区治理的重要意义，与还政于民的善治目标和过程相一致。推动社区自治的良性发展，一方面源于社区主体的意愿和社区发展规律；另一方面又基于其发展的现实困境，表现在社区自治的多重成本、所依赖的社会资本缺乏、社区居民的自治行动和参与能力不足等。正是这对立统一的矛盾的促动，作为推动社区自治发展的重要引导者和支持者，基层政府才需要在推动社区治理中顺势而为、主动作为，发挥引导、支持和保障作用，实现从自治意愿到自治行为和能力的转变。

3. 回应社区需求应秉持的价值理念：以居民为中心

社区协同治理是政府、社会、社区三方面主体协同行动的过程，具体说，是政府规划指导、社会力量协助、社区居民行动的过程。回应社区协同治理体系中的多元需求，实现"共建共治共享"的社区治理格局，从根本上说，需要坚持"以居民为中心"的价值理念。

"以居民为中心"的理念有着自身独特的内涵和价值，其与传统理念的最大区别在于居民主体性凸显。社区治理的核心和目标是人的良善发展，社区治理的关键在于从"服务人"转向"改造人"。因此，社区公共事务的决定权和行动权需要向居民开放，使其充分参与社区事务，在参与中逐渐培养居民"助人自助""独立自主""自愿奉献"的精神，不断提升其对社区的认同感、归属感和荣誉感。借鉴许宝君、陈伟东的观点，"以居民为中心"的价值理念主要包含以下内涵。

第一，需求让居民表达。需求是居民自治的逻辑起点，居民开展自治的目的是满足自身需求。社区服务的内容不应当是政府、社会组织或社区居委会独立决策的结果，而应是居民充分表达的结果。政府和社区应当主动收集、充分整合和科学分析居民需求，有针对性地提供服务，实现服务与需求有效对接，提升社区服务的回应力和居民参与社区事务的意愿和动力。

第二，问题让居民讨论。问题是社区治理的导向，社区公共问题与居民生活息息相关，理应由居民集体讨论，并参与寻找解决路径。这样可以在尊重居民意愿的基础上，广泛收集意见和建议，充分回应居民的具体诉求和发展愿景。

第三，活动让居民策划。社区居民的各类诉求通常是通过具体活动来实现的，社区应以居民的意愿为主导，让居民更多地参与社区活动策划，确定活动主题、目标及具体实施方案，更好地回应居民生活愿望。

第四，公约让居民制定。居民公约在社区治理中起价值引导和行为规范作用。居民公约应是居民自主讨论、协商形成的，其形成过程应充分让居民参与决定。只有居民在社区组织的积极价值引领下，通过讨论协商自主制定各项公约，公约的价值引导和行为规范作用才能有效发挥。

第五，服务让居民参与。社区居民不仅是享受服务的主体，也是提供服务的主体。要让居民积极参与社区服务过程，在服务中激发自治潜能，培养公共精神，形成助人自助、团结协作的社区行为文化和公共价值意识。

第六，效果让居民评价。增加社区居民在社区治理活动效果评价中的话语权，充分检验社区治理的需求满足效果；让居民自己找出实施效果与既定目标的差距，提升自我服务、自我教育、自我管理和自我监督能力。

（二）社区协同治理的需求回应机制构成

"机制"意味着在不同个体既已形成有机关联的基础上发生稳定的动态关系。社区协同治理的运行，以协商、整合、互动、协作为基本特征，需要平等开放的对话、权利与责任的融入和制度化、高效益的合作行动。①

社区协同治理模式的需求回应机制，就是在社区多元权利体制的基础上，基层政府部门、社区党政机构、社区自治组织、社区社会组织、专业社会组织及其他市场主体、社区居民等多元治理主体，在彼此尊重相互主体地位和运行规律的原则下，充分发挥各自功能优势，承担相应责任，推动多元主体实现协商、整合、互动、协作，从而满足社区成员对社区服务和社区自治的多元需求的运行机制。主要由以下6个方面构成。

1. 政府引导机制

政府引导机制是需求回应机制的首要构成部分，涉及协同治理的整体良性运行。协同治理强调治理主体的平等性，基层政府在社区协同治理中发挥主导作用，并不意味着在社区治理结构和过程中占据绝对的"主导地位"。政府的主导作用，更准确地说，应理解为其基于在公共资源和权威上的天然优势和制度供给的主要责任而扮演"引导人"角色，② 充分发挥其引导融合、资源保障、监督调控等作用，尊重和保护各类合法社会组织

---

① 付春华. 城市社区多主体协同治理模式研究——基于"共建共治共享"理念［J］. 城市学刊，2020（5）.

② 付春华. 生态文明建设中政府确立"引导人"角色的理论基础［J］. 中共云南省委党校学报，2013（3）.

及社区自治群体的主体地位，遵循社会自身的运作规则和机制，主动搭建各类治理主体的信息交流渠道和参与治理平台，积极培育社会力量并提高其参与治理的能力，通过建立稳定的作用机制促进多元主体协同共治，通过多元主体的深入参与实现社区公共利益的最大化。

首先是政府在政策制度层面的引导。社区事务的治理主要涉及公共服务和自治事务两方面，尽管多元共治格局下的协同治理模式已褪去行政化色彩而主要以市场机制和社区社会资本来支撑，其动力来源于居民的利益诉求和社区的发展需求，但协同治理的运行边界总体还是要在政府提供的治理制度框架内。在行政力量的介入、市场机制的引入、社区自治能力的扶持等方面，政府通过政策和制度导向来产生规制、支持和促进作用，对协同治理的整体运行起到关键作用。

其次是政府在治理行为层面的引导。政府行为引导的目标并非强化自身，而是做强社会，运用社会化方式最大限度地激活社会资本，培育和释放社会主体的服务生产力，为社区治理创造更为广阔的社会空间。行为引导的效应关键在于政府的行为策略，政府的行为策略会对公民参与治理的真实性和深入程度产生影响。如积极信息的传播、文化氛围的渲染、主题活动的倡导等形式化引导，可能只能促进公民的象征性参与，而合作、授权、孵化等长效机制的建立健全，则更能促进公民的实质性参与。再如，一些地区探索建立扎根社区的服务工作站、社区事务受理中心、社会组织服务中心等，体现出基层政府愿意与居委会及广大居民建立"伙伴关系"、以居民利益为重的姿态和诚意，有利于激发社区主体的深度参与。

2. 协作动力机制

协同治理是一个多元主体的自主行动体系，不可避免会因主观意志的变化和客观环境的影响而产生协作动力不足的问题。在基层政府职能转变不到位、放权授权不适当以及社会组织发展不充分、社区自治能力有限的情况下，协同治理中的动力不足问题不容忽视。建立协作动力机制，应以激励为导向，对不同的治理主体和协同领域采取合适有效的作用方式。从治理主体的角度看，主要分为三个方面。一是对社区公共服务机构、社区自治组织、企事业单位的激励机制，如资源保障、经费补贴、工作奖励、民意评价等制度方式。二是对专业社会组织、社区服务企业的激励机制，如市场竞标、购买服务、资金支持、税收优惠、服务奖励、项目补贴等制度方式。三是对社区社会组织（志愿团体）、社区工作者的激励机制，如政府的资源投入、政策扶持、能力培养、薪酬调整、职业规划、职业支持、社会评价等方式，社区党组织、社区居委会的引导动员、教育示范、沟通协商、需求反馈、认证嘉奖等方式。协作动力机制的形成并非完全依赖于政府作为，也包括社区自组织能力建设。

3. 信息共享机制

信息共享机制主要是基于协同治理所强调的互动性和协作性而建立的。对于多元协同治理的整体行动体系来说，信息共享需求不容忽视。治理主体的自觉行动取决于彼此的信任程度和对行动结果的预期判断，畅通的信息传递对主体的意识和行为默契产生关键作用。对于"基层政府—公民社会"这一社区协同治理体系中最为关键的协同关系，信息共享机制的建立尤为重要。基层政府既是协同治理中重要的制度供给者，又具有公民社会无可比拟的行动能力和资源掌控能力，信息共享机制对于社会主体增强对政府主体行为的信任度、强化二者的协作关系，对于政府及时回应公民社会需求、促进二者行动自觉和良性互动这两方面都意义重大。

信息共享机制需要在社区治理体系的公共信用规则基础上，进行制度化安排和社会化载体构建。政府公共机构作为协同体系中的重要主体，应主动通过制度安排和资源投入搭建与社会主体的信息共享平台，一方面，向有意愿和正在参与治理的社会组织和社区主体，提供获取和分享资源信息、治理信息和行动信息的有效渠道。另一方面，及时获取社会组织和社区的需求信息，为及时回应诉求、调适行动、协商沟通、化解质疑、消除分歧奠定基础，有效促进协同互动。当前一些地区所打造的"智慧社区"，就是利用现代信息化优势，通过对信息技术、网络技术等现代管理手段的运用，实现各协同治理主体之间的无障碍沟通和社区治理信息资源的高效整合，从而有效提高社区协同治理运行的效益。

4. 协调对话机制

协同治理体系中多元主体的自身利益需求是彼此协作的基本动机。一方面，协同治理虽具有多元合作的权利体制基础，但在协同过程中，主体之间因自身利益需求或社区资源稀缺而产生趋利动机和行为，从而造成矛盾冲突的情形不可避免。另一方面，协同治理的形成也意味着各治理主体因能力强弱的差别而在治理结构和过程中所处的位置和发挥的作用不尽相同，因而客观上存在着影响力的强势和弱势主体，在这样的状态下，存在着强势主体有意或无意侵占和损害弱势主体发展利益的可能，对于弱势主体来说，也会常常发出寻求公平裁量、维护自身利益的诉求。因此，需要在协同治理体系中建立一种旨在化解冲突和平衡利益的协调对话机制。

协调对话机制主要是结合社区治理的组织结构特征和制度基础，在公共协商规则和公共信用规则的基础上建立的沟通交流和利益平衡机制。从政府机构与社区自治组织的协同关系来说，协调对话机制的实现可以依托社区党组织，也可以直接依托社区成员代表大会，甚至会依托社会中介组织。从社区自治组织之间的协同关系来说，其实现方式也会因地制宜，或依托社区居委会，或独立于社区居委会之外，依托于其他有权威的自治组织，如社会组织服务中心、孵化基地等枢纽型组织，也可组建专门的组织来承担。协调对话机制的意义在于保证协同治理体系的正常运转和平等协商规则的常态执行，减少协同体系内部的运行成本，避免集体行动方案的落空，巩固和强化主体之间的信任合作和良性互动。

5. 责任分担机制

协同治理意味着多元主体在尊重彼此地位、权利和认可各自功能、定位的基础上，对社区公共事务的治理达成一种协议或者说承诺，其中既包含了各主体权利的边界，也包含了各自所承担的责任。政府既不是治理体系中的绝对行动主体，也不应去承担无限责任，因此，责任分担机制是对类似"集体行动困境"的一种制约机制，避免处于有限权利中的治理主体产生消极行动。在政府与社会组织的协同中，责任分担机制的构建主要依赖于政府的制度安排，如政府向专业社会组织购买服务时的二者相关责任，政府责任更侧重于运行保障和规则维护。在社区自治组织之间的协同中，责任分担机制的构建可以由作为自治核心的社区居委会来完成，也可能通过公共协商和公共信用规则来共同完成。

6. 监督评估机制

监督评估机制是与责任分担机制相匹配的制约机制，也是协作动力机制的强化机制。监督评估机制对科层制下的行政事务运行可起到约束、规制、激励、评价、反馈的作用，有利于保证行政效能和良性发展，对于在自主、自由、平等状态下形成的社区协同治理体系来说，则更加不可或缺，但方式更加社会化。

基层政府部门、社区党政组织、社区自治组织、社区社会组织、市场主体等治理主体，既是监督评估机制的运用主体，又是机制的作用对象。监督评估机制包括社会力量对行政力量的监督评估、政府对其延伸到基层的公共机构及对其委托或授权的承担社区公共职能的社会组织的监督评估、社区居委会及其他枢纽型服务自治组织对社区自治组织和专业社会组织参与治理行为的监督评估、社区党组织对各协同治理主体行为的监督评估等方面。监督评估机制的建立及其有效性取决于社区治理权利体制的合理性和稳定性，其形成既要通过有效的制度化安排，又要紧密结合不同领域和不同作用对象的特点，采取合理有效的监督方式和评估手段，基层政府的主导作用在这一空间须有所为，也大有可为。

第四章

重构社区认同的文化治理策略体系

重构社区认同的文化治理策略，需要基层政府在社区治理的横向行动网络中精准发力，引导社会多元主体共同发展社区公共空间，实现文化认同。以社区文化治理的四个实践载体，即交往互动空间、主体权利体制、需求回应机制、共同价值意识为依托，构成了社区认同建构的文化治理策略体系。

第一节 完善"共建共治共享"的交往互动空间

交往互动空间是社区公共空间"公共场所"要素的核心构成，是社区文化治理的物质基础。社区公共空间发展的价值目标应着眼于增强社区居民凭自身能力改善社区公共生活的"自组织"能力，当现有的社区公共空间已无法满足居民的交往互动需求时，社区应具备让居民自主联系社会资源共同改造交往互动空间的能力，使其具备更多的社会功能，增添更多的人气和活力。因此，在基层政府有效发挥引导作用的基础上，向社区主体的赋权增能非常必要。"社区公共空间的打造是为了民众，空间打造的过程要依靠民众，空间打造完成则属于民众"，这是"共建共治共享"理念的生动表达。

一、行动路径：统筹利用资源、汲取民众智慧、激发社会力量

（一）发挥政府统筹优势

加强社区公共资源规划，开放和改造现有社区公共场所，从满足居民需求出发，整合资源，统筹利用，合理配置，构建适宜居民交往、绿色开放、便利集约的交往互动场所，结合社区特点探索打造促进居民交往互动的线上空间，最大限度吸引社区居民关注和参与社区公共事务。社区公共场所要从增量向提质转变，避免一味在社区建立统一化、规模化的服务中心和服务阵地，这些服务场所看似硬件设施齐全，服务板块齐全，但却吸引不了居民的关注和参与，经常处于闲置状态，降低了社区服务功能，浪费了公共资源资金。可以说，这些精致的服务空间多数时候像陈列室，像展览馆，有人来视察，不同单位来参访时才会有"人气"，随后则"人去楼空"，为何我们花了大量人力物力财力打造的公共活动空间总没有人气呢？为何社区民众并不"买账"呢？其中的原因有很多。例如，社区内原本并没有这样规模巨大的闲置场地，后来要打造服务阵地，只能"看菜下饭"，社区能找到什么样的空置场地就将就改造一下。这些场地本身可能有很多限制。譬如，不亲近居民生活区，位置可能偏远，交通可能不便，不容易被找到，甚至在高墙大院内……这些都会限制社区民众主动去活动的可能性。无论类似活动中心、睦邻中心等传统的公共空间，还是畅言堂、议事厅等层出不穷的新变体，绝大多数开设在居委会旁边，硬件齐全、有精心的装饰，但对大部分居民而言，他们天然地认为公共空间属于

政府（居委会）的附庸，即使能够方便地进入，也总有约束感。①

【典型案例】杭州市上城区全面打造"3＋X社区邻里中心"

地处杭州市中心的上城区，区域面积18平方公里，辖6个街道54个社区，34万常住人口，是浙江省区域面积最小、人口密度最大、老龄化程度最高的城区，多年来在基层治理上积极探索、先行先试，被民政部确认为"第三批全国社区治理和服务创新实验区"。2018年，上城提出创建"美好社区"，制定出台了《上城区关于加强和完善社区治理建设美好社区的三年行动计划》，在全区范围内着力构建高效运行的"美好社区"联动体制、多方参与的"美好社区"治理格局、精准优质的"美好社区"服务体系、文明祥和的"美好社区"宜居环境。上城区以打造社区公共空间为重要抓手，通过构建社区"3＋X为民惠民综合体"，即建设以一"厅"迎客、一"岗"受理、一"坊"议事三个主体服务功能为支撑，因地制宜设置X项为民服务空间的社区邻里中心，全力打造社区居民"家门口的品质生活"。

一"厅"迎客，提升社区空间品质。

传统的"一门式"办事大厅不仅大量挤占为民服务的公共空间，而且具有很强的行政化倾向，不易得到老百姓的认可。设立"迎客厅"，将社区两委的办公区域集中布置到社区后台，真正把社区服务空间打造成居民"客厅"，让居民真正享受社区空间的便利，同时提升了社区办公用房的利用率，为一"岗"受理、一"坊"议事提供了可能性。

一"岗"受理，提升社区服务品质。

按照"最多跑一次"和居民个人办理事项"网上办、简化办、就近

① 辛方坤．"三治融合"视域下城市社区公共空间的构建——基于上海D社区的探索[J]．社会科学，2018（3）．

办"的要求，在社区服务大厅设置"百通岗"一站式办理窗口和"全科社工 AB 岗"，实行前台受理、后台处置，在公共服务综合信息平台、民情一点通 App 互动平台、365 社会服务联动处理平台联网运作，同时为居民提供各类"代办服务"。

一"坊"议事，提升社区协商品质。

在社区党委主导下，设立"议事坊"，为居民开展议事、决策、执行和监督等协商共治活动提供空间。推广"湖滨晴雨工作室"的协商共同体模式，每个社区设置若干民情站并吸纳若干民情员，实行民情民生问题收集播报制度，实现民众"意见表达"、政府"信息搜集"和"政策传递"的精准对接。

"X"项服务，提升社区生活品质。

根据社区公共空间面积、社区大小、服务群体需求、服务人数等因素，整合社区公共服务资源，提升便民服务的质量，设置 X 项多层次、多方位、多元化的社区服务。上城区于 2017 年在南星街道馒头山社区先行试点，在馒头山邻里中心设置一"厅"迎客、一"岗"受理、一"坊"议事三个主体服务功能的基础上，设置多项为民服务空间。在以家庭客厅设计布置的"迎客厅"里设有"百岗通"和"议事坊"，除了解决居民的办事需求，邻里中心还有邻里菜场、邻里食堂、邻里礼堂、邻里医院、舞蹈排练、手工剪纸、书法绘画等 12 个生活区域，各个年龄层的居民都可以找到自己所需要的生活服务。

通过邻里中心的打造，社区居民从以前的"有事找社区"转变成了"没事来社区"，社区与居民的良性互动不断扩大，居民满意度也随之提高。截至 2019 年，上城区已建成并投入使用邻里中心 35 个，空间总面积较原来增加 8000 多平方米。

（二）激发社区民众参与

在社区公共空间的打造过程中，社区民众往往缺乏话语权，缺乏参与权，常常是由行政部门自上而下单向完成的，这样的公共空间有"公共"之名，无"公共"之实。民众没有参与公共空间的打造过程，往往不知道公共空间的存在，就算知道它的存在，也认为那是"政府的"，"与我们无关"，缺乏认同和归属。当下我国的社区公共空间或者受"政绩工程"影响，或者受市场利润制约，大多趋向周期短、收效快的突变式、片段化的更新项目，居民和社会组织在快节奏的变化中力量得不到集结，"可行能力"的培养难以实现。共治导向下的社区公共空间更新倡导渐进式发展，将社区发展的长期目标转化为分步骤的、适合多方参与的小型任务，注重依靠更新项目孕育居民、社会组织参与谋划社区发展的能力。① 社区公共空间规划建设和综合利用要注重动员社区居民、社区社会组织等基层力量共同参与，要注重运用社区协商等多种方式充分吸纳居民意见，采用全过程公众参与的方法，借助社区党组织、社区居委会、社会组织等渠道，不断拓展公共空间的内容和范围，提升公共空间使用和运维的质量，在共建的基础上实现共治和共享。如始于2015年的上海静安区老旧社区"美丽家园"空间更新行动，以增强社区成员共同意识和社区归属感为动机，注重方案制定过程中居民的深度参与。在方案制定的初步阶段，通过居民访谈、座谈会和入户调研等方式，了解居民对社区公共空间的实际需求；在方案编制阶段，面向居民举办汇报会，并由专业规划师负责讲解规划方案；在方案公示阶段，通过民主投票表决机制，更新项目草案经大多数居民表决通过后，再正式上报政府立项。通过在更新行动的每个环节，赋予居民充分的知情权和决策权，有效培养了居民参与社区事务的能力，有利

---

① 卓健，孙源铎. 社区共治视角下公共空间更新的现实困境与路径［J］. 规划师，2019（3）.

于社区未来形成自组织力量持续推动社区更新。

（三）支持专业团队营造

社区公共空间运营的理想目标是通过居民的自治实现长期可持续的自我运转，这里除了发挥社区能人、社区精英的作用和居民共治共管的积极性外，专业规划设计团队在背后的策划组织与精心陪伴也至关重要。例如，由同济大学景观教师打造的上海四叶草堂，由艺术或文创机构策划运营的北京朝阳门社区生活馆、史家胡同文创社、白塔寺街区会客厅等，专业机构在公共空间的策划、建设和运营中不仅发挥了上下链接、协同各方的"职业经理人"作用，更以公共空间为支点产生了差异化的社区服务特色产品，并对社区自治和协同治理产生了积极作用。例如，由北京市城市规划设计研究院运营的史家胡同博物馆，一方面打造以"胡同茶馆"为品牌的社区议事平台，引导居民自主解决社区公共问题；另一方面，通过专业规划师在地陪伴，及时了解居民诉求，将社区难以自行解决的问题对接相关职能部门。

【典型案例】北京市东城区福祥社区打造社区居民的"雨儿人家"

北京市东城区交道口街道福祥社区雨儿胡同30号院，分南中北三个层面的排子房，房屋22间。院内原有居民14户，在"申请式腾退"政策实施下，现有12户居民完成了腾退，未腾退居民2户，使用房屋2间。腾退后可规划使用的面积194.2平方米，房屋19间。面对腾退出来的院落房屋空间，福祥社区以居民为中心，以协同治理为导向，通过"党政引导支持、专业组织运作、居民共商决策、居民参与建设、居民监督评议"的方式，打造胡同居民共建共治共享的社区公共空间——"雨儿人家"。

党政引导支持、专业组织运作。东城区民政局为做好胡同腾退后的公共空间治理工作，积极引入北京通合行业建设参事服务中心、北京社区参与行动服务中心等专业社会组织参与全程运作，在街道办事处和社区党委的引领支持下，运用专业技术方法，广泛发动胡同居民积极参与，形成共治合力。

居民讨论规划、协商共议方案。以"开放空间会议"为主要形式，经过"三步走"最终形成了公共空间建设方案。第一步，社区先后组织召开了"雨儿胡同的美好生活——居住环境改善与公共空间愿景讨论会"和"雨儿胡同30号院公共服务空间有效利用"等开放空间讨论会，通过分组讨论、问题分享、头脑风暴等形式，深挖居民需求，对公共空间的使用、维护方案集思广益。经过多次讨论、整合居民意见，达成的共识是将雨儿胡同30号院打造成可以为社区留住居民提供邻里聚会、议事协商、公益服务等活动的落地空间。第二步，召开"雨儿胡同30号院公共空间规划讨论会"，东城区民政局、相关领域专家学者、规划设计部门、街道和社区工作人员以及20名四条胡同留住居民共同参与讨论，针对房间的功能设置，居民形成进一步规划建议。第三步，通过居民现场决议的形式，综合历次居民讨论会议成果和院落的客观条件，对公共空间的具体规划、功能设置、设计布局、空间命名等形成最终方案，为雨儿胡同30号院起名为"雨儿人家"，寄托了居民希望把这个空间打造成胡同居民"共同的家"的美好期待，各空间命名和功能设置如下。

"槐香客厅"：邻里聚会融合类活动落地空间，设置居民会客待友、邻里聚会、老年饭桌等功能；

"议商暖阁"：议事协商类会议落地空间，设置居民议事协商、邻里矛盾调解、居民组织团队会议等功能；

"值年小站"：便民互助类、普惠类服务落地空间，设置便民工具共享、便民维修点、便民理发预约点、便民缝补点、自助微超市等功能；

"文馨书馆"：青少年家庭及代际互动类落地空间，设置共享书吧、共享办公、老年活动、青少年活动、亲子互动体验营、社区文创工作室等功能；

"琢玉学堂"：展览展示及赋能培训类活动落地空间，设置社工实训基地、社区公益达培力营、"以废代捐"捐赠、社区环保教育等功能。

居民参与建设、居民监督评议。雨儿胡同30号院公共空间将委托专业社会组织"北京通合行业建设参事服务中心"进行日常运营。"值年小站"承载有"便民工具共享"的功能，为此居民们积极贡献了自家的各类大小工具，以社区居民杨占岭为带头人的"便民百宝箱"团队积极发动其他居民主要承担居民家中多余工具的回收共享及简易的生活维修工作；小院的"议商暖阁"需要老物件来营造怀旧温馨的空间风格，居民们主动贡献自家的老式电视机、相机、算盘、粮票等具有年代感的老物件。按照运营模式，以居民为主体的小院理事会将在整个空间运营管理中发挥重要的监督评议功能，空间运营团队将定期向小院理事会通报小院运营情况并听取居民反馈，小院理事会将定期搜集反馈居民对空间使用和活动的需求，对空间整体运行的改善提供建议意见，积极动员居民参与空间组织的各项活动。

二、保障措施

（一）重视科学开展社区调查和社区动员

打造满足社区居民需求、有温度、有人气的交往互动空间，必须做好全面的社区调查。随着城市化的不断推进，社区中复杂的居民构成必然导致多元的利益关系。在社区调查这一环节，社区党组织、社区居委会和社会组织往往比政府职能部门的直接行动更具有优势，基层政府应着眼于建立健全与各类社区主体的常态化沟通机制，保持基层治理的开放性和政社沟通的有效性。同时，有效的社区动员对实现社区公共空间的"共建共治共享"至关重要，要强化社区党组织、社区居委会的组织动员、示范带动、宣传教育、激励引导的能力，为社区居民增进交往互动、改善交往空间、关注社区事务、治理社区问题提供机会、平台和动力。

（二）加强专业社会组织和社区团体培育

多元主体参与，有助于增强公共空间的开放性和公共性，提升其社会性功能，强化社区居民的社区意识和责任。社会组织参与公共空间的生产与管理更具有灵活性、专业性和有效性，不仅能提供资金支持，还引入了专业技术和专业社工人才。因此，基层政府一方面在依法规范、政策引导、孵化培育、能力建设、人才激励等方面要有效发挥行政效能，优化社会组织发展环境。另一方面，通过为社区主体赋权增能，减负增效，回归本位，大力支持社区居民自发形成的初级草根团体，为广大社区成员提供灵活、广泛、便捷且成本较低的交流互动场所，促使居民聚集并积极参与社区活动，形成密集的社区参与网络和信任、互惠、互助、合作关系，从而增强社区认同。

（三）完善社会主体和社区力量参与的制度机制

采取公建民营、民办公助、政府购买社会力量服务、政府和社会资本合作模式（PPP 模式）等方式，积极引导社会力量参与社区综合服务设施建设运营，合理确定社区综合服务场所的数量、规模、选址布局、建设方式和功能划分，以新建、改造、购买、项目配套和整合共享等形式进行提档升级，积极开发社区户外活动场所。落实不动产统一登记制度，建立健全居民群众协商管理的设施运营使用机制，防止损毁、流失或挪作他用，探索建立综合服务设施社会化运作机制，逐步建立社区组织、社区居民轮值轮管制度。

第二节　强化"共建共治共享"的社区精神文化建设

共同价值意识是在社区文化不同形态的发展过程中不断巩固的，社区精神文化作为社区文化体系的核心，对社区物质文化、制度文化、行为文化的发展完善具有引领和支撑作用，是共同价值意识形成的核心要素。社区协同治理模式下，社区精神文化建设的最终目标是形成"共建共治共享"的共同价值意识。社区精神文化建设是一个复杂的系统化工程，而不仅仅是开展宣传教育和文娱活动这么简单，社区文化活动不能以量取胜，而要强调感召力和凝聚力，这将决定能否为社区居民所认同。

一、行动路径：以社会主义核心价值观强化社区精神文化感召力

《中共中央国务院关于加强和完善城乡社区治理的意见》提出："强化社区文化引领能力。以培育和践行社会主义核心价值观为根本，大力弘扬中华优秀传统文化，培育心口相传的城乡社区精神，增强居民群众的社区认同感、归属感、责任感和荣誉感。"①

人类社会发展的历史表明，对一个民族、一个国家来说，最持久、最深层的力量是全社会共同认可的核心价值观念。核心价值观承载着一个民族、一个国家的精神追求。新中国成立以来特别是改革开放以来，中国共产党带领中国人民在经济、政治、文化和社会等各个方面都建立了一整套比较成熟的基本制度和体制，与这些基本制度和体制相适应，必然要求有

---

① 中共中央国务院. 关于加强和完善城乡社区治理的意见〔2017〕13 号〔A/OL〕. 中华人民共和国中央人民政府官网，2017 - 06 - 12.

一个主导社会思想道德观念和行为方式的核心价值观。党的十八大提出的社会主义核心价值观，是社会主义核心价值体系的精神内核，反映了社会主义核心价值体系的丰富内涵和实践要求，是对社会主义核心价值体系的高度凝练和集中表达。社会主义核心价值观虽然由国家层面提出和倡导，但从根本上说是从社会发展的现实情境中、从不同领域的基层场景中、从广大群众的生产生活中提炼出来的，把涉及国家、社会、公民的价值要求融为一体，是对我们要建设什么样的国家，建设什么样的社会，培育什么样的公民等重大问题的深刻回答。① 核心价值观是文化软实力的灵魂、文化软实力的建设重点，这是决定文化性质和方向的最深层次要素。② 2018年3月，十三届全国人大一次会议通过宪法修正案，把国家倡导社会主义核心价值观正式写入宪法，进一步凸显了社会主义核心价值观对我国社会各方面发展和建设的重大意义。

当社区成为公民生活的基本单元和场域，社会主义核心价值观就应该具体化、生活化，并融入社区公共生活，指引形成广泛认同的社区公共精神，指引社区成员的意识和行动。社区公共精神的形成依赖社区居民认识的提升和行为的养成。在"共建共治共享"的社区治理理念下，社会主义核心价值观应作为社会各治理主体的根本价值追求，对社区成员参与治理的思维方式、行为方式提供正确价值指引。所以，社区精神文化只有与社会主义核心价值观相一致，才能正确指导社区的发展方向和路径。符合国家治理和时代发展要求的社区文化应以社会主义核心价值观为灵魂，从社区实际和居民实际来培育社区文化，把社会主义核心价值观融入社区精神文化建设的全过程，形成社区精神文化的强大感召凝聚力，增强社区成员的认同感，激活多元主体参与治理的内生动力。现代社区依赖传统社区本

---

① 本书编写组. 思想道德修养与法律基础［M］. 北京：高等教育出版社，2018：74–75.
② 习近平. 习近平谈治国理政：第1卷［M］. 北京：外文出版社，2018：163.

土化、亲缘化的纽带作用实现价值认同的方式已无法使用，社会主体只有以社会主义核心价值观为灵魂，从知与行的角度建构社区文化，并将其内化为个体意识和行为准则，外化为社区发展和社区治理的方式，才能促进共同价值意识的形成，形成政府与社会力量"共建共治共享"的社区精神。

（一）以社会主义核心价值观蕴含的历史底蕴——中华优秀传统文化来强化居民的情感联系和归属心理

现代社区是以私有财产为基础的陌生人生活结合体，既缺乏传统社区的血缘关系，也没有"大杂院"的亲情关系，人与人之间的冷漠、不信任不可避免。社会主义核心价值观要真正成为社区居民的价值追求，就必须以发掘和创新中华传统文化资源为切入点，与中国人思想深处核心的价值观念相结合，用传统文化塑造社区文化，把以爱国主义为核心的民族精神和以改革创新为核心的时代精神融入社区意识中去。社区民众只有建立共同的价值目标，才会产生赖以维系的社区认同的精神纽带，才会有统一的社区意志和行动，才会有强大而稳固的凝聚力和向心力。中华民族一直以来具有重视邻里亲情和人情交往的传统情感，同时在世界几大古代文明中，中华文明之所以能够没有中断延续发展至今，一个重要原因就是中华民族有一脉相承的精神追求、精神特质和精神脉络。2000 多年前，中国就出现过诸子百家的盛况，各个历史时期的思想家们都广泛探讨过"人与人"，"人与社会"的关系。如"民为邦本""大道之行也，天下为公""出入相友，守望相助""德不孤，必有邻""亲仁善邻，国之宝也""救灾恤邻，道也，行道有福""里仁为美""睦乃四邻""与人相交，一言一事皆须有益于人，便是善人"等。著名诗人陶渊明在《移居·其一》中描写道："昔欲居南村，非为卜其宅。闻多素心人，乐与数晨夕。"像这样的思想和理念，不论过去还是现在，都有鲜明的民族特色，都有永不褪色的时代价值，邻里关系已经成为社会道德领域不断培育的社会文明。正如习近平总书记所讲，要深入挖掘和阐发中华优秀传统文化讲仁爱，重民本，守诚信，崇正义，尚和合，求大同的时代价值。① 历史从昨天走到今天再走向明天，不忘本来才能开辟未来，善于传承才能更好创新，才能把长期以来我们形成的积极向上向善的思想文化充分继承和弘扬起来。在现代社区中，要深入发掘社区居民共同的居住心理和行为取向，通过深入民心的社区文化建设努力营造守望相助、与邻为善、向上向善、孝老爱亲的文化氛围，增强社区成员情感关联。情感的关联程度决定了他们参与社区公共事务的态度，有力的情感关联为形成普遍共有的社区精神，进而构建协同治理模式奠定了坚实的文化基础。

（二）以社会主义核心价值观的实践依据——中国特色社会主义建设来营造社区居民共生共享和互惠互助的价值意识

习近平总书记曾指出，一个民族、国家的核心价值观必须同这个民族、这个国家的历史文化相契合，同这个民族、这个国家的人民正在进行的奋斗相结合，同这个民族、这个国家需要解决的时代问题相适应。② 概括而言，这一坚实的现实基础，就是当今时代的中华民族所进行的人类历史上最为宏伟而独特的中国特色社会主义建设实践，中国特色社会主义建设是社会主义核心价值观的实践根据。经过改革开放 40 多年伟大实践，中国特色社会主义进入新时代，不断为我们社区居民共生共享、互惠互助的价值意识注入丰富和鲜活的时代内涵。在实践基础上产生的习近平新时代中国特色社会主义思想所包含的新理念、新战略，既源于中国实践又反作用于中国实践。习近平新时代中国特色社会主义思想，坚持以人民为中心的发展思想，鲜明回答了"发展为了谁、发展依靠谁、发展成果由谁共

---

① 习近平. 习近平谈治国理政：第 1 卷［M］. 北京：外文出版社，2018：164.
② 习近平. 习近平谈治国理政：第 1 卷［M］. 北京：外文出版社，2018：171.

享"这一发展中的根本问题、原则问题，是新时代中国特色社会主义建设实践的行动指南，是我们解决目前社会各领域发展过程中新问题的理论回应。伟大实践孕育伟大思想，伟大思想指导伟大实践。

当前社区居民、群体和组织的空间分布及地位角色，是社区的人文区位，一旦区位形式确定下来，社区内就产生了共生关系，这种共生关系使社区中的群体或个人产生共同生活体验、发生互惠关系，形成各个部分之间相互依赖的需要，反映到人们的意识中就会形成归属感、认同感。价值意识是在我们认识、改造自然和社会的过程中产生并发挥作用的。因此，要以中国特色社会主义共同理想为引领，通过深入挖掘和通俗表达社区整体利益，整合社区各类主体的利益诉求，协调个人利益与社区利益的关系，把社区发展目标、群体发展目标、个体发展目标有机结合并使其趋于一致，将共建、共创、共享、共荣的价值理念融入社区居民的思想和行为取向中，形成社区群体和个人在互助互惠基础上共建共享的氛围。

（三）以社会主义核心价值观的道义力量①来增强社区居民的制度规范和诚信守则意识

真理的力量加上道义的力量，才能行之久远。社会主义核心价值观以其先进性、人民性和真实性而居于社会价值的制高点，具有强大的道义力量，能够让我们在具体利益矛盾，各种思想差异之上最广泛地形成价值共识，有效引领整合在社区治理中可能出现的纷繁复杂的思想意识，也可以有效避免社区主体利益格局调整和变化可能带来的思想对立和混乱。所以社会主义核心价值观产生的道义力量对增强社区群众的制度规范意识和诚信守则意识具有强大的感召力。

一种稳定成熟的社区治理模式的形成，有赖于各类社区群体和个体及

---

① 本书编写组．思想道德修养与法律基础［M］．北京：高等教育出版社，2018：82.

政府主体之间在不断地交流、博弈和调适中达成价值取向和治理方式的一致，并共同协商制定规则、监督履行规则，保持行动方向，保障公共利益的实现。因此，要通过社会主义核心价值观的引领、规制和熏陶，使社区居民和群体的行为选择、价值认同与传统美德和时代精神相一致，与社区发展的方向目标和公共利益相协调，树立社区治理的法治意识、规则意识、行动责任意识、协商共治意识、公平公正意识，为协同治理模式的构建和良性运行提供文化支撑。

（四）用以爱国主义为核心的民族精神和以改革创新为核心的时代精神来培育社区居民自主自治和明理协商的大局意识

人无精神不立，国无精神不强。精神是一个人乃至国家赖以长久生存的灵魂，中华民族能够在5000多年的历史长河中生生不息，薪火相传，很重要的一个原因就是我们拥有孕育于我们悠久辉煌历史文化中的伟大的中国精神。中国精神涵盖了以爱国主义为核心的民族精神和以改革创新为核心的时代精神。中国精神是兴国强国之魂，是凝聚中国力量的精神纽带，也是激发创新创造的精神动力，更是推进国家各项建设事业的精神动力。

社区这个特殊而重要的生活共同体也需要营造社区居民共同努力向前、社区各项公共事业和谐共生的社区精神。现代社区居民理应具有公共参与热情，关心社区事务具备自尊自主自治的独立人格。现代社区治理一定是社区居民在自主自治的理念支撑下，以社区建设主体的姿态，参与改善生活环境、实现生活发展需求的过程。要通过以改革创新为核心的时代精神和以爱国主义为核心的民族精神的引领，摆脱公民长期形成并普遍存在的依附人格，而使其形成对自己负责、对社区负责的社区主体意识，充分发挥主观能动性，自强不息，创新创造，勇于变革，向上向前，依法行使民主自治权利，主动参与社区公共生活和社区治理过程，为形成以社区居民为核心的社会自治力量为重要治理主体，政府与社会力量协同治理的共治格局营造自主自治的文化氛围。

二、保障措施

（一）做好"共建"格局的科学规划和有效引导

"共建"意味着政府、市场与社会是社区精神文化建设中彼此联系、互为条件的复合主体，社区精神文化建设涉及多种利益关系的平衡，基层政府的着力点在于对市场主体和社会主体的参与意识和行为进行政策引导和制度保障，协调三者的权利关系，促使多元行动主体在社区中公平竞争、资源整合、协调发展，最大限度减少体制的限制以及不同利益群体之间的矛盾冲突，使政府从"管理人"角色转化为"引导人"角色。

1. 抓实抓细统筹规划

社区文化建设不是短期内一蹴而就的工作，而是长期的、系统的、细致的潜心耕作，社区精神文化建设更不是搞几次活动、挂几块展板、建几处雕塑就能见成效的，而是需要结合实地调研和先进经验，研究制定符合地区特点和实际的阶段性建设规划，并纳入地区公共文化服务体系建设中，以重点专项规划给予持续、充分的落实。地方政府职能部门和街道办事处、乡镇在制定社区精神文化建设规划过程中，应发挥社区规划专业人才作用，广泛征求和汲取基层组织及居民的意见和建议，科学确定发展项目、建设任务和资源需求，使社区文化建设方案符合地区实际、社区特征和社情民意。在政策制定上，要给予社区一定的自主空间，通过一定的资金扶持、政策引导和制度保障，鼓励社区多元主体自主开展社区精神文化建设，让社区居民、社会组织和企业在社区党组织的引领下，成为社区精神文化建设的主角，促使多元主体在社区中公平竞争、协同共建，在不同领域发挥各自的优势特长。

2. 强化市场供给机制

社区精神文化建设在资源配置上要以充分挖掘社区居民的文化需求为基础和依据，根据社区居民的文化需求调节服务供给，通过市场化运作，提高社区文化服务的活力，使社区文化资源的投入更加合理和高效。主管部门可以通过社区文化项目立项的方式，让社会组织和市场组织去承担和实施，还可以通过制定相关优惠政策和扶持措施，利用市场手段募集社会资金、发掘潜在资源，鼓励企业和其他社会资金投入社区精神文化设施建设中，鼓励扶持社会机构举办社区文化服务实体。基层政府在这个过程中，主要发挥政策引导、监督评估的作用，在项目监管上要特别防止两种倾向，即既要避免"小而全"而造成的资源闲置和浪费，成本较低、容易投入的资源过度投入，出现各社区精神文化项目的雷同，又要避免出现资源投入的盲区和惯性，注意资源投入的辐射性和受众性，防止中心社区的文化资源投入过多而其他区域缺失。

3. 重视社区组织作用

社区居委会和社区社会组织是社区居民参与社区文化建设的最主要载体，代表了社区相关群体的利益和愿望，与社区居民关系密切。政府主管部门和街道办事处、乡镇要建立社区文化建设效能评估和专项预算制度，通过以奖代补的形式支持社区组织参与社区精神文化建设，指导社区社会组织在组织开展文化、教育、体育、科普、娱乐、慈善等社区居民活动中积极培育和践行社会主义核心价值观，鼓励参与社区楷模、文明家庭等各种社区创建活动。要明确社区居委会对社区文化建设及管理的职责和权力，按照群众"所需"、社区"所能"的原则，依托社区资源培育社区社会组织，拓展社区居民参与社区文化建设的渠道，深化社区居民的文化建设参与意识，调动各年龄阶段社区居民的参与积极性，让年轻人成为社区文化建设的主体，改变参与人员老龄化的现状。

4. 共享社会文化资源

在社区内部资源有限的情况下，要考虑充分利用外部的文化资源丰富社区文化建设。用好驻区企事业单位、学校、公共服务机构及相邻社区的文化资源，可按照自愿、互惠的原则和低偿与无偿相结合的方式，建立文化资源共享长效机制，开展各类文化共建活动，提高社区内部和周边的公共文化类场、馆、站、室向社区居民的开放水平，既弥补社区内部资源不足，又避免资源重复建设和浪费。

（二）因地制宜与因人制宜相结合打造社区精神

"共建共治共享"理念是一个内涵丰富的价值体系，在其被社区成员认同的过程中，会融合社会主义核心价值体系而凝结成各具特色的社区精神，社区精神担负着增强社区认同感、社区居民社会化和为居民社区生活提供心理和行为支持的功能，是强化共同价值意识的重要抓手。

1. 要因地制宜

首先，必须结合社区自身特点，找准社区精神文化建设的切入点，在文化内涵上要有特色。要充分考虑传统文化和现代文化的结合、高雅文化和通俗文化的结合、乡土文化和外来文化的结合，如传统街坊式社区可以将文化活动与家庭文化、楼院文化、节庆文化、民俗文化结合起来，高档商品房社区可以与企业文化、广场文化、社团文化、俱乐部文化等有机结合起来，增强社区文化建设的吸引力，满足居民群众的精神文化需求，使居民在参与建设中感受和培养宽容、诚信、责任、共享、协作、自主、规则、共荣等文化价值意识。

其次，要树立精品文化意识，努力打造独特的社区文化品牌。特色是社区文化的活力源泉，特色源于社区的文化资源、历史底蕴、地理环境和人文特征。政府主管部门和社区党组织应引导社区根据各自的人文特点和固有的资源优势，在"共建共治共享"理念的指导下，创造出本社区特有的社区精神，实现"一街道一特色、一社区一品牌"，以打造的社区品牌带动形成具有个性的社区精神。例如，可以打造诚实守信的社区品牌，着力增强社区居民和社区组织之间的互信和合作；打造社区包容共赢的文化品牌，着力增强本地居民与外来人口、社区居民和社区组织之间的相互理解；打造社区的责任品牌，着力培养负责任的社区组织和社区居民；打造社区的志愿互助品牌，着力培育社区居民的志愿精神和利他品质。

2. 要因人制宜

首先，缺少人文关怀的社区精神文化建设"见物不见人"，难以被社区居民所认同。应合理划分不同目标群体，有针对性地满足不同年龄、不同职业、不同教育水平人群的需要，向追求文化需求多元化方向发展。社区居民的职业、文化背景、成长经历、家庭状况、性格偏好等方面不尽相同，因此要调动他们参与活动的热情，就必须增强文化活动的感染力，向追求文化需求多层化方向发展。

其次，社区精神文化建设不求全而求精，要从文化活动的量化发展转变到更加注重质的提升，针对不同特征的社区群体探索差异化的文化感染形式，达到文化形式所包含的价值理念入心入脑，通过精心筹划组织深入人心的社区活动，增强居民群众的社区认同意识，向追求活动质量纵深化方向发展。主管部门和社区党组织在组织引导精神文化活动的同时，要注重挖掘各类活动的精神价值和实践意义，从中提炼能够代表和影响社区不同群体的精神内涵，为文化建设的准确定位和提质升级提供依据。

【典型案例】北京市通州区玉桥街道打造"楼门文化"

北京市通州区玉桥街道下辖 17 个社区居民委员会，共有楼房 471 栋，楼门 1962 个，是一个老旧社区集中的典型区域。过去，楼门破损严重、楼道墙皮脱落、杂物乱堆乱放、小广告铺天盖地等问题一直难以解决，"老、破、旧""黑、脏、乱"是当时人们对楼门的普遍评价，居民对此怨声载道。近年来，在社区居委会的引导下，居民将楼道作为自家客厅的延伸，主动将家中的绿植、书画及手工艺品等装点在楼门内。各楼门根据自身特色进行文化主题创作，逐步形成"一楼一主题、层层有特色"的楼门文化格局。

楼门文化建设不仅让社区环境由"脏、乱、差"变得干净整洁，而且还让邻里关系由形同陌路变得更加融洽和谐，让居民体验到过去那种大院落、大家庭的感觉。楼门文化把传统文化融入现代生活，带动辖区居民参与楼门文化建设，以家风家训、孝德文化作为楼门文化建设工作的重点内容和方向。2017 年举办的玉桥东里社区弘扬好家风传递正能量社区节活动、玉东南等社区的"校社联动"共建文化楼门活动等，征集楼门文化LOGO 设计方案及楼门故事 222 篇。通过楼门文化建设，居民在参与中逐渐开始关注社区工作，增强了公共参与意识，"楼门微自治"逐步发展起来。例如，葛布店北里楼门"抱团取暖"项目，开展了远亲不如近邻等活动；梨花园社区楼门形成协商治理机制，以问题为导向解决楼门自治问题。玉桥街道通过健全楼门"说事板"搭建居民诉求和议事平台、完善楼门公约和居民自治章程、健全社区议事协商机制等措施，不断提升居民自治能力。

（三）开展多样化、接地气的社区教育引领社区精神

社区教育是指在社区中开发利用各种教育资源，以社区全体成员为对象而开展的，为满足多元化学习需求、增强居民素质能力、提高居民生活质量和社区可持续发展的教育活动。面对当前社区教育普遍存在的教育主体、教育手段、教育内容不足的问题，应建立健全主体多元化、形式多样化、内容生活化的社区教育工作体系。

1. 树立社区教育治理理念，培育多元服务主体

积极引导社会力量参与社区教育，通过市场化运作和社会组织实施，为社区居民提供学习体验的平台和机会。支持社区与高校、企事业单位、公共机构建立多方联系与合作，建立社区教育实践基地，为社区不同层次、年龄和需求的居民开展专业化社区教育。发挥社区司法工作室等法制机构作用，发挥警官、法官、检察官、律师、公证员、基层法律服务工作者等方面人员的宣传教育优势，帮助社区干部和群众建立法治思维、提高法律素养。支持专家学者、社区能人在社区建立工作室，为社区群众提供非营利性的社区教育服务。

2. 丰富社区教育形式手段，应用前沿技术和方法

支持有条件的社区发挥新媒体作用，突破教育时间和空间的限制，通过网络资源和远程教育为社区干部群众提供更为丰富和优质的社区教育。积极运用前沿方法，采用议题导向，根据社区居民共同关注的公共问题确定社区教育内容，通过议题导向的组织化社区教育，帮助居民建立社区共识，有效提高居民在参与社区治理方面的知识和技能，让居民懂得如何参与治理，如何实施自治，有效提升居民参与的素质能力。支持社区成立社区学院、建立学习中心，支持居民组建学习兴趣小组，在社区内部形成良好的自我教育氛围。

3. 完善社区教育内容体系，树立社区教育生活化理念

除知识类、技能类、文娱类等常规社区教育内容外，还可以将改善社区环境、促进社区发展、关心社区事务、参与社区治理等方面作为社区教育的重要内容，将社区教育与社区治理有机融合。要通过适合基层、通俗易懂的教育方式，向社区成员渗透"治理"理念，使居民懂得何为"治理"，能够运用理性思维认识社区治理和社区自治的意义，让居民意识到自身利益、参与治理、自主自治三者的相关度，使其通过树立自身权利意

识、家园意识、责任意识等，产生参与治理的内生动力。要变以往被动"说教"为居民主动"体验"，引导社区组织开展"居民才艺集中展示""生活技能交流比拼"等雅俗共赏、寓教于乐的活动，培育社区居民积极的生活态度，增进居民之间的交流互动和情感认同，增强社区的公共生活氛围和公共精神培育。

4. 重视发挥道德教化和典型示范作用，增强社区教育引领感召能力

建立健全社区道德评价和引领机制，发现和宣传"社区道德模范""社区英雄"，大力褒奖善行义举，通过身边的好人好事感召社区居民，引导和培养他们成为社区工作者、社区志愿者，引领居民自尊自信、崇德向善、以邻为伴、守望相助，自觉履行法定义务和社区责任，维护社区公共秩序。大力宣传社区居民参与社区活动的积极意义和效果，提炼典型案例和典型人物，给予居民积极具体的示范经验，在社区治理具体实践中彰显社会主流价值，引导居民参与治理的理性意识和积极行动。

【典型案例】上海市徐汇区凌云街道的社区教育品牌项目——"凌云生态家"

上海市徐汇区凌云街道提出了以建设"宜居凌云"为目标的社区发展规划，即通过改善社区自然环境和人文环境，努力形成邻里互助祥和、居民自治与政府治理共生的"宜居凌云"社区。2011年，凌云街道精心设计了"凌云生态家"社区教育实验项目，几年来，形成了一套富有凌云特色的社区教育良性发展经验。主要包括三个方面。

一、确立教育载体

确立社区教育的有效"载体"，把社区教育从抽象概念转化成可操作、可实践的行动。"凌云生态家"项目的设想是：选择凌云社区学校和梅陇三村为基点，通过生态多样性校园、种植体验基地、低碳创新屋和绿色能源使用、生活垃圾分类回收处理等建设，表现一户家庭即小家、一所社区

学校和若干个居民小区即大家的生态景象，营造出一个社区居民能够身临其境、互动体验的"凌云生态家"场景。同时，设计和实施社区生态文明教育系列课程，培育社区"绿主妇"学习团队，开展贴近居民低碳生活的环保活动，以丰富的社区教育内容，增强社区教育的吸引力，与居民生活高度融合，让社区居民在这个"家"中，感受宜居，体验快乐。"凌云生态家"作为"宜居凌云"社区发展的重要载体，充分体现了社区教育与社区居民需求相结合、与和谐社区创建相结合的价值诉求，最大限度实现居民生活和政府治理的双重目标。

二、引导多元共治

凌云街道按照多元共治理念，着力打造"政府主导、社会协同、公众参与"的"凌云生态家"建设格局。

一是政府主导。确定了"凌云生态家"项目作为社区教育载体，街道将其纳入"宜居凌云"社区发展规划，制定了详细的项目实施方案，分阶段、有重点地持续推进；以服务和保障为重点，为各项活动的组织开展提供支持和条件。

二是社会协同。通过整合社会公益环保组织、企事业单位、大专院校、社团协会等多方资源，不断引入和生成一系列社区居民喜闻乐见的生态教育项目，吸引居民主动参与学习与体验。例如，北京地球村"塑料垃圾减量"零废弃回收卡项目、妇联"阳台菜园"培训项目、社区学校"家庭一平米小菜园"种植体验课程、上海大学"菜园坊"云教室系统。

三是公众参与。通过开发和实施一系列与居民生活息息相关的学习活动，吸引广大居民踊跃参与。最具代表性的是"家庭一平米小菜园"种植体验课程和梅陇三村"绿主妇"团队的培育和发展。"家庭一平米小菜园"种植体验活动以社区学校多媒体互动教室、"菜园坊"知识及课程系统、生态校园户外课堂、梅陇三村种植体验基地为依托，以居民家庭阳台一平米小菜园蔬菜种植技术为内容，以"绿主妇"为骨干，以参与生活垃圾分类的居民为学习主体，先后有近5000户社区居民积极参与。"绿主妇"是"凌云生态家"培育出的社区居民学习团队和自治组织。最初由小区10名家庭主妇自发成立环保小组，梅陇三村党总支因势利导，逐步形成了以开展"绿主妇我当家"环保公益活动和解决小区民生难题为内容的"绿主妇"议事会，成立了民非组织——"凌云绿主妇环境保护指导中心"，使"绿主妇"行动更加有序、更富成效，现已发展成一支拥有200多人的学习型团队，凌云街道其他12个居委也成立了"绿主妇"分队，总人数已逾千，实现了居民带动居民、居民教育居民的良性循环。

三、完善运行机制

课程开发方面，通过生态校园户外课堂的营造、种植体验基地的建设、"菜园坊"未来知识及课程系统的建立、"绿主妇"能力培训项目的实施等，建构了从生态环保知识汇聚、传播到体验、记录、整理和创造的课程开发、实施，不断循环递进的完整过程。

活动组织方面，按照"身体环保、心灵环保、行为环保、家庭环保、社区环保"的理念，策划组织了一系列深受居民欢迎，涵盖教、科、文、体的生态文明教育系列活动，如"物物交换，手手相牵"——绿主妇牵手系列活动，"家家户户算碳账，低碳生活我能行"——凌云社区居民网上学习活动，"生态凌云，欢乐我家"——凌云社区早教亲子游戏活动等。

健全制度方面，街道确立了各项工作机制，包括"绿主妇"议事会的议事规则；以议事会为核心，逐步"孵化"各居委"绿主妇"分队的总分队机制；家庭塑料垃圾定时回收"智能终端零废弃卡"管理机制；居民生活垃圾分类与一平米小菜园种植活动联动机制等。

队伍建设方面，社区管理者、社区学校和社区社团负责人成为"凌云生态家"的公益领袖，承担着资金管理、设施设备的配备和维护、活动的宣传发动、人员的管理及考核、相关规章制度的制定和执行等工作；社区教育专兼职教师和社区志愿者成为"凌云生态家"的公益骨干，承担着上门进行家庭垃圾分类指导和回收、居民间互相监督、社区舆论的营造、居民遵守公序良俗习惯的养成、各项活动的实施和反馈等任务。

（四）引导社区居民的多层面公共参与涵养社区精神

从根本上说，社区精神是通过社区居民的公共参与在社区生活实践中养成的。社区居民通过个体或群体参与社区公共事务协商、决策、管理和监督过程，承担社区治理责任，共享社区发展成果，涵养社区公共精神。社区居民除了通过社区社会组织或团体以群体成员形式进行公共参与外，大量的社区居民还以个体身份进行公共参与，主要分为政治性参与、自治性参与和公益性参与。政治性参与，如参与社区选举、社区协商、社区评议等；自治性参与，如参与小区自管、楼栋自管、邻里互助等；公益性参与，即参加社区各类志愿活动、公益活动。根据参与动机和行为方式，可以将居民参与分为依附性参与、志愿性参与和权益性参与。依附性参与具有仪式性，而志愿性参与和权益性参与更具有实质性，参与的过程不仅仅是参加早已被设计好的流程性过程，而是一个充满表达、商讨、质疑、博弈的过程，或是为实现自己的兴趣爱好、生活需要、精神需求及合法权益而主动行动的过程。

利益是激发居民参与意识的直接推动力，居民是否意识到与社区之间存在着紧密相连的利益关系，决定着他们的参与热情和深度。基层主管部门和社区党组织要引导社区居委会共同构建居民与社区之间的利益纽带，逐步带动居民的广泛深入参与。可以从以下几个层面着手。

一是努力呈现不同年龄、不同层次的居民在社区生活的意义，使居民与社区关联起来，建立居民对社区的价值意识。二是搭建情感交流、互动互助的平台，使居民与居民关联起来，建立居民对社区的情感依赖。三是以家庭、楼道、小区为最基本单位，从引导和支持最基本的自治服务开始，鼓励更多的居民参与社区生活，组建各类积极向上的小团体，使居民与邻里关联起来，建立居民对社区的地域和功能认同。四是将社区公共事务细微化，并以最简单、最直观的方式公开在社区居民面前，向居民敞开征询、质疑、讨论、对话、参与、监督的平台并给予积极回应，让社区居民以最容易的形式、最自然的心态参与到社区公共事务中。从社区居民普遍关注、容易达成共识的问题入手，使居民在参与问题的思考、商议与解决过程中，不断培养通过平等、协作、分担、互动的方式来解决社区公共事务的自主自治意识和协同协作意识，在日常行为的潜移默化中塑造"共建共治共享"的社区精神。五是强化居民参与的效能感，注重给予居民积极参与体验，居民参与社区公共活动后，要通过政府主管部门、社区党组织、社区居委会及其他有关组织和单位予以及时、积极的反馈，让居民觉得自身参与和提出的意见建议是有意义的。

第三节　建构协同治理导向的主体权利体制

主体权利体制体现了社区多元治理主体在社区公共生活中的关系状态，"共建共治共享"格局下的主体权利体制应以协同治理为导向。社区治理发展到协同治理模式，决定了社区自治主体的权利必须回归，社区自治力量的主体地位以及争取自身利益的能力提升必须得到政府足够的重视，要求社会组织和社区居民与政府共同承担社区建设的责任，政府与社会的多元参与、权责对等、协作共治是社区可持续发展的必然出路。政府必须清晰定位自身与社会力量的权力边界，寻找行政权力和社会力量的平衡点，用制度化方式保证这种平衡的实现，从而创造二者协商对话的体制基础和协作行动的制度平台。这个力量的动态平衡点，要以有利于提升政府、市场和社会三者的积极性和互动性为目标，即实现政府治理与社会调节、居民自治良性互动。

在"共建共治共享"格局下的权利体制设计中，基层政府如何实现多元主体的有效参与，由原来的管理服务对象转变为管理服务主体；如何由原来的"为民做主"转变为"让民做主"；如何保证居民和自治组织的活动空间、话语权及与行政力量合作、对话、博弈的制度渠道；如何由原来的单方面提供服务、保障和资源转变为居民自己决定需要什么及其实现方式，是实现社区成员对协同治理模式的制度认同，进而实现价值认同的主要思路。

一、行动路径：行政力量放权与自治力量增权

民主是社区存在的灵魂，自治是社区发展的方向。在我国社区治理发展中，政府是社区治理改革的第一推动者，基于其社会职能、资源优势和公共权力，行政力量在社区治理体系中具有天然的影响力。对于现阶段的社会自治力量来说，面对公民社会发育不足的现状，虽然自治需求越来越高，但受环境约束、制度安排及自身发展能力等方面影响，其自治权在社区治理中的影响力还很有限。社区协同治理是政府行政力量和社会自治力量寻求平衡对等、权力与权利正和博弈的合作过程，基层政府构建协同治理模式的主体权利体制，形成行政权与自治权在平衡基础上的合作，其行动方向应是行政力量放权和自治力量增权。

主体权利体制的核心内容是社区治理的组织结构优化及为实现多元主体权利而建立的运作规则。社区协同治理过程，就是多元权利主体协同作用的过程，既包括行政主体与社会主体的协同，也包括社会主体之间的协

同。因此，在社区治理改革发展中，首先，理顺政府与社区公共机构、社区自治组织之间的关系，通过政府让权、授权、还权，完善多元共治的社区治理体系，使社区居委会真正成为居民自治的核心，成为社区共治体系中的自治力量依托和权利代言，这是主体权利体制构建的关键；其次，完善社区自治制度体系，保证和扩大社区自治的载体和空间，健全社区公共事务协商、制约、合作的制度规则，也是增进社区成员制度认同的重要因素。

（一）完善社区治理体系

2017 年，中共中央、国务院《关于加强和完善城乡社区治理的意见》提出，要建立"基层党组织领导、基层政府主导的多方参与、共同治理的城乡社区治理体系"的目标，并提出四条发展导向：充分发挥基层党组织领导核心作用，有效发挥基层政府主导作用，注重发挥基层群众性自治组织基础作用，统筹发挥社会力量协同作用。[1] 完善社区治理体系，应以"整体性治理"的视角和方式，以上述四条导向为指针，对社区治理结构和治理规则进行重塑。

1. 加强党建

提升街道统筹协调能力。深化街道管理体制改革，充分发挥街道党（工）委统筹协调各方、领导基层治理的作用。整合街道党政机构和力量，统筹设置基层党建、公共管理、公共服务、公共安全等综合性机构，集中精力抓党建、抓治理、抓服务。

扩大基层党组织覆盖面。加强封闭性较强的成建制小区、高端小区、郊区社区等聚居区的党建覆盖，加强重点流动人群和社区社会组织的党建覆盖。按照地缘、趣缘、业缘特点，广泛建立特色型、功能型党支部，楼

---

① 中共中央国务院. 关于加强和完善城乡社区治理的意见〔2017〕13 号［A/OL］. 中华人民共和国中央人民政府官网，2017－06－12.

栋党小组，推动党组织触角向基层延伸。依托社区居委会、业主委员会、物业公司等建立党组织，推行社区党委（党总支）、小区党支部、楼栋党小组"小三级"组织构架。做实网格党建，将党支部或党小组建在网格上，选优配强党支部书记或党小组组长，整合党建、综治、城管等各类网格，促进精细化治理。

加强基层服务型党组织建设。加强对社区的党建资源保障，努力推动基层党组织管理和服务力量下沉，确保社区党组织有资源有能力为群众服务。统筹上级部门支持社区的政策，以社区党组织为主渠道落实到位。综合区位特点、人群特征、服务半径等因素，整合党建、政务和社会服务等各种资源，统筹建设布局合理、功能完备、互联互通的党群服务中心，依托街道、社区综合服务设施建好街道、社区党群服务中心（站点），依托楼宇、园区、商圈、市场或较大的企业，建设特色鲜明、功能聚焦的区域性党群服务中心（站点）。

强化基层党组织的政治功能和组织力。强化街道社区党组织领导核心作用，街道党（工）委要统筹协调辖区内各领域党建工作，整合调动各类党建资源；社区党组织要落实上级党组织部署的各项任务，对社区内重要事项决定发挥主导作用，强化对社区各类组织和各项工作的领导，兜底管理辖区内小微企业和社会组织党建工作。将驻区单位党组织、"两新"组织统一到街道社区党委领导下，以街道社区党组织为主导，推进街道社区党建、单位党建、行业党建互联互动，通过签订共建协议、干部交叉任职、人才结对培养等加强组织共建，通过共同开展活动、加强党员教育等推进活动共联，通过整合盘活信息、阵地、文化、服务等实现资源共享，形成区域化党建共同体，提升服务居民的能力和引领社区治理的专业化水平。

完善社区党建引领社区自治机制。健全社区党组织领导基层群众性自治组织开展工作的相关制度，充分发挥政策动议、组织动员、凝聚示范和引领带动作用，积极组织开展社区自治，引导社区主体按照规范程序对社区事务协商决策。全面推行社区党组织书记通过法定程序担任社区居民委员会主任、"两委"班子成员交叉任职制度。在业主委员会中建立党组织，符合条件的社区"两委"成员通过法定程序兼任业主委员会成员。建立党建引领下的社区居民委员会、业主委员会、物业服务企业协调运行机制，通过发展党员、引导物业服务企业积极招聘党员员工、选派党建指导员等方式，加强社区物业党建联建。积极领导群团组织和社会组织参与基层治理，促进党组织和群团组织资源共用、功能衔接，推动党的建设有关要求写入社会组织章程，大力支持党组织健全的社会组织承接政府转移职能和社区服务项目。

【典型案例】长春市南关区"四个突出"打造
"共建共治共享"基层党建模式

吉林省长春市南关区下辖12个街道、1个乡镇，包括59个社区、7个行政村。近年来，南关区通过"四个突出"，强化街道、社区党组织政治引领作用，整合各类资源反哺基层，做实做强街道、社区党组织服务功能，引导社会力量参与社会服务，营造了城市基层党建引领社区治理创新的"共建共治共享"良性格局。

突出领导能力。坚持党建核心引领，推行街居一体化，推动党建工作从"基层自转"向"多方用力"转变。一是全面加强基层党组织领导。成立街道、社区大党（工）委，构建以党组织为核心，居民自治组织、社会公共服务组织、综治组织、群众志愿组织协调联动、共驻共建的"1+4+N"组织体系，强化街道社区党组织政治核心功能，以党组织链接圈为核心，引领社会治理圈、公共服务圈、共建共享圈、自治互助圈、文化凝聚圈，努力构建共建共治共享的城市基层党建"生态圈"。通过"骨干留任""公开选拔""挂职锻炼""社会招录"等方式选优配强社区党组织书记。二是推行"街居一体化"工作模式。构建区、街、社区、网格"四级联动"服务体系，区级领导定期开展"社区工作日"，面对面服务群众。街道班子成员除党工委书记外，全部下到所辖社区党组织担任第一书记，要求第一书记每周保证三分之二时间在社区工作，推动工作力量和重心向社区倾斜，同社区党组织一道研究工作、解决问题，形成上下贯通、协调有力的工作局面。

突出联动机制。坚持互联互通互动，推行组织协同化，推动党建工作从"各自为政"向"共商共治"转变。在区级层面，整合民生办、综治办、公开电话办、政务大厅、应急办、基层组织建设办、软环境办7个部门力量，建设集政务服务、社会服务、党建服务于一体的党群服务中心，建设"星火源"党建指导服务中心，成立"老书记工作室"，组建专兼职相结合的党建指导员队伍，探索"七步工作法""五项融合法"，推出"主题党日活动套餐"，开通"政务直通车"，打造全区非公企业和社会组织党建工作指导服务中枢；在街道社区，探索成立"街路"党建联盟，以龙头党组织带动区块组团服务，打造"曙光7号""鸿立方"等街路党建特色载体品牌；在商圈，成立功能型党组织，推行"一核心四矩阵"工作法，辐射带动商圈党建整体发展；在专业市场，打造"家文化"，把支部建成党员之家、消费者之家、企业主之家、职工之家。

突出基础保障。累计投入近10亿元建设资金，社区服务用房面积由2.3万平方米扩大到10.41万平方米，平均面积达1826平方米。建立由基本补贴、绩效补贴、采暖补贴、职称补贴、"五险一金"等组成的结构化补贴机制，逐步提高社区工作者待遇，目前，社区工作者人均月报酬达到2700多元，社区书记每月4292元。通过省、市、区三级配套，每个社区每年党建经费达到 3 万元以上，行政经费达到 30 万元以上，服务群众专项经费 20 万元，让基层党组织有钱办事，有能力服务。将全区划分为 586 个责任网格，配备"一长五员"，精准掌控网格内的"人地事物情"，建立网格党支部，工作触角延伸到所有社区、街路、楼宇、商圈、市场及各类群体。

突出三社联动。一是阵地开放共享。58 个社区建立党群活动服务中心，政务办理、文体活动、公益服务等 6 大项 18 类具体功能对外开放，形成"家门口"便民服务圈；创建新兴领域党建示范点，建立开放式组织生活基地，开通党员志愿者招募点，突破党建"内循环"，实现区域资源统筹、融合、共享。二是培育社会组织壮大服务力量。设立 500 万元"公益创投"专项资金用于政府购买公共服务，支持社会组织在社区开设管护班、四点半课堂、微超市、微舞台等温暖实用的服务项目，打造"五点工作法""便民宅急送"等特色品牌，建立"红色自治庭院联盟""老旧散弃小区物业管理联盟""五大特色睦邻联盟""五老关爱团""七彩帮帮团"等服务联合体，引领社会组织有效融入社会治理大格局。

2. 理顺关系

从我国社区治理改革的总体特征以及社区组织结构和治理模式的发展变迁来看，社区居委会始终是体制改革的焦点。社区居委会作为合法的居民自治组织的核心载体，是国家与社会、政府与居民的直接联结点，也是政府依法行政与社区依法自治的结合点，是社区治理的组织结构建设中最为关键的环节，是实现协同治理的主体权利关系的中心。

围绕社区居委会形成的治理主体权利关系包括以下几方面。

（1）基层政府与社区居委会的关系

基层政府与社区居委会的关系是指导与协助、服务与监督的关系。基层政府部门指导社区居委会开展自治活动，对社区居委会的组织建设、制度建设、队伍建设、设施建设、经费保障等方面予以支持和帮助；社区居委会可以协助基层政府开展与居民利益相关的公共服务、公共管理、公共安全等工作；基层政府部门通过直接服务或者向社会组织购买服务的方式，面向社区居民进行资源投入和公共服务，实现社区居委会的利益宗旨，社区居委会代表居民并组织居民对政府职能部门及其派出机构、公共服务机构履职情况进行监督评价。

这里特别强调的是，社区居委会协助政府并不代表成为政府的办事员。长期以来，政府部门直接向社区居委会下派任务，角色混乱，处于功能困境的居委会无奈只能成为政府的"腿"，变成行政任务的直接落实者。在协同治理模式中，社区居委会应将工作重心放在社区服务和自治方面，对政府的协助重心主要体现在两个方面：一是需求表达，即发现社区问题并采取集体决策的方式确立问题解决方案，向政府表达和传递需求信息，为政府决策的有效性提供依据；二是发育社区社会组织，通过社区自组织机制进行自我管理、自我服务、自我满足，减轻政府的行政负担。

（2）社区居委会与社区社会组织的关系

社区居委会与社区社会组织的关系是支持与配合的关系。社区居委会指导和支持社区社会组织的成长，争取政府公共资源，为其提供活动和发展空间。对于社区居委会自身无法提供的社区服务，利用其自治核心地位，发挥枢纽作用，通过组织整合社区社会组织的资源力量，形成社区多元参与的服务要素市场，间接地满足大量分散的、异质性的、小规模的社区需求，发挥对社区服务的二次分工作用；社区社会组织通过自治能力的发展，发挥其资源和功能优势，配合社区居委会开展社区的自我管理、自我服务和自我教育工作。

（3）社区居委会与专业社会组织的关系

社区居委会与其他社会组织的关系是支持与配合，服务与监督的关系。一方面，专业社会组织作为公共服务生产者，为社区居民提供高质量的公共服务，社区居委会给予积极的支持配合，为社会组织更好地提供社区服务、满足社区居民需求提供良好的环境；另一方面，社区居委会作为居民的利益代言人，积极向专业社会组织反馈和传递居民意见，监督社会组织有关服务承诺的履行情况，组织居民开展评议评估工作，并反馈给政府机构。

在社区治理体系中，基层政府与社区居委会之间的关系是理顺主体关系中的核心问题。社区居委会基于其法定地位，理应作为社区自治力量的代表，之所以会出现职能错位、角色混淆，说到底是因为没有理顺与政府职能部门、街道办事处（乡镇政府）及社区公共机构之间的关系。基层政府必须主动调整自身组织机构与社区组织之间的关系，将事实上扭曲了的领导与被领导、命令与服从的关系，调整为指导与协助、服务与监督的关系，既要保障社区居委会作为自治权利主体的地位，又要促进政府公共部门与社区居委会之间的合作互动，避免各主其政、各行其道。

让社区居委会回归自治本色并成为自治力量的领导核心，让社区自治组织真正成为社区治理的最重要主体，赋予其对社区自治事务的组织权、管理权、协调权及对社区公共机构基本公共服务的监督权、评议权，让社区成员有能力参与社区公共事务的决策、管理和监督，推进社区实现自我发展、自我管理、自我教育、自我监督，使行政权与自治权在社区治理过程中平等对话、分工协作、良性互动，充分激发社会力量参与治理的主动性和需求功能释放的积极性，这是理顺主体关系的关键，也是政府回归理性的表现。

3. 划分权限

明确权力边界，是行政主体和自治主体在社区治理过程中保持共治权利体制的前提，只有明确各主体的权利和责任，才能达成积极合作。行政放权意味着行政理念和方式的转变，如管理理念的弱化与服务理念的强化、行政指令的减少与协调引导的增多、自主事务的下放与行政业务的上收等。在协同治理模式中，政府要将原本归属于社会主体的权利下放，政府主要掌握宏观政策制度的制定权、社区治理过程的协调权以及对社会组织的监督权，其他属于社区自治的权利应逐步回归到社区，从社区最大限度退出管制、安排等硬性权力，主要保留引导、协调、监督等软性权力。

社区主体的权限应包括自治权、协办权、评价权、表达权。自治权具体来说，包括选举权、协商权、决策权、执行权、监督权，意味着社区居民对社区居委会等自治机构成员有选举权和罢免权，对社区公共事项有提出意见和讨论协商的权利，重大事项须经由社区居民代表大会决策，由社区居委会组织实施，由社区主体自我服务、自我管理、自我监督；协办权意味着社区不再是基层政府的下级，协助办理不是硬性摊派，要坚持责、权、利相统一的原则；评价权指社区主体对政府职能部门及派出机构、公共服务机构的履职情况及人员任免有建议权、评议权；表达权指社区主体有权代表社区成员利益与政府部门进行对话，表达对政府公共管理和服务的诉求，政府部门要对社区诉求予以回应。

在行政放权和自治增权的过程中，需要把握的基本原则是，对行政介入的合理限制和对自治权利的有序扩充都应具有一定的限度，在放权与增权的进程中要保证社区运行的稳定性与社区自治组织运转的和谐性。

4. 界定职责

政府与社会的关系调整和权限确认必须落实到治理主体的职责界定上。社区协同治理是各治理主体通过确立共同目标、发挥各自优势、承担各自责任、采取协同行动，来对社区公共事务进行治理的过程。社区公共事务分为三大类：社区公共管理、社区公共服务、社区自治事务，基于不同分类，社区公共事务还存在不同的治理机制，主要包括行政机制、准市场机制、自治机制三种，不同事务采取不同的治理机制或治理机制的组合，形成特定的权利关系。社区公共事务的分类特点和不同治理机制决定了各主体不同的职责任务和相互权利关系。社区居委会过去成为政府部门的"腿"，承担了许多不该承担、也做不好的事情，严重影响了社区居委会自治功能的发挥，也影响了政府的行政效能。

首先，要进一步厘清基层政府（包括街道办事处和下沉社区的管理服务站）与社区组织的职能边界。① 明确政府职能部门和街道办事处（乡镇政府）必须独立承担的行政管理职责，属于基层政府职能部门和街道办事处职责范围的事项，可以通过建立社区服务站（工作站）的形式下沉社区，不得转嫁给其他社区组织；建立健全社区事项准入清单制度，职能部门职责不得随意下放到街道和社区，确需街道和社区协助办理的，按照"权随责走、费随事转、人随事转"的原则转移，有条件的地区可以将协办事项通过政府购买服务的形式交由社会组织承担，街道和社区居委会做好对购买服务事项的指导、监督工作；上述以外的专业化、精细化、个性化服务，则交由专业社工机构承担。这其中的关键动作是基层政府要根据地区实际，做好基层公共机构（包括派出机构）的精简重置和职能部门公共职能的整合上收与承接协办，目标是一方面有效强化基层政府对社区治理的方向指导、制度保障、资源支持和能力培养方面的作用，强化职能部门的基层治理和服务效能，另一方面，实现下沉基层事项的妥善承接，避免以"协办"名义使社区居委会成为实际的承办主体，从而有效释放社区自治活力，切实给社区减负。

其次，要明确社区居委会的自治和服务职责，主要包括以下几方面：

---

① 付春华. 探索多元共治：包头市"强政府优社区"改革实践 [J]. 社会治理，2016 (5).

一是向有关部门反映居民需求和意见建议；二是代表全体居民或组织居民对社区公共机构及有关单位、社会组织的管理或服务进行监督评价；三是依法开展民主自治活动，增强居民自治意识和能力；四是培育社区社会组织组织动员居民开展社区公共活动；五是协调政府部门与社会组织之间、社会组织之间以及社会组织与居民之间的相互关系；六是开展民间调解活动，增进居民之间的和谐关系。

在近年来各地区的社区管理体制改革先进经验中，无论是深圳盐田区、包头市青山区实行的"街道精简、居站分离"的"一委一站一居"模式改革，还是安徽铜陵市、贵州贵阳市通过撤销街道办事处实行的"区直管社区"改革，都在厘清职能边界、释放社区活力上取得了明显成效。

5. 完善制度

社区协同治理模式基于权利主体的多元性、权力影响的天然不对等性、多元主体的趋利性和功能互补性等因素，必须建立相应的权力运行规则及制度体系以维持运行，主要包括四个方面。

（1）基于协调规则的公共协商制度

协同治理模式的权利体制既要保证能够容纳多元主体，又要在运行中趋向社区公共利益最大化，平衡多元主体的利益差异，促成合作共识和集体行动。对关系到各社区治理主体利益的事务，需要建立协商对话的制度形式，使各自意见得以充分表达，这是达成合作共治的首要前提。如协商议事制度、民主恳谈制度、社区听证制度等。

（2）基于公平规则的公共决策制度

社区公共事务的决定应充分考虑相关治理主体的正当利益，在公共协商制度的基础上，建立多元主体公平有序地进行公共决策的制度，使决策过程和结果更具有平等性、代表性和广泛性，充分保证社区公共利益最大化，实现决策结果的利益共享。如社区多方共建联席会议制度。在社区层面建立社区党组织、社区居民委员会、社区服务站、业主委员会、社会组织特别是民办社工服务机构、居民代表和社工人才等方面的联席会议制度，以此为基础形成广泛认同的社区民意汲取、民意表达、公共协商、民主决策和管理监督等社区治理工作方式。

（3）基于制约规则的公共监督制度

社区协同治理运行过程中，需要设立相互制约的权利网络，使各社区治理主体都处于被监督范围之内，抑制治理主体的违规风险和趋利动机，最大限度保证各主体履行相应职能、承担相应责任、享有相应权益，保障社区自治权利在参与社区治理过程中的影响力，为行政主体与自治主体的沟通对话、双方的权利平衡提供制度基础。例如，社区居民代表大会对社区居委会的考核评议制度，社区居委会对街道办事处设立的社区工作站的考核评议制度，社区协商议事会对社区"两委"的监督评议制度。

（4）基于信任规则的公共信用制度

指政府公共机构、社区社会组织、居民委员会等主体之间建立的自觉共同遵守的信用制度。诚信规则既是各主体互动合作的润滑剂，也是协同治理行动的助推剂，只有各主体都执行信任规则，社区治理才能平稳有序展开。基于信任规则建立的公共信用制度可分为四个方面，即公开制度、公正制度、公约制度、共享制度。例如，社区各主体活动或公共支出应是公开的；社区组织之间发生利益争议时，裁判制度应是公正的；各主体只要在权利体制框架内行动，有利于社区公共利益，社区公共资源就应可以共同使用，实现共驻共建、资源共享；社区主体和组织应结合社区实际和民情习俗制定公约章程。

【典型案例】南京市街道和社区管理体制改革

2014 年 10 月，南京市曾出台《深化街道和社区体制改革实施方案》，加大对基层治理的改革力度，主要解决街道办事处职能错位、公共服务能力不足和社区居委会行政化、工作负担过重、自治功能不强的问题。具体举措可以概括为"六个一"：一清、一移、一收、一放、一包、一全。

一清：职责厘清，以城区街道，公共、社会服务为主。

城区街道"去经济化"，取消经济考核，工作重心落在公共服务和社会服务上；职能部门下沉到街道的资源、人员、经费等，由街道统一调配，制定《南京市街道办事处工作职责清单》，按照费随事转的原则，部门职责下放到街道办理的服务事项，将权限、经费等一并下放到街道；减轻社区负担，取消分解到城市社区的经济发展目标任务，清理规范对社区的考核、创建、评比项目，去除 25 项工作任务指标，41 项评比，72 项台账。

一移：服务前移，整合街道职能，"中心"集中办理。

整合优化街道内设机构，归并相近职能，综合设置党群工作、经济服务、城市管理、社会管理（政法综治）等服务管理机构和街道便民服务中心，建立扁平化的政务服务运行机制，实行"一门式管理"与"扁平化服务"，建立承接事务、开展服务、受理诉求的统一平台。

一收：街道回收由社区承担的 27 项行政服务事项。

梳理收回街道便民服务中心覆盖范围内社区的政务服务事项，社区服务站工作转向政策咨询、服务向导、了解民情、反映诉求和组织开展公益慈善服务、居民自我服务，面向特殊人群开展上门和代办服务。涉及企业单位的服务管理事项和权限收归区级政务服务中心，人社、民政、计生、司法等涉及居民生活的公共服务管理事项和权限下放到街道便民服务中心，实行"一门受理、一站办结"，辖区较大的街道建立中心社区、分中心，实现服务有效覆盖。社区"去行政化"，主要聚焦自治和服务，协助政府工作事项实行契约化管理。

一放：街道、社区资源下放，每个社区设 20 万元为民服务资金。

市、区两级 1：1 配套在每个社区（村）设立 20 万元为民服务资金，由社区专项用于公益服务、购买社会组织专业服务和居民自治服务。社区公益慈善、服务类社会组织，在开展为老、为小服务时，也可申请为民服务资金。调整优化社区公共场地配置，社区工作人员办公使用面积不超过社区办公服务用房总面积的 20%，腾出的空间用于为民服务和居民活动。

一包：社区公共服务、专业服务外包社会组织。

探索社区居委会协助政府工作事项服务外包。改革社会组织登记制度，降低社区社会组织登记门槛，推动社区社会组织直接依法登记。社区承担的前置性审查、调查等政务服务外包社会组织。如鼓楼区引入社会组织，在社区建立睦邻中心，既承接社区公共服务，又开展社会工作专业服务。秦淮区蓝旗社区将社区一站式公共服务全部外包，政府由"养人"转向"买项目"，政府瘦身，社区添力。

一全：街道社区全科服务、全天服务、全年无休。

整合街道便民服务中心工作力量，建立"全科社工"队伍，推行"全科政务服务"制，努力实现"一窗多能、全科服务"。街道、社区分别采取错时、轮流上班制，居民办事随到随办。

（二）重塑社区自治体制

1. 建立完整的社区自治组织体系

社区自治体制的核心内容是社区议事会体制，议事会体制下的社区自治组织体系包括决策组织、执行组织、议事组织、监督组织四大块。

首先，社区居民代表大会是社区的决策组织，代表着全社区成员的最广泛利益，对涉及社区居民共同关注的重要事务进行民主决策，对社区居民委员会、社区协商议事委员会、社区居务监督委员会成员进行民主选举和罢免，监督评议社区居民委员会、居务监督委员会工作及成员，征求和反映社区居民意见和建议。

其次，社区居民委员会是社区的执行组织，由社区居民大会或社区成员代表大会选举产生，是社区群众自治的主体，在社区党组织领导下，按照自治原则管理社区公共事务，在社区自治体系中起到中介桥梁、协调沟通、议事决策、民主监督的作用，是社区自治的组织者、推动者、实践者。

再次，社区议事协商委员会是社区的议事组织，主要由社区内有一定影响、享有较高威望、热心社区公益事业的辖区单位代表、居民代表组成，由社区居民大会或社区成员代表大会选举产生，对涉及社区公共利益和居民切身利益的事务以及社区建设的重大问题进行议事，对涉及社区居民的多方利益矛盾与有关方面进行协商。

最后，社区居务监督委员会是社区的监督组织，由社区居民大会或社区成员代表大会选举产生，在社区党组织的领导下对社区居委会及社区内其他工作机构的各项履职情况进行民主评议、民主监督，听取社区成员的诉求，反映社区成员的意见和建议，督促有关方面解决落实。

"议行分离"的社区自治组织架构设计，在制度上使社区事务议事决策、执行落实和监督制约三者之间有了组织保障，充分体现了社区居民在社区党组织的领导下民主自治的特点。

2. 建立健全民主自治的制度体系

通过制度化的形式充分保障居民行使民主自治权利。居民对社区公共事务享有参与权、知情权、决策权、监督权。

（1）健全民主选举制度

主要指社区居民委员会成员和社区成员代表大会代表的选举，通过完善基层选举程序，广泛发动群众参与，真正把居民拥护的素质高、作风硬、有文化、真心实意为民办事的人选入自治组织核心。

（2）健全民主管理制度

依法制定社区自治章程和居民公约，完善社区居民委员会、社区居民大会和社区协商议事委员会的工作制度，确保社区重大事项必须经过社区居民大会决策通过，或经过居务公决程序，并授权社区居务监督委员会监督实施。

（3）健全民主监督制度

民主监督是民主管理的重要补充，完善居务监督委员会的工作制度，落实社区决策公开、执行公开、财务公开，明确公开方式和公开项目，畅通评议渠道和监督渠道，保证居民代表和居民可以及时向社区"两委"和居务监督委员会反映意见和质询。如落实社区居务公开制度、社区决策项目预告公示制度、公开听证制度、民主协商制度、民主评议制度等。

（三）培育内生力量

社区社会组织是社区治理发展的内生力量，社区居民根据自身利益和发展需求自发成立社区社会组织，通过有组织的集体行动，以自主、协商、协作的方式解决涉及公共需求和公共利益的事务，是自治力量增权的重要渠道。社区社会组织的最大优势在于身处基层、了解民情、体现民意，能够以自我组织的方式将一部分居民共同具有的利益诉求和权利意识表达成集体意愿，在理解、尊重、信任和平等的基础上，采用沟通、疏导和协商等方式，整合公共利益，凝聚社区力量，促进居民融合，活跃社区文化，调处社会矛盾，拓展社区服务，推进社区自治，承接政府职能。

例如，社区内的业主自治，以业主委员会为主体的维权行动对社区治理体系自治权威的树立起到积极影响，有组织的业主们不仅关心自己的财产权利和居住环境，还可以通过选举和维权行动，有力触动社区治理的权利结构；再如不同意义和形式的、为满足居民需求以个体身份自愿组成的邻里网络，如楼道网络、联谊性社团、自助小组等，带有较强的自组织性质，对社区公共事务治理、社区认同感培育等具有相当积极的意义。因此，基层政府在重塑社区自治体制的基础上，还应建构助推社区社会组织发展的制度渠道和参与治理的平台，大力发展在社区开展纠纷调解、健康养老、教育培训、公益慈善、文体娱乐、邻里互助、居民融入等活动的社区社会组织。主要应从三个方面进行引导和扶持。

1. 提供社区服务

支持社区社会组织承接社区公共服务项目，推动社区社会组织主动融入社区便民服务网络，为社区居民提供多种形式的生活服务，鼓励其为社区弱势群体提供生活照料、文体娱乐、医疗保健、心理疏导、精神慰藉等志愿服务和专业服务。

2. 扩大居民参与

引导社区社会组织在基层党组织领导下，协助社区自治组织推动社区居民有序参与社区自治活动。引导社区居民在参与社区公共事务中有序表达利益诉求，培养协商意识、掌握协商方法、提高协商能力，协商解决涉及社区公共利益的重大事项，关乎居民切身利益的实际问题和矛盾纠纷，鼓励社区社会组织参与制定自治章程和居民公约。

3. 促进社区和谐

引导社区社会组织协助提升社区矛盾预防化解能力，支持其参与各类纠纷调解和信访化解，指导群防群治，协助做好社区矫正、社区防灾减灾等工作，助力社区治安综合治理。

二、保障措施

（一）夯实体制基础

1. 强化和落实社区居委会的法律地位和作用

通过地方性法规的形式，结合社区协同治理的现实要求，从落实《中华人民共和国城市居民委员会组织法》所赋予社区居委会的职能、权利和责任入手，进一步规范和健全社区自治制度，实现社区居委会的职能定位与实现方式与时俱进，为社区居委会从动员社区力量、协调社区资源、组织居民自治、服务居民群众等方面提升能力和发挥作用奠定坚实的法制基础。将社区居委会的干部任免、社区内部事务的民主决策、民主管理、民主监督等方面权利归还于社区，明确职责权限，促进社区协商，发展民主自治，提升以居委会为主体的社区居民自治能力，让居民在参与治理中获得所需的公共资源和服务，在主体权利体制中有更多参与发言权和决策管理权，为社区居民"增权"，从而强化对社区的制度认同。

2017年4月20日，全国首部针对基层治理和社区自治工作的地方性法规《上海市居民委员会工作条例》在上海市第十四届人大常委会第37次会议上表决通过。该条例进一步明确了基层政府及其派出机构指导、支持社区自治工作和开展公共管理等职能工作的职责权限，细化了社区居委会在组织开展社区服务、民主议事、民主协商、民主决策、民主监督等方面活动的职责任务和实践渠道，在发展社区公益、引导居民参与、指导业主自治、加强物业管理、发展社会组织、促进邻里和谐、调解矛盾纠纷等方面的职权责任，在提高自身能力和服务水平方面的工作要求，从而为厘清行政主体与自治主体的职权边界、提升社区自治的能力水平、促进社区治理的良性发展提供了有力的法制保障和工作遵循。

2. 发挥社会居委会特别法人资格的功能优势

2017年10月1日起施行的《中华人民共和国民法总则》新增了特别法人规定：机关法人、农村集体经济组织法人、城镇农村的合作经济组织法人、基层群众性自治组织法人，为特别法人；居民委员会、村民委员会具有基层群众性自治组织法人资格，可以从事为履行职能所需要的民事活动。这标志着从国家法律层面赋予了社区居委会基层群众性自治组织法人资格。社区居（村）委会取得了特别法人资格后，进一步厘清与基层政府之间的功能界限，有利于加强自身规范化建设，强化服务和自治能力，能够独立行使其民事权利、承担民事责任，更好、更顺畅地为群众办好公益事业、提供公共服务。例如，可以独立设立银行账户，可以根据居民的实际需求，直接与社会组织对接，引入专业社会组织参与社区治理，更好地服务居民，满足居民对美好生活的需要。2017 年 11 月，北京市东城区东华门街道韶九社区居委会取得《基层群众性自治组织特别法人统一社会信用代码证书》，这也是全国颁发的首张特别法人"身份证"。2018 年 11 月22 日，内蒙古呼和浩特市乌兰察布东路街道办事处和中专路街道办事处为辖区 19 个社区居委会发放了特别法人"身份证"。

在为社区居委会做好特别法人资格证书颁发管理的基础上，基层政府有关部门应积极探索如何引导社区居委会用足用好特别法人资格，适时开展工作试点，组织专家学者研究论证。要强化其民事权利和经济效能，探索"居财居管"，鼓励社区居民委员会发展社区经济，兴办社区服务事业；强化服务功能，建立社区居民委员会购买社会组织服务机制，引入专业社工机构介入社区治理，直接获取更丰富的社会资源，充分满足本社区居民的需求；强化自治功能，在社区党组织的领导下引导其深入开展各项民主自治活动，牵头健全各类议事协商组织，规范社区议事决策制度，进一步落实社区居委会成员直选方式，落实社区居民大会、居民代表会议制度，发挥民主管理效能。

3. 加强社区居委会及其对业委会的组织建设

提升社区居委会组建覆盖率，加强内部建设。进一步加强工矿企业所在地、国有农林场、城市新建住宅区、流动人口聚居地的社区居委会组建工作，新建住宅区居民入住率达到50%的，应及时成立社区居委会，在此之前应成立居民小组或由相邻的居委会代管。完善居委会内部治理结构，按需设立专业委员会，为具有不同特长和资源动员能力的居民充分参与社区事务提供参与渠道。要结合社区实际，积极引入专业社会组织，协助社区居委会开展工作。

完善居委会干部选拔任用制度，体现社情民意。发挥基层党委作用，进一步规范社区居委会民主选举制度和程序，通过依法选举稳步提高社区居民委员会成员中本社区居民比例，确保社区居委会主任和至少一名成员是本社区居民，逐步扩大社区居委会直接选举覆盖面，提高直选比例。建立健全不合格居委会成员、居民代表退出机制。加强社区党组织带头人队伍建设，选优培强社区党组织书记，推进符合条件的社区党组织书记或班子成员通过依法选举担任社区居委会主任或成员。鼓励物业公司、社区共建单位、辖区企事业单位成员进入居民委员会，共同参与社区事务。

加强业主委员会组织建设，强化居民自治。居委会加强对业主委员会的监督，指导其以自治方式规范运作，探索在社区居委会下沉物业管理委员会，督促业主委员会和物业服务企业认真履职，符合条件的社区居委会成员和业委会成员应通过法定程序交叉任职，指导运行成熟的业主委员会依法注册为社会团体法人，增强业主依法维权能力。指导社区居委会协助做好业主委员会组建和换届选举的组织工作，因客观原因未能选举产生业主委员会的，由社区居委会组织业主讨论决策相关管理事项。指导社区居委会依法调解业主、业主委员会、物业服务企业之间的物业管理纠纷。结合社区实际，大力发展多种方式的社区物业服务，对没有物业公司进驻服务、无法组建业主委员会的老旧小区，由社区居民委员会组建"小区物业服务管理中心"提供基础物业服务和低偿便民服务，充分发挥社区居民自治功能。

（二）优化治理环境

1. 切实抓好社区减负增效

要通过地方性法规和地方政府规章的形式明确社区减负增效的办法。各地区要明确社区居委会承担的社区工作事项清单和协助政府的社区工作事项清单，清单之外的事项，可以通过向社会组织购买服务的方式的提供，协助政府的社区事项，政府要为其提供经费和必要的工作条件。应当由基层政府履行的法定职责，不得要求社区主体承担，不得将社区居委会作为责任主体。清理规范基层政府各职能部门在社区设立的工作机构和加挂的各种牌子，不得要求社区居委会成立行政性工作组织机构、参加与社区工作无关的各类会议，不得与社区居委会签订行政任务责任状，各职能部门不得对社区工作单独组织考核，实行基层政府的统一综合考核，取消对社区工作的"一票否决"事项，建立以社区居民知晓度、参与度、满意度为主要衡量标准的工作评价体系和评价结果公示制度。全面清理基层政府各职能部门要求社区居委会出具的各类证明，社区居委会有权拒绝出具法律法规规定以外的、与居民社区生活情况无关的证明材料。

例如，四川省成都市武侯区在《武侯区区级部门政务服务事项准入社区管理办法》的基础上出台了三份清单：《社区党组织履行职责事项》《社区居委会依法依规履行职责事项》《社区居委会依法依规协助政府工作事项》，各治理主体的职责边界更加清晰，不仅解决了政府职能"越位""错位"问题，也实现了社区"归位""还权""赋能"。

2. 搭建社会力量共治平台

在基层建立具有资源整合和孵化能力的枢纽型社会组织，由政府提供资金支持和委托授权，对扎根社区的社会组织进行管理、指导和服务，有效进行承接政府购买服务事项的对接。在街道设立社区社会组织联合会和社区社会组织服务中心，在社区依托综合服务设施设立社区社会工作室，为社区自组织力量建立平等参与平台、服务供给平台和专业支持平台。通过搭建平台，一方面，为社区自治工作争取扶持政策和社会各界的支持，密切社区社会组织之间及其与其他社会组织的沟通交流，发挥政府与社区社会组织之间的桥梁纽带作用，奠定体制基础；另一方面，运用社会工作理念和方法开展专业服务，协调各类资源和需求的精准对接，发挥社会工作专业人才的引领作用，为社区自组织力量提供培育扶持、服务指导和项目承接功能。

例如，在内蒙古地区，鄂尔多斯市康巴什新区建立了"一委一站一居一中心"社区治理体制，在社区成立了社区社会工作服务中心，引导整合社区自组织力量，指导规范发展，筹划项目对接，有效提供了成长发展的制度渠道和平台；包头市青山区自2017年开始，在社区推行社会工作场所"1131"标准化建设（即：一个社区设立一个社会工作项目部，设立独立的个案、小组、社区三个微型服务组织孵化室，建立一个结对帮扶专业院系的高校实训基地），进一步深化社区、社会组织、社工三者协调联动的平台建设；赤峰市红山区的社会组织培育三级平台建设规划和实践，有效形成了引导社会力量参与共治的上下合力，具有良好的典型示范效应。

3. 实行社会组织分类引导

建立健全社区社会组织分层登记备案制度，通过简化登记程序、提高审核效率、结合社区社会组织特点制定章程范本等方式优化登记服务，鼓励社区发育社区社会组织，加快发展生活服务类、公益慈善类和居民互助类社区社会组织。对符合法定登记条件的社区社会组织，可以到区县级民政部门申请登记，符合直接登记条件的可以直接提出申请。对未达到登记条件的社区社会组织，按照规模大小、成员结构、服务范围和服务对象，由街道办事处（乡镇政府）进行备案，加强分类指导。对于规模较小、组织松散的社区团体，由社区党组织领导，社区居委会进行管理和指导。

第四节　健全协同治理导向的需求回应机制

回应性是现代社区治理的必然要求，社会化和专业化是社区治理基于回应性的必要手段和发展趋势。对于基层政府来说，必须在社区环境的不断变迁和社区自身的动态发展中，形成相对稳定的回应机制来有效满足社区成员的多元需求，而不是得过且过、被动应付和一事一议。

"共建共治共享"的社区治理格局以"共享"为前提和目标，以社区主体的发展需求为导向，通过为社区主体增权赋能，在"共建共治"中充分回应社区成员的利益需求，实现社区公共利益最大化。社区协同治理模式是实现"共建共治共享"的有效模式，社区公共事务的运行过程不再是一个单向的"你说我做"的制度执行过程，而是随着个体反思能力和权利意识的增强，充满了对话、商讨、质疑、博弈、反复的复杂过程。

在社区协同治理模式下，对于多元主体需求，实现公共利益最大化不仅需要多元主体参与协同治理的体制基础，更重要的是社区对多元需求的反馈以及多元主体间的互动。通过充分发挥社区、社会组织、社会工作"三社联动"优势，形成多元主体协调联动的合力，为社区服务"提质"，为社区自治"增能"，不断强化"共建共治共享"的行为文化，提升社区成员的行动认同和价值认同程度。

一、行动路径：推动社区、社会组织、社会工作"三社联动"

社区服务和社区自治是社区治理过程中需要回应的两类核心需求，二者在内容范围和实现方式上具有密切联系。社区服务效果对社区自治的水平具有重要影响，而社区自治能力对社区服务供给水平和方式同样具有重要关联，回应二者需求在实现方式上具有一致性。

以社区为本位，以居民需求为导向，充分发挥社区的基础平台作用、社会组织的服务载体作用、社会工作人才的专业支撑作用，推进社区、社会组织、社会工作"三社联动"，促进"三社"资源共享、优势互补、融合发展，激发社会力量多元供给、有序参与、协作共治，形成精准化、精细化、专业化的社区服务体系和法治化、常态化、有活力的社区自治网络，实现多元平台共建、多元主体共治、多元服务共享，是回应社区居民服务需求与自治诉求的核心路径。

推进社区服务的着力点在于，有效借助社区广纳各方、包容共享的平台优势，充分发挥社会组织中专业社会组织资源优势，立足公益的服务优势和社区社会组织扎根社区、自主自助、互助互惠的功能优势，积极利用社工机构和人才的助人自助的专业优势，按照"政府扶持、社会承接、专业支撑、项目运作"的思路，建立居民群众提出需求、统筹设计服务项目、社会组织竞争承接、专业社工参与指导、相关各方监督评估的联动机制，从而扩展社区服务供给的主体、内容与方式，增强社区精准化、精细化、专业化服务能力，更好地回应社区居民的多样化、差异化服务需求。

对于推进社区自治来说，首要任务是有效发挥社区主体中社区党组织在引领、凝聚、动员、示范方面的功能作用和社区居委会组织、整合、培育、调节方面的权利效能，激发社区居民的自治参与热情，培养社区社会组织发育成长，积极扶持社区组织发挥自我服务、自我管理、自我监督的自治载体作用。在此基础上，有效借助专业社会组织的服务资源和专业社工人才开展社会工作的方式、方法、技术，积极提高社区自组织能力和活力，提升社区自治活动水平和效能，拓宽社区成员参与社区事务的领域与途径，通过充分参与社区公共事务，满足社区成员的生活发展诉求。

（一）优化居民需求导向的社区服务供给方式

解决服务供给与服务需求这一矛盾的根本方略是以社区居民的实际需

求为导向，以供给侧结构性改革为动力，扎根社区，强化载体，拓展领域，丰富项目，提升品质，多元供给。基层政府要充分发挥推动、引导和支持作用，以社区为平台、社会工作者为支撑，拓宽各类主体特别是社会力量参与治理的领域和渠道，最大限度整合服务资金、资产和资源，防止重复投资、重复建设、重复供给，增强多主体、多层次、多领域供给能力，形成行政机制、市场机制、志愿机制、自治机制等互联互补的协同供给方式。

1. 优化基本公共服务

加强社区服务机构建设，建立政府基本公共服务的基础平台，综合考虑人口规模和服务半径，下沉公共服务资源，聚合政府职能部门延伸到街道社区的服务事项和服务资源，按照"一站式"服务方式，为社区居民提供项目齐全、标准统一、便捷高效的社区基本公共服务，积极推行上门办理、预约代办、自助办理、委托代办、错时工作等服务，提高社区居民满意度。强化信息技术在基本公共服务供给中的应用，提高综合服务效率。

具备条件的地区，在清晰界定政府基本公共服务项目的基础上，可尝试通过调动社会资源、加强绩效监管来间接提供公共服务供给，效果可能更好。通过政府购买服务方式，支持有资质、有能力的专业社会组织承接社区基本公共服务项目，面向全体城乡居民提供贯穿生存发展各阶段和生产生活各领域的基本公共服务项目，切实保障重点人群的多元化服务需求。

【典型案例】南京市鼓楼区社区公共服务外包，社区"水手变舵手"

凤凰熙岸社区是南京市鼓楼区第 120 个社区，成立于 2017 年 6 月，社区居民 3000 余户、1 万余人。自社区筹备成立之时，凤凰街道即引入惠仁社会工作服务中心，将公共服务外包，5 名专业社工成为社区的"编外社工"。在社区服务站内，前台承办政府部门在社区开展的民政、社会保障、计划生育、残疾人保护、安居福利等90项业务工作的，全部为惠仁社会工作服务中心专业社工，以专业社会工作方法介入、专业社会工作流程管理，所有员工均有职业资格证书，学历水平和工作经验较高。据了解，自社区成立至2018年3月的9个月时间里，惠仁社工为退休人员发放毛巾和尊老金等近500人次、登记了622名流动人口的数据、完成了低保户季度和年度审查、年底慰问了低保户和困难户39户、办理生育登记40人，几十项社区服务工作均实现了100%的完成率。对政务服务流程烂熟于心的惠仁社工潘臻说："这些事项以往耗费了社区很多精力，外包给我们后，社区由过去的'水手'变为'舵手'，既可腾出精力策划各类暖心活动，又可指挥我们参与作战。"社区组织居民成立的声乐班、手机班、插花班、舞蹈班等十多个社团，周一到周五每天都有活动，节假日和双休日更是频繁组织大型活动，社区一声令下，惠仁社工上阵执行，成了社区的好帮手。社区主任王慧琴说："社区是'甲方'，指挥作战后发现效果不佳，可以按照市场规律予以奖惩。这样的市场运作模式，在社区员工减少却不影响服务居民的同时，还促进了工作效能的提升。"（摘自南报网）

2. 优化专业社会服务

解决基层政府制度化、行政化方式提供的基本公共服务能力不足的问题，实现社区服务精准化、精细化的基本思路是实行专业社会服务，基本方式是实行社区服务项目化运行。将社区服务工作量化到具体的服务项目，以具体项目为载体，坚持公开、择优、统筹、整合的原则，充分发挥社区的平台作用，在项目立项、实施和评估中实现资源联通、信息联享、主体联动，带动人力、财力、物力、智力、信息资源整合，根据服务项目的不同属性，由社区工作者引入社会组织、专业社工机构或企业组织实施，按照规范化流程和科学的指标体系对社区服务项目进行设计申报、过程监督和绩效评价，授权居民参与社区服务项目的讨论、决策、实施、管理和监督过程。

做好社区服务项目化运行的首要任务是，基层政府要有效汲取社区服务需求，把居民分散的意见、多样的诉求、不同的建议整合起来，进行科学分析与设计，形成符合群众利益的服务项目，与居民需求精准对接。一方面，主动搭建与社区居委会的常态化沟通机制，充分激发社区居委会汲取民意的功能；另一方面，积极开拓汲取社区需求的载体，充分利用新媒体拓宽渠道，充分发挥专业社会组织的信息获取优势，提高需求获取过程和结果的科学性。

社区服务项目化运行很好地坚持了社区的需求导向，其优势在于，一是使社区服务内容更加精细化、专业化，把科学管理方法贯穿于社区服务全过程，为社区工作者提供了一套常规化、易操作的工作流程和方法；二是形成常态化的居民需求回应方式，提供了需求提出—需求回应—需求解决—结果评价的过程，使社区居民零散的需求得以过滤和整合，上升到理性层次，社区服务需求从提出到回应再到最终解决实现了有始有终；三是搭建了社区主体有效参与社区服务的平台，包括发现需求、需求与资源的对接、项目实施的监督评价等，都离不开社区的参与、协调和支持，通过开展社区服务项目，居民从以往的单纯受益者在参与项目、贡献能量的过程中，转变为社区服务的提供者；四是实现了服务主体和对象的多元化，形成基层政府、社区居委会、社区社会组织、专业社会组织、企业和社区居民个体多元互动、协同治理的格局。

【典型案例】成都武侯区 2019 年向社会公开
发布 9000 万 "社区好服务" 项目

2019 年 5 月，成都市武侯区通过 "社区好服务" 专项行动暨小区分类治理项目发布会，面向全国范围广发"英雄帖"，向社会公开发布社区治理项目，涉及政务服务、公共服务、社区营造、志愿服务、能力提升等多个方面，其中包括区级部门项目 25 个、街道项目 22 个、社区保障资金项目 98 个，对外发布项目资金近 9000 万元，吸引社会组织、社会企业、公益机构等社会多元力量参与社区发展治理，为居民提供更多高品质的社区服务。项目发布会上，来自全国的 5 家基金会、110 余家企业（社会企业）、100 余家社会组织通过"项目集市＋双选"的方式，与项目发布方代表进行一对一洽谈和资源对接。

武侯区为做好社区服务精准对接，以"社区好服务"专项行动为契机，充分发挥居民议事会、居民评议会、热心居民恳谈会等作用，让居民来"点项目""提菜单"，积极帮助基金会、社会组织、社会企业获得政府购买服务信息，从以往购买服务自上而下变为围绕社区居民需求自下而上建立供给服务意见征询机制和项目生成机制。在此基础上，梳理区级部门、街道、社区项目清单和机会清单四张清单，精心分析居民代表提出的服务需求，梳理出公共服务、能力培育、小区分类治理、社区营造、志愿服务等五大类 159 项服务项目，充分回应社区居民需求。

3. 优化社区志愿服务

一方面，要注重地区志愿服务发展的管理制度机制优化，推进社区志愿服务制度化、常态化。理顺地区志愿服务管理体制，梳理各方面志愿资源、对象和内容，完善信息资源协调机制，建立健全社区志愿者招募注册、培训管理制度，加强对社区志愿服务力量的整合和培育，在一定范围内建立统一、高效的志愿服务供求信息平台，使社区志愿服务资源效用最大化。建立健全社区志愿服务项目制，包括项目选题、申报、实施、评估等环节的制度化，通过政府购买服务等方式，以项目制为载体，鼓励和支持社会力量广泛参与社区志愿服务。通过举办公益洽谈会等形式，制定责任评价、税费减免、社会福利优惠等政策，鼓励企事业单位、社会组织、爱心人士、基金会等方面为社区公益项目提供经费和技术支持，对志愿服务活动进行捐赠，为社区志愿服务和志愿组织发展提供动力和支撑。

另一方面，要注重培养社区居民志愿组织，加强社区内部志愿服务力量。充分发挥社区党组织统筹动员和深入群众、联系群众的组织优势，发挥社区服务站和社区居委会的各自优势，逐步淡化志愿活动的"行政化""形式化"色彩，挖掘和培养社区领袖，努力让基层力量引领志愿服务，促进社区志愿服务的良性发展。依托社区综合服务设施建立志愿服务站点，搭建志愿者、服务对象和服务项目对接平台，完善志愿服务记录与证明出具制度，推行志愿者星级认定和嘉许等评价激励制度，健全"爱心银行""时间银行"等志愿服务回馈制度，最大限度激发社区志愿活力。

【典型案例】厦门市海沧区天竺社区"三个结合"整合志愿服务资源

厦门市海沧区东孚街道天竺社区成立于2011年5月，有来自东孚街道12个社区（村）的拆迁安置户、商品房购房户、居住的流动人口及商户从业人员。天竺社区志愿服务站成立于2011年7月，现有注册志愿者1093人。天竺社区建立了党员、红十字应急救护、工会义工等17支不同类型的志愿者特色服务队，年龄跨度在11~76岁之间。天竺社区坚持以居民需求为导向，通过"三个结合"整合志愿服务资源，推进居民自治，促进社区融合，曾获"全国最美志愿服务社区"。

一是把志愿服务与城市基层党建工作相结合。吸纳11家企事业单位党员职工组建志愿服务队，有效整合场所、人才、资源等，党员亮身份、作表率、进楼栋，承接社区多种志愿服务项目，主动带动群众开展邻里互助、公益服务、文明创建等活动，圆梦腾飞行动、献爱心活动、"健步行·洁家园"等志愿活动在各共建单位的支持下取得良好的社会成效。

二是把志愿服务与书院活动相结合。以社区书院平台为载体，开设传承优秀家风家训系列主题教育、组织各类技能培训、开展义工服务志愿宣传活动。2019年3月开始新增老年大学班，根据社区老年人的需求开设6个班，周一下午二胡入门班，周二晚上"长青歌唱班（闽南语）"，周三晚上"全民开讲"，周四晚上"长青歌唱班（普通话）"，周五下午扯铃（空竹）培训班，周六下午闽南语亲子班。

三是把志愿服务与社会组织活动结合。把辖区专业社工机构队伍纳入社区志愿服务队，开展服务社区"老、少、中、青、妇、残疾人"等各项服务工作。如做好社区老年人的适老化改造，开展老年人园艺小组、世界地球日活动、老人健康讲座、家庭亲子活动等，各项活动的开展能满足社区不同年龄层居民的需求；整合社区队伍力量，创办社区青少年成长动力营，打造"耕读传家"青少年志愿服务项目，开展"崇礼学堂——亲子阅读"，在社区亲子间形成了弘扬耕读文化、传承"耕读传家"等好家风家训的热潮。

4. 优化社区自我服务

注重培育和发展社区经济，支持社区经济的良性运营。创办以社区居民为主要成员、主要服务于本社区居民的经济实体，通过参照现有政策和制定专项政策的方式进行优惠扶持。动员驻社区单位在开放活动场所、提供资源支持、参与社区服务等方面履行共建责任。积极推进社区服务型党组织建设，组织社区党员干部成立联系居民团体，发挥服务群众和示范带动作用。在社区党组织引领下，充分发挥社区居委会的功能优势，探索通过居民自愿筹资建立社区基金等方式扩充自我服务资源，根据居民不同层次的需求，挖掘设计适合本社区的自我服务模式，促进社区资源的融入和居民的积极参与，提升自我服务效果。加强地区之间、社区之间的交流互鉴，不断提升自我服务能力。

【典型案例】安徽省铜陵市探索"零距离"社区服务体系

2017年以来，安徽省铜陵市以"精细管理"为目标开展新一轮社区治理改革，打造"零距离"的社区治理体系。

探索组建社区"大党委"制。按照"7+X"模式完善社区党工委配置，逐步成立社区"大党委"，引导社区党组织抓党建、抓服务、抓治理，以党建引领社区建设。加强社区党组织人员配置，鼓励辖区单位、物业公司、业委会、社会组织党员通过程序担任社区党（工）委兼职委员，目前已吸纳辖区各类党组织111名负责人担任兼职委员。

探索社区服务中心"大部制"。在前期精简街道、下沉社区的基础上，优化社区服务中心内部设置，各社区按"4+X"模式统一设置党群事务、社会事务、城市管理、综合事务"四部"及个性化职能部门，让社区服务中心由强调"向上对口"到强调"向下服务"，实现上级各类服务资源在社区的集聚和统筹。实行社区"最多跑一次"改革，目前社区已有32个事项实现"最多跑一次"。

探索社区居委会法人化治理。出台《关于在社区治理中发挥居民委员会特别法人作用的实施意见（试行)》，为458个村（居）委会统一发放《特别法人统一社会信用代码证书》，强化居委会的独立民事责任和独立财产权，提高其行动能力。

优化社区居委会设置。将社区居委会从目前社区党组织、社区居委会、社区公共服务中心"三位一体"体制中适度剥离。单独设立的社区居委会不再承担行政类事务，将其职能定位在组织群众、宣传群众、发动群众，按照5~9人配置居委会成员，主任、副主任全职化，委员本土化，让社区居委会真正眼光向下、精力向下，关注社区居民生活居住遇到的各类实际问题，通过专业的社会工作方法带领居民开展社区协商，培育居民带头人和社区社会组织，培养社区文化和社区精神。

建设社区"邻里中心"。围绕"十五分钟生活圈"，规范设置一批规模适宜、功能集约、便民利民的"邻里中心"，将居民会所建到家门口。采取公益微创投方式，把"邻里中心"各种场地设施全部交给专业社工机构运营，让专业人做专业事，打造高质量的居民娱乐、交流、学习、活动空间。

（二）通过"自我增能"提升社区自组织能力

社区在"三社联动"中发挥基础平台作用，是"三社联动"的根基，而社区自组织能力是社区发挥平台作用的根本支撑，是社区的"核心竞争力"。基层政府对推动"三社联动"发挥的是外部作用，是"三社联动"的规划引导者、资源支持者和绩效监督者。所谓社区自组织，可以认为是不需要外部力量的强制性干预，社区通过自身就可以自我协调和自我整合，进而实现社区公共生活的有序化过程。① 从另一角度看，是社区成员通过民主协商方式来消除分歧、解决冲突、增进信任、取得共识，实现合作治理社区公共事务的过程，是居民自我增能、自我意识、自主行动、自主治理的能力和过程。

社区自组织能力是党组织领导能力、居民委员会组织与服务能力（组织居民与服务居民）、社区社会组织参与能力、其他组织服务能力的集成。② 有效发挥"三社联动"优势需要政府部门和社区主体的专业化支撑，

---

① 杨贵华，王瑞华. 社区自组织机制的发展及其在当代中国的意义［J］. 南昌大学学报，2008（3）.
② 陈伟东. 社会治理的基础在于增强社区自组织能力［J］. 中国民政，2015（3）.

通过运用专业理念、专业知识、专业技术，实现社区的"自我增能"，提升社区的自组织能力，从而有效依托社会组织和社工人才，提高居民自治水平和社区服务水平。社区自组织能力建设，主要涉及社区主体的增能、社区社会组织的增能、社区工作者的增能及其他组织的增能，从根本上说，宗旨均是为了社区居民本身的增能，目标是增强社区居民的自治认知能力、意见表达能力、资源集聚能力、组织开发能力、自我服务能力、协商自治能力。

1. 为社区营造良性"自组织"生态

社区自组织能力的提升需要基层政府发挥政策支持和资源供给作用，为社区"自我增能"营造良好生态环境，主要是做好社会力量的"内生外引"工作。"内生"有两层含义。一是内生社区社会工作者。加强社区工作者技能培训、理论培训、社会工作师考试培训和业余学历教育培训等，使其逐步掌握社会工作知识和技能，提升他们的专业化和知识化水平。二是内生社区社会组织。通过加强社区社会组织孵化技术训练，以居民需求为导向，大力孵化社区社会组织，并给予相应政策支持，不断优化其成长环境。"外引"也有两层含义。一是外引专业社会工作者。通过制定有吸引力的引进政策，从专业社会工作机构或高校中引进一批具有社会工作专业知识和技能且热爱社区工作的优秀人才，同时配套开发专业社会工作岗位，做到人尽其用，用尽其才。二是外引专业社会组织。大力发展专业社会组织，通过购买服务、项目化管理等措施将其逐步引入社区，为居民提供专业化服务。① 对于社区自组织能力提升来说，"内生"是根本，"外引"是为"内生"服务的，是实现社区自组织的重要支撑。

---

① 陈伟东，许宝君. 社区治理社会化：一个分析框架［J］. 华中师范大学学报（人文社会科学版），2017（3）.

2. 促进区居委会增能

针对社区居委会回归自治角色所进行的理顺关系、划分权限、界定职责等体制性改革措施，有助于为社区居委会"赋权"，开拓了社区自治空间，但以往长期的行政化倾向对社区居委会在工作理念和方式上的影响，易造成社区居委会作为群众利益代言人的自治能力不足，甚至存在自利化和功利化的倾向，因此，有必要对其进行"增能"，发挥"外引"资源优势，提升组织社区自治的专业化水平。作为社区自治力量的核心，社区居委会的价值理念和工作行为必须具有公益性和社会性，需要借助社会工作的专业理念和方法来强化居委会的自治能力。仅有权力，却无能力，社区治理也只能纸上谈兵。赋权和增能是相辅相成的，赋权的目的是增强能力，能力的增强也是赋权的结果。①

首先，在外部专业社工机构和社会组织的支持下，加强对居委会社会工作的价值引导和专业培训，强化行为方式社会化和专业化，克服工作方式的行政化、目标定位的功利化和行为动机的自利化倾向，增强自治工作的价值意识、常态意识和效能意识，将朴素的服务动力提升为社区治理的专业精神、专业目标和专业能力。社区治理的社会化和专业化趋势要求社区主体必须掌握和运用社会技术，社会工作的专业方法与技巧，可以有效增强诸如社区问题诊断、社区发展规划、社区资源开发、社区社会组织培育、社区服务与社区协商等社区工作的效能。

社区治理理念需要依靠技术实现其在行动中的落地，从而真正成为行为方式、工作模式。近年来，华中师范大学湖北城市社区建设研究中心科研团队并期扎根社区，在充分吸收和借鉴欧洲开放空间会议技术的基础上，结合本土实际，开发了一套具有中国特色的"开放空间会议＋"技术

---

① 许宝君，陈伟东. 社区治理理念创新及其技术实践［J］. 中州学刊，2017（7）.

体系，已在全国多地开展技术训练并取得良好反响。该套技术秉承"以居民为中心"的理念，既是一套团队活动的引导技术，也是一套赋权增能的技术。"开放空间会议＋"技术体系包括参与式需求调查技术、社区问题诊断技术、居民公约协商技术、居民活动创意技术、社会资源链接技术、公益积分兑换技术、社区社团培育技术（项目创意技术）、反思式学习技术（绩效评估技术），从议题提出到行动方案具有整套的可操作流程，为现代社区治理提供了一套很有效的技术方案。①

其次，在强化社区推进"三社联动"的专业化能力培育基础上，基层政府和社区党组织要进一步引导社区居委会有效发挥对社区自治力量的"二次分工"作用。基于社区居委会特定的法律地位和应有功能，在社区党组织的引领下，要通过专业能力训练，让社区居委会掌握公益性社区社会组织孵化的理念、流程和技术，运用社区内外部的社会工作专业力量和专业社会组织，成为联系和整合各类社区自治力量的枢纽。一方面，将社区现有社会组织进行分类管理，对群众基础好的社区社会组织进行登记备案，保持资源存量；另一方面，通过培育组织带头人、居民动员、资源支持、能力建设、项目带动等各种方法，培育新的社区群团组织，内生各类基于共同的利益取向、兴趣偏好、公益志愿所自发形成的"微组织"。

最后，在社区"微党建"引领下提高社区居委会领导"微自治"的能力。基层党组织要进一步强化"街道党工委—社区党委—党支部—党小组"组织体系，为引领各层次居民自治夯实组织基础，引导社区居委会在社区内部开发和培育邻里楼门栋、自然小区院落等"微单元"自治功能和潜力，利用小微单元空间上的"熟人效应"优势激活社区社会资本，通过搭建参与自治的"微平台"，引导和支持居民在"微单元"范围更有效地

---

① 许宝君，陈伟东. 社区治理理念创新及其技术实践［J］. 中州学刊，2017（7）.

开展民主协商，形成自主解决社区事务的"微行动"，使自治范围和层次进一步延伸，更多居民和群体在参与互动中增强自治能力。社区居委会通过整合和发展社区自治资源，对政府无法直接反馈的资源供给，以互动互助的形式间接满足分散化、异质性、小规模的社区需求。在社区"微党建"引领下，社区居委会开发"微单元"、培育"微组织"、搭建"微平台"，使社区自治内容更加精细化，提升了社区"微自治"能力。在这一过程中，社区内部形成了自组织机制，发挥了"三社联动"整合资源、对话协商、增进融合、促进成长的功能效用，充分回应了社区居民的诉求愿望。

3. 促进社区社会组织增能

加强社区自组织能力必须强化社区社会组织的载体功能。社区社会组织是社区居民参与公共生活的重要形式，是加强社区自组织的重要载体和力量，具有灵活性、整合性、回应性的优势，一方面能够推动居民参与、激发居民潜能、聚合社区资源、承接政府职能、引导居民互助、促进居民融合、激发社区活力，另一方面能够整合利益诉求、表达居民意愿、维护居民权益、促进政社沟通、加强民主自治。因此，高质量、有效率的社区服务和自治活动要求社区具备充分发展、功能丰富的社区社会组织，使社区居民能够有途径、有秩序、可持续、组织化地参与社区事务。

【典型案例】南京市雨花台区翠竹园社区互助会激发社区自组织活力

翠竹园社区位于南京市雨花台区雨花街道，社区人口情况大致比例为少儿15%、中青年67%、老人18%。翠竹园社区互助会于2010年成立备案，2013年成立为民办非企业单位，从草根居民组织发展成为支持性社会组织。互助会致力于扩大居民参与、培育社区文化、促进社区和谐，发挥其内生社区、贴近居民的优势，挖掘社区资源和社区领袖，注重激发社区居民的参与和志愿精神，为内生性社会组织提供能力建设、资源对接等服务，逐步形成一套专业的居民自组织培育方法，促进社区居民增强自组织力量，提升社区自治能力。

促进居民结社。互助会通过居民交流、组织活动、社区协商等渠道梳理整合社区居民需求，推进居民结成社团组织，挖掘社区资源，促进自我服务。

培育公共精神。互助会引导培育居民"相信、参与、承担、互助"的价值观，鼓励居民为自身需求而奉献，激发志愿精神。

加强能力建设。互助会指导自组织建设发展，要求组织架构清晰化、需求挖掘精细化、活动流程标准化、财务管理透明化。

激励志愿行动。通过荣誉激励、制度激励、物质激励、补贴激励等制度，实现对志愿者的有效激励。

基层政府的主要行动方向是为社区社会组织的发展提供良好制度基础和发展环境，在加大培育扶持力度的基础上，通过多种方式支持社区社会组织参与社区管理和公共服务，有效激活自组织力量，发挥社会组织在增强社区自组织能力方面的重要作用，这是"内生"工作的主要任务之一。在此过程中，要充分重视和发挥"外引"工作的作用，外部社会组织和专业社工不仅是专业社区服务提供者，还是社区力量的重要培育者和支持者。

基层政府的首要任务是，要加强地区培育社区社会组织的长效制度建设和实施规划落地，切实打造社区社会组织发展的有利环境，充当好社区组织发展的宏观引导者、社区组织建设和社区组织运作的支持者。基层政府不仅要为社区社会组织尽可能提供场地、资金、培训、政策等关键性支持，还要支持社区积极吸纳专业社会组织和社会工作专业人才，发挥专业特长，发现社区需求，整合自治力量，引导社区组织运用社会工作专业理念和方法，充分挖掘和培养社区居民领袖，聚合更多有意愿有能力的社区居民，带动社区社会组织发展，壮大承接社区公共服务的社会组织队伍，实现社区居民自治互助的组织化。

其次，基层政府和社区党组织要为社区社会组织提供在更广范围、更高程度上发挥自身功能的机会和渠道，以平台和活动撬动社区组织发展活力。社区社会组织发展的初级阶段，在发展动机和定位上往往具有较强的自助性或自娱性，政府和社区的发展重点是推动社区组织从自助性、自娱性向互助性和公益性转变，通过增加互助性、公益性组织的数量，扩大组织规模、公信力和影响力，使之真正成为居民自我服务、自我管理的有效载体。要结合社区居民特点和地区发展实际，发挥专业社会组织和社工机构的专业优势，精心筹划设计社会组织参与社区治理的平台，为社区自组织力量提供自我展示的舞台，在实践锻炼中增能，在具体项目中成长。例如，一些先进地区依托社区公益创投、居民提案大赛等平台，激发社区居民通过团队或组织形式发现社区问题、参与社区管理、提供公共服务，并引入竞争机制，通过竞赛方式获得资源支持，以社区公益项目形式助推，借助支持型社会组织、专业社工机构和社区基金会等渠道，在项目设计、实施、评估等各个阶段提供全方位的能力支持，有效创新和拓展了社区内外部多元主体参与社区治理的渠道，引导社区居民和社会组织主动发现社区需求，自主寻找解决方案，获得支持的项目团队通过项目实践获得了自我能力提升，强化了社区自组织能力。

4. 促进本土社区工作者增能

社会工作的价值理念契合了社区治理和发展的目标，社区治理社会化需要一批专业的社会工作者。秉承助人自助的理念并运用专业社会工作方

法解决社会问题的社会工作者在社区治理中担当了重要的角色。① 社区社
会工作者不仅是社区服务提供者，更是社区治理工作的重要组织者和推
动者。

政府通过购买服务，推动社工机构进入社区，为居民提供专业化服
务，但许多社工机构擅长服务居民而不擅长组织居民，居民自组织能力没
有得到改善，没有真正实现助人自助的目的。服务居民与组织居民需要有
机结合，组织居民比服务居民更难。② 社区本土的社会工作者在组织居民
上往往更具有基础优势，他们对社区居民熟悉，动员能力强，但现实问题
是普遍缺少专业化能力，因此，基层政府为社区"自我增能"而进行"内
生"工作的另一重点是为本土社区工作者增能，着力培养本土化的社区工
作者，发挥他们长期扎根社区的优势，提高社区工作的专业化水平。

培养本土社区工作者，不仅要做好职业规划，完善激励制度，鼓励通
过取得社会工作职业资格培训"持证"上岗，更重要的是要切实提高本土
社区工作者的社会工作专业能力，把所学的专业知识转化为服务社区的实
践技能，避免将社区工作者机械地转化为专业社会工作者的表面化、形式
化做法。因此，有效发挥"外引"工作效能，建立"外引"专业社工支持
"内生"社工培训机制，通过专业化建设来内生社区工作者，是很有必
要的。

本土社区工作者不仅要把提供社区服务、解决社区问题、救助弱势群
体等方面作为自身的职责任务，还要通过专业社工机构包括高校、实践研
究机构的督导、培训和协助，学习和运用社会工作的专业方法和技巧，有
效提高沟通协调、组织动员、资源整合、方案策划、执行评估等多种专业

---

① 陈伟东，许宝君. 社区治理社会化：一个分析框架［J］. 华中师范大学学报（人文
社会科学版），2017（3）.
② 陈伟东. 社会治理的基础在于增强社区自组织能力［J］. 中国民政，2015（3）.

能力，致力于建立社区关系，推动居民参与，促进社区自治，引导居民通过再组织化进行社区公共生活的有序参与，带动社区居民提升各项自治能力。

本土社区工作者首先要提高的本领是组织居民，将原子化的居民个体通过多种形式和渠道联结成有益的关系网络，为社区自组织夯实运行基础，积累社会资本。要善于发现居民特点和需求重点，对于爱好文体活动的居民，要引导他们参与和发展文体类组织，满足社区的文娱生活方面的精神需求；对于具有强烈志愿精神、热心助人的居民，要引导他们参与和发展志愿公益性组织，增强社区的自我服务、志愿服务力量；对于热心关注公共事务、文化水平较高、协商能力较强的居民，要引导他们加入社区自治组织、社区协商议事机构或专业社区组织，参与到社区公共事务的服务、管理和监督过程中。要探索多样化的社区活动形式，最大限度地引导不同特征和不同利益需求的居民，以"社区主人"的心态积极主动参与社区治理，改变居民被动接受管理的顺从心理，使社区自治水平在居民自治的实践过程中得到提升。

【典型案例】新中国第一个居委会——上羊市街社区的居民协商自治实践

1949 年 10 月 23 日，杭州市第一个居民委员会在上城区上羊市街选举产生。2008 年 6 月 28 日，经过四年多的全国范围寻访和权威专家论证，民政部确认上羊市街居委会为"新中国第一个居民委员会"。上羊市街社区属杭州市上城区紫阳街道，现常住居民 3823 户 10275 人。对于基层群众自治工作，上羊市街一直在争创"历史第一"与"现实第一"的融合，不断创新社区协商自治的有效模式。

完善协商制度。先后编制了《上羊市街社区协商运行流程指导手册》，形成《上羊市街社区协商工作实施方案》《上羊市街社区协商议事规则和

流程》《上羊市街社区协商议事清单》《上羊市街社区居民院落公约》等
12个规范性文件，为社区居民协商自治活动提供操作指南。

细化协商流程。结合实际情况，探索出了"社区协商345模式"，即
突出居民与辖区单位、居民与物业业委会、居民与居民三个方面的协商，
强调坚持参与多元化、协商程序规范化、协商内容精细化、协商形式多样
化"四化"同步，规范建立了决策机制、公示机制、众筹机制、督办机
制、评议机制"五项机制"。

组织公共参与。通过成立满足居民各类文化需求的社区组织，让居民
走出家门、融入社区；通过组建聚焦社区问题的各种志愿者团队，有效吸
引社区居民辖区单位中的教师、律师、医生等专业人士参与社区治理，发
挥专业作用；积极引入和支持一批实力较强的专业社会组织在社区落地，
多年来孵化培育出上羊市街社区发展协会、上城区紫薇原点社会工作发展
中心、亲民社会工作服务中心等近20家社会组织，2019年以来累计在社
区开展协商调解、文化服务、邻里融合活动36场次，社区居民参与人数达
2800人次。

创新自治模式。充分发挥协商氛围好、渊源深厚的优势，探索形成
"邻里坊"自治模式。由社区发展协会牵头设立社区"邻里坊"，下设N
个邻里值班室、睦邻点及N支家园义工团队，包括智囊团、维修工程队、
家园美化组等。目前已建成"邻里坊"3个，"邻里坊"成员通过居民自
荐、联名推荐等方式，经居民集体投票产生，吸纳在职党员、社区能人
200余人。"邻里值班室"由居民小组长、退休人员自管组长、居民代表、
党员及志愿者等组成，实施轮换值班制度，开展楼道内自治管理，不仅帮
助调解邻里纠纷、组织楼道活动、接送小孩、代养宠物、浇花收衣、代存
钥匙等，还定期参与社区公共事务决策，监督社区党委、居委会工作执行
情况，接待居民来访，反映居民诉求，反馈办理情况等。

引导协商共治。通过邻里走访、邻里听证等各种民主协商方式收集社区问题，根据难易缓急程度形成"微项目"，引导社区居民自主领办，"邻里坊"协办，通过居民自筹一点、辖区单位赞助一点、基金会资助一点、政府补贴一点的资金筹集机制推动实施。"微项目"运行两年多，通过"项目化"认领完成项目12个，有效解决了一批居民关注的社区问题。

（三）提升"三社"主体协调联动水平

能否有效发挥"三社联动"优势取决于多元主体的协调联动水平。建立需求导向的社区服务复合供给方式和提升社区自组织能力的主要作用在于形成回应协同治理需求的政府引导机制、协作动力机制和责任分担机制，除此以外，还需努力完善"三社联动"的信息共享机制、协调对话机制和监督评估机制。

1. 完善社区信息共享平台

首先，完善"三社联动"的信息对接平台。依托社区公共服务综合信息平台，建立"三社联动"信息媒介，广泛吸纳社区社会组织、专业社会组织、社区服务企业信息资源，促进各类社区服务信息资源集成，建立社区、社会组织、社会工作者"三社"之间稳定的社区服务供求对接平台，实现"三社联动"多元主体之间的信息互联互通、资源开放共享，为协同"三社联动"频率、降低"三社联动"成本、提升"三社联动"效能提供技术支撑，为居民高效提供基本公共服务、志愿公益服务、便民服务和互助服务。要注重将社区志愿服务力量作为社区工作者队伍的重要补充，建立健全信息共享平台的社区志愿者注册管理、志愿服务项目发布、信息传递、互动交流、志愿服务记录等功能，实现志愿服务需求与供给的精准对接。例如，上海市探索建立社区服务名单，明确适合纳入政府范围的公共服务事项和适合其他主体供给的公共服务，完善顶层制度设计；在街道层面汇总居民需求，公布社区的公共服务资源信息，并以项目化、菜单式的形式在统一平台上发布，社会组织、企业、社区居民都可认领。

其次，完善社区内部的信息共享平台。畅通和拓展社区公共事务的宣传渠道，创新社区媒体，规范信息公示，结合社区居民特点和习惯，形成适合的、相对稳定的宣传媒介和形式，引导社区居民建立及时关注社区信息的习惯和兴趣，使社区成员能够及时了解社区党组织、社区居委会、业委会、各类社区团体组织、社工机构、服务单位等各方面的工作发展情况，知晓各项公共事务的运行发展情况，如社区选举信息、社区组织各类会议信息、社区公共活动信息、社区协商议事的组织实施决策信息等各类社区居民关注的，特别是涉及居民生活发展切身利益的信息，保障居民的社区公共事务知情权，强化社区居民的主体性和公共精神。

2. 完善社区协调对话平台

首先，加大社区治理的开放程度和社区民意的回应程度。"三社联动"程度受制于社区和社会力量的参与程度，而社区和社会力量参与程度受制于基层政府治理的开放程度和社区民意的回应程度。因此，基层政府应在社区层面建立包容社区、社会组织、社会工作者和居民等各方面主体的常态化协调对话制度，通过定期召开联席会议等形式为解决服务供给、信息联通、服务联办、需求反馈等问题提供制度保障，保证社区各方的意见和愿望被及时汲取，从而为各方主体积极深入参与创造条件，实现公共决策过程对社区多元需求的有效反馈，使社区成员通过有效的反馈来消除困难、不满和矛盾。这种反馈回应往往不是一次完成的，而是要通过多次沟通协调取得共识。

其次，提升社区内部的沟通协商和协调联动水平。落实好家园理事会、网格议事会、听证会、恳谈会、评议会等社区协商的传统形式，充分运用现代信息技术，为各社区建立具有公信力、便捷化的线上协商议事平台，努力拓宽社区事务参与群体的范围，为社区成员交流沟通、反映诉求和参与社区事务提供多种渠道，提升社区成员的融合力和凝聚力。引导社区在社会工作专业方法和专业社工支持下，提高社区协商的专业性和有效性，开展多领域、多层次、多渠道的基层民主协商，建立健全社区自治议题形成机制和协商成果采纳、落实和反馈机制，推动从社区居民中自觉产生自治议题，提升社区居民积极主动参与社区事务的意识和动力，实现社区协商制度化、规范化、常态化。

3. 完善社区监督评估平台

首先，完善以居民评价为主的社区服务监督评估平台。无论是政府公共服务机构直接提供的基本公共服务，还是由专业社会组织和社工机构承接的专业化服务，社区志愿组织和企事业单位提供的公益志愿服务，服务受益者都是社区居民，那么，作为服务监督评估主体的政府职能部门、社区居委会及第三方评估组织，都应让社区居民充分参与服务过程的监督和服务效果的评估工作，居民应对社区服务的监督评估发挥主导作用。因此，政府必须在社区建立开放、科学的社区服务监督评估体系和平台，为社区居民通过个体方式和组织方式进行监督评估提供渠道。

其次，完善社区与居民对社区组织的双向监督评价平台。一方面，社区党组织、社区居委会代表社区主体要对业委会等社区自治组织和各类社区社会组织、社区志愿团体的行为活动进行监督评价，并开放向社区居民征求意见的平台，从而发挥引导、规范、支持的作用；另一方面，要通过自下而上的方式，完善社区居民对社区居委会、社区工作者（包括社区"两委"负责人）履职尽责情况监督评价的制度渠道和平台，健全社区居务监督机构和居务公开公示制度，形成以社区居民满意度为主要衡量标准的考核评价方式，形成对岗位任用的重要影响因素。

二、保障措施

(一) 提升基本公共服务供给能力

1. 加强对社区服务场所的综合利用，完善服务功能

建立社区服务场所综合利用方式，社区服务场所一般由社区组织工作用房和社区公益性服务设施两部分组成，按照办公面积最小化、服务面积最大化的原则，实行"一室多用"，提高使用效益，优化服务功能，整合服务项目，除国家另有规定外，以社区居民为对象的公共服务、志愿服务和专业社会工作服务应在综合服务场所中提供。加强社区公共服务综合信息平台建设，最大限度集成不同层级、不同部门、分散孤立、用途单一的各类业务信息系统，整合社区公共服务信息资源，实行社区基本公共服务的一号申请、一窗受理、一网通办的"一门式"服务，实现"前台一口受理、后台分工协同"，基础信息的多元采集、互通共享、多方利用。

依托社区综合服务场所，建立社区社会工作室，根据社区居民需求，发挥信息公开、资源链接、能力提升等功能，组织开展各类专业社会服务和志愿帮扶活动，建立社会工作者与志愿者协同服务机制。街道社区服务中心（站点）应完善以下主要功能：建立社区便民利民服务、志愿服务、专业社会工作服务网点；提供社区党组织、社区自治组织活动场所；提供居民自治、社区协商、社区教育、群众活动场所；建立社区社会组织活动网点，提供社区社会组织联合会活动场所，提供"三社联动"社区服务场所；接入社区公共服务综合信息平台，应用智慧社区信息系统，代办代理社区公共服务事项。

【典型案例】上海市徐汇区打造"三一两全"社区事务受理服务中心

徐汇区位于上海市西南部，辖12个街道和1个镇，常住人口116.5

万，是上海市的副中心。2006 年，徐汇区启动街镇社区事务受理服务中心建设，列入市政府实事项目，持续加大财力投入，从中心选址、工作模式、运行机制、服务功能、管理创新等多方面入手进行反复研究、探索和实践，于 2006 年底在全区统一建立起 13 个街镇社区事务受理服务中心，分步骤、分阶段对受理中心的服务版本进行优化升级。徐汇区的城市社区事务受理服务中心建设被民政部评为 "2013 年度中国社区治理十大创新成果"。

第一阶段：全面落实 "六统一"（服务事项、办事流程、建设规范、标识标牌、管理软件和评估体系统一），率先在全市范围实现 "三一两全"（一门办理、一口受理、一头管理，全年无休和部分事项的全区通办）。

①统合扎根社区，群众办事从 "多门" 向 "一门" 转变。在全市首批完成 13 个街镇的标准化受理服务中心全覆盖，均选址在居民集中、社区较成熟的地段，让群众办事 "少跑一趟路、少走一道门"。

②创新管理机制，内部管理从 "多头" 向 "一头" 转变。2008 年制定了《徐汇区加强和推进社区事务受理服务中心建设的实施意见》，理顺内部管理机制，充分发挥街镇综合协调、统筹管理作用，对工作人员统一考核、调配、培训和管理。

③提升服务效能，前台服务从 "多口" 向 "一口" 转变。2009 年全面完成 "一口受理" 软件更新，在一个窗口实现劳动、民政、社保等 190 多项业务的综合受理。

④打破服务时空，实行 "全年无休" "全区通办"。2008 年全面实施 "5＋2" 工作制，在全市首批推行 "全年无休"；解决 "人户分离" 跨区域办事难问题，2011 年在全市率先探索实施了 51 项服务 "全区通办"。

第二阶段：积极探索服务智能化。2011 年以来，利用信息化技术加强政社互动和跨界合作，进一步推进受理中心服务的智能化水平。

　　①试点智能查询服务，通过自助分享，让居民"办理事项早知道"。通过政社合作，研究推出"智能社工"查询机，提供智能化自助查询。

　　②试点政务全程公开，通过政务互动，让居民"办理过程可追踪"。于 2012 年率先探索"受理事项全程公开"，使居民能在网上和中心现场查询机上对部分办理事项进行全程跟踪。

　　③试点政务延伸服务，通过主动推送，让居民"办理方式可选择"。2013 年首批 5 个社区居委会在全市率先试点设立了社区事务延伸服务点，为居民提供政策咨询、事务查询，为本区户籍老年人及有其他特殊情况的居民提供 13 项社区事务代理服务。

2. 深化"智慧社区"建设，提高服务效率

　　推动"互联网＋"与社区治理和服务体系的深度融合，实现社区服务信息资源集成和社区、社会组织、社会工作服务机构和人才之间的信息共享，为协同"三社联动"频率、降低"三社联动"成本、提升"三社联动"效能提供技术支撑，为社区居民提供智能化、人文化、多样化的社区服务。加强一体化社区信息服务站、社区信息亭、社区信息服务自助终端等公益性信息服务设施建设，开发利用社区服务移动客户端，提高社区工作者为民服务的信息技术装备水平，实现服务项目、资源信息的多平台交互和多终端同步的"移动式"服务。如内蒙古包头市青山区等一些地区为网格社工配置了预装社工管理应用的专用手机，实现"移动式"上门服务，使居民信息采集更准确，社区突出问题解决更及时。

　　运用社区论坛、微博、微信、移动客户端等工具，引导社区居民密切日常交往、参与公共事务、开展协商活动、组织邻里互助。如居委会、业委会、物业公司等主体可以通过"智慧社区"信息渠道，与居民就普遍关注的问题实时便捷地预先充分沟通，为社区协商议事奠定基础；通过打造

"线上党组织""线上居委会"，让国家政策第一时间直达社区居民，第一时间获得居民信息反馈，畅通社情民意的收集和上传渠道；通过打造"网络社区"，居委会及时掌握辖区居民的生活居住情况；通过实名社交、兴趣社交等方式加强邻里之间的了解和互动，建立信任基础，促进互帮互助。

【典型案例】南京市栖霞区成功打造"掌上云社区"

2016 年 11 月，南京市栖霞区启动推行"掌上社区"城市治理模式，由社区党组织领导、居委会主导，协同社区居民、驻区单位、物业和社会组织等多元主体，依托微信群和微信公众号，建立了线上治理综合平台，并与线下网格相融合。2017 年初，平台升级为"掌上云社区"，功能中又新增了"不见面"服务和大数据分析等 8 个模块，线上线下融合治理社区事务。2017 年南京大学民调显示，栖霞居民认同社区党委、居委会的比例由 2016 年的 52.3% 上升为 62.4%，基层党组织威望程度走在全国前列。2018 年，该平台实现 3.0 版"再升级"，帮助政府部门决策，提高政务服务活力。2019 年初，栖霞区"掌上云社区"已建群 901 个，线上超过 17 万人，每月产生有效交互信息 30 多万条。居民只要打开微信，点点手机，便能有效参与协商议事，申请"不见面"服务，进行咨询问答、工单提交，社区党员还能够在线参与党政建设，群内全科智能机器人"小栖"对居民提问诉求 24 小时在线"秒回"。"小栖"还承担着民情收集员的功能，后台自动生成"数据库"。南京大学栖霞"掌上云社区"课题组深度挖掘这些民情数据，每月形成一份大数据分析报告，递至各职能部门案头成为决策参考，为基层大数据治理提供前提。

"掌上云社区"成功在党组织、政府与居民间搭建起畅通的沟通渠道，建立起多元主体共在的智慧云平台，为服务区内居民搭建了一个党委政府、基层社区、一线人员、社会力量等协同的智能化网上综合服务空间，将以往没有时间参与社区治理的中青年群体纳入进来，将以往信息不对称的各类社会组织吸引过来，将拥有不同才华、资源但互不认识的邻里请了进来，使得治理主体不再"缺位"。2018 年 10 月 27 日在上海举办的 2018 "全球城市论坛"，栖霞区"掌上云社区"城市基层大数据治理模式获得"长三角城市治理最佳实践案例"荣誉。

（二）创新社区治理社会化运作方式

社区治理的精细化趋势要求基层政府运用社会化的运作方式，通过"内生外引"手段把专业化的社会力量和自组织化的社区力量纳入社区治理体系，共同治理社区事务，提高社区服务能力，加强社区民主自治，充分回应和满足社区成员的多元需求。在这样的趋势下，基层政府需要树立社区"微治理"理念，聚焦与居民切身利益相关的微事务，构建多元力量参与共治的平台和机制，发挥政府行政效能和社区自治效能的各自优势，提升政府决策和服务供给对居民需求回应的精准度，最大限度契合社区居民诉求。同时，通过"微治理"搭建的参与共治平台助力社区"微自治"，引导社区深入开展自我管理、自我服务。

政府向社会组织购买服务，是社区治理社会化运作的典型方式，是优化社区服务精细化供给的重要途径，整合和发掘了社区服务的社会优质资源，降低了服务成本，提高了服务效率。近年来一些先进地区对公益创投、发展社区基金会等方式的探索和创新，也成为基层政府有效撬动社区力量、引导社会组织参与社区治理、提升自我服务和自治能力的有效路径。自 2013 年起，山东省东营市东营区在社区设立了"社区便民公益金"，对于社区公共事务，由社区居民个人或集体提出申请，居委会组织居民协商议事委员会讨论决定，经过相应公示程序后上报街道或区级主管部门审批实施，实现了政府治理与社区自治的有效衔接互动，创新了基层政府的社区服务供给方式，有效解决了一系列社区居民关注的生活难题，并提升了社区居民的民主协商能力。

要不断健全政府购买社区服务机制，建立动态化的政府购买社区服务目录，完善政府购买社区服务配套政策，细化购买内容、服务标准、资金保障、监管机制、绩效评价等内容。能由政府购买服务的，积极引导社区组织和社会力量承接，推行政府采购、定向委托、公益创投等方式，提高社区公共服务质量和资金效益。要运用专业方法有效汲取社区需求，从社区居民最基本、最亟须的社区服务需求出发，有计划、有指向地推出政府购买社区服务项目，确保供需精准对接，全面、客观、科学地获取社区居民的反馈意见并进行项目评估，完善购买服务目录和配套规定。

公益创投作为政府向社会组织购买服务的一种新模式，是促进"三社联动"、实现"微治理"的重要方式，对提升社区自组织能力、促进社区社会组织发育成长、向社区居民提供所需的"微服务"项目具有相当积极的作用，在一些先进地区的探索实践中日趋成熟、成效明显。公益创投就是把经济领域中的"风险投资"或"创业投资"的理念引入社会组织的培育发展中，投资方以企业孵化的形式对成长期的社会组织提供资助和能力培养，扶持其完成公益服务项目，满足自身的发展目标和居民群众的生活需求。公益创投对于一些社会组织发展不充分、资金不足、能力不强的地区来说，是政府购买社区服务成效更好、受益更高的方式，是政府、社会组织、社区居民三方受益的运作机制。对于政府而言，公益创投模式有利于政府职能的转变，拓展公共服务的提供方式，提高政府的运作效率；对于社会组织特别是社区社会组织而言，通过资金支持、管理支持、技术支持和人力资源支持，有利于推动各类社区社会组织孵化成长，借助专业社工优势提升专业能力；对于社区居民而言，在公益创投活动运作过程中，各类"社区能人"能集合社区居民发展壮大社区组织，借助活动资源，激发自治热情，形成各种解决社区问题的微项目，满足社区居民的社区服务和自治诉求。

（三）全面促进社区社会组织发育成长

1. 多级联动孵化

要加大社区社会组织培育资源的针对性投入，充分发挥旗县区、街镇、社区三级资源和功能优势，打造联动平台，明确职责任务，优化孵化体系，大力培育服务性、公益性、互助性社区社会组织。

区县级培育平台应重点培育本土专业服务型与枢纽支持型社会组织，并积极引入国内优秀社会组织，整合街道社区多元力量和社会资源，搭建资源链接平台，根据社区居民需求统筹规划社会组织结构，推进政府公共服务职能转移承接，提供场地、资金、能力建设等关键性支持。

街镇级培育平台应通过建立社会组织服务中心或社区社会组织联合会等形式，发挥管理、服务、协调作用，有效衔接区级和社区平台资源，整合协调区域社会资源，为社区社会组织培育发展提供政策引导、备案登记、项目设计、资源链接、资金支持、承接项目、代管资金、人员培训等服务，引入驻区单位资源，借助地理位置和属地管辖优势，促进资源共享、优势互补、互助成长。

社区培育平台主要发挥基地作用，调查、收集、发布社区服务需求，对社区需求、服务资源、发展基础统筹调研分析，转化为服务项目，发现、挖掘和培养社区公益领袖及社区公益协调人，引导、协助、支持社区社会组织参与社区治理和公共服务，为开展的公益慈善类服务活动给予一定经费和场地支持。

2. 加强自身建设

街道和社区要指导初创期的社区社会组织建立健全活动制度和服务规

范，对存在的问题及时发现、指导、纠正，确保其以服务社区、服务居民为活动宗旨。区级职能部门应加强已登记的社区社会组织日常活动、负责人、资金往来、信息公开等方面的管理，通过抽查、评估、培训等方式，指导其规范资金使用和活动开展，强化自律、诚信和守法意识，不断提升服务绩效和社会公信力。发挥先进典型的示范引领作用，及时归纳总结发展社区社会组织的先进经验，加大对优秀社区社会组织先进事迹的表扬、奖励和宣传，激发社区社会组织的自我提升热情。

区级和街镇枢纽型社会组织要指导社区社会组织健全组织机构，完善管理制度，优化运行机制，树立项目意识，通过组织开展社区服务项目交流会、公益创投大赛等方式，强化项目开发能力，提升需求发现、项目设计、项目运作水平。推进社区社会组织品牌建设，引导优秀社区社会组织完善自身发展规划和品牌塑造，加强公益活动宣传，提高品牌辨识度和社会知晓度。

3. 加大扶持力度

深入调查研究适合由社会组织提供服务的事项，通过政府购买服务、项目补贴、项目奖励、公益创投、社会组织认领服务等措施，扶持社区社会组织承接项目，参与各类公益性社区服务。积极引导社会资金支持社区社会组织发展，建立多元化、制度化的资金扶持机制。鼓励有条件的地区探索设立社区发展基金会和孵化培育资金，为社区治理募集资金，为初创的社区社会组织提供多种形式资助。建立与高等学校、职业院校的合作关系，将典型街道社区作为高校和职业院校研究社区、社会组织、社会工作的实证对象和社会工作专业学生的实践基地，为社区社会组织发展"招才引智"。建立专业社会工作者与社区社会组织联系帮扶机制，为提升自身能力和服务水平发挥专业支撑作用。鼓励将闲置的宾馆、办公用房、福利设施等公共资产，通过无偿使用等优惠方式提供给社区社会组织开展公益活动。

【典型案例】长春市南关区激发社会组织活力完善社区治理体系

作为长春市的老城区，南关区近年来多措并举激发社会组织发展活力，完善社区治理体系，有效助推社区治理发展。

一是做好三项统筹。

统筹规划。先后制定了《关于加快推进社会工作服务的实施意见》《社会组织备案管理暂行办法》《社会工作者考评办法》《公益创投活动方案》等6项政策文件，形成社会组织发展从宏观到具体、从实施到评估、从人员到资金等方面的政策框架。

统筹资金。区财政连续三年每年投入200万元用于向社会组织购买服务，同时统筹各部门社会服务资金、扶残助残资金、党组织服务资金等。2017年区残联拿出100万元专项资金注入民政向社会组织购买服务资金。2018年10月，鸿城街道率先尝试使用党组织服务民生专项经费购买服务。

统筹资源。借助吉林大学等区域高校资源，实施"社工发展"项目，利用院校专业师资对社会组织负责人和业务骨干开展系统性专业培训，提高从业人员实务能力，帮助尽快取得执业资格证书。积极引导社会组织参与公益筹款活动，2018年，10余家社会组织与"壹基金"等建立合作关系，陆续承接"壹基金"儿童服务站项目，为农村留守儿童、城乡流动儿童提供专业帮扶服务。引入第三方专业力量对社会组织工作进行专业指导、督导和评估。

二是实施三级孵化。

在区级层面，打造社会创新实践园。2017年打造3100平方米的南关区社会创新实践园，将社会组织孵化基地、能力建设中心、资源对接平台、党建活动中心等多种功能有效整合，为全区社会组织提供全方位服务。

在街乡层面，成立社会组织联合会。建立 5 家街（乡）社会组织联合会试点，整合辖区资源，为社会组织发展提供资源支持、项目承接、人员培训等服务。民康街道社会组织联合会开展的"草根公益加油站"孵化培育项目，2018 年孵化培育了 7 个社区社会组织；桃源街道依托社会组织联合会出资 20 万元，实施"桃源街道公益微创投"活动，11 个社会组织微项目在社区落地实施。

在社区层面，建设社会工作服务中心。按照"四有"标准（有服务平台、有专业队伍、有实务服务、有培训机制）在各社区开展标准化建设，建立社区社会组织的枢纽，对各类社区人才、资源进行合理配置。2018年，市民政局为龙兴社区的兰兴社会工作服务中心拨付 20 万元专项经费，用于服务场所和设施建设，打造标准化样板。

三是搭建共治平台。

南关区于 2016 年在省内率先开展公益创投活动，三年间共投入资金700 万元，市区两级共 90 余家社会组织积极参与，100 多个接地气、符合居民需求的公益服务项目先后落地社区。将社区部分工作项目化，引导社会组织承接。以"零租金"方式引进社会组织，在 13 个街乡分别建立居家养老服务中心，总面积超过 1.1 万平方米。

（四）强化社区工作者意识和能力培养

1. 健全激励制度

要通过有效的激励制度体系，增强社区工作者的职业认同感，树立投身社区、服务居民、爱岗敬业的职业精神。一是价值激励。通过选拔、奖励社区工作者先进典型和挖掘、宣传任务典型事迹、工作细节，对广大社区工作者发挥示范带动作用，在职业价值、工作精神、工作态度等方面起到引导激励效应。二是薪酬激励。既要推动社区工作者地区整体薪酬水平的提升，又要形成科学、合理的考核奖惩机制，奖优罚劣，激发热情，保持社区工作者队伍的稳定性和战斗力。三是成长激励。优化街道社区社会工作专业技术岗位设置和选人用人制度，明确社区工作者的职业发展途径，为优秀人员提供职业生涯上升通道，拓展社区工作者的发展空间，激励实干创业热情。

2. 加强专业培训

应采取多层次培训和针对性培训相结合的方式，对不同层次社区工作者的不同需求，利用高校、职业学院、实训基地、社会服务机构的优质教育培训资源进行专业化培训，提升社区社会工作人才队伍素质，努力培养一批热心社区事务、熟悉社会组织运作、具备专业服务能力的社区社会组织负责人和业务骨干。

首先，应着力强化社区"两委"负责人的培训。对于社区党组织负责人重点围绕社区党建、领导能力、社区建设前沿理论、公共政策、政府行政管理与社区治理的对接、社区工作方法创新等方面开展培训，提高组织领导能力、服务群众能力、社区治理能力；对于社区居委会负责人重点围绕组织居民开展自治、民主协商议事、社区项目管理等方面能力开展培训。

其次，应全面加强一线社区工作者的培训。党组织书记和居委会负责人应根据社区工作者的能力特征，统筹安排职责分工，从而围绕各类岗位职责要求有针对性地开展培训，提升社区工作实务专业能力，做到人人胜任岗位、人人精通业务。要建立健全社会工作者继续教育制度，支持引导公共服务机构、社区社会组织、专业社会组织及相关单位人员参加全国社会工作者职业资格评价和学历教育。吸收高校社会工作专业毕业生和优秀社会实务工作者，壮大专职社区工作者队伍。

（五）提升社区民主协商能力

社区党组织和社区居委会要发挥统筹引领和组织协调作用，最大限度动员利益相关者和广大社区居民参与社区协商，结合参与主体特点和具体协商事项，因地制宜开展灵活多样的协商活动，提高社区自组织能力。应注重以下几方面。

一是探索规范协商程序。要根据社区实际和居民特点，探索制定科学易懂易操作的工作规则和操作规程，保障社区协商依规有序开展，帮助居民群众养成协商意识、掌握协商方法、提高协商能力。

二是合理确定协商内容。针对不同渠道、不同层次、不同利益主体诉求合理确定协商议题，确保协商活动的有效性。协商内容既应包括与社区居民切身利益密切相关的公共事务和公益事业、党和政府的方针政策及重点工作部署在社区的落实举措，又要关注社区居民反映强烈、迫切要求解决的实际困难问题和矛盾纠纷，以及各类协商主体主动提出协商需求的事项。

三是统筹安排协商活动。社区协商议题有些涉及社区全局，有些涉及局部问题和特定人群，有些涉及当前突出显现的小范围矛盾，要根据协商议题合理确定社区协商成员范围，根据问题涉及群体紧迫程度、解决难易程度等因素，有计划安排不同范围和层次的协商议题和活动，有效激发各类主体参与社区协商的热情。

四是强化协商成果应用。社区协商过程和协商结果同等重要，社区协商既要实现公共议事的民主、公开、公正，向社区居民赋权，又要切实解决问题、有效化解矛盾。因此，必须强化协商成果的采纳、落实和反馈机制，提升居民群体参与社区协商的效能感。有些议题要通过协商形成决议，上升为大家遵守的规矩；有些议题可形成协商意见，发挥对其他层面上的决策（如居民会议等）的积极影响；而通过协商无法解决或存在较大争议的问题或事项，应当提交居民会议或居民代表会议决定。①

【典型案例】扬州市江都区禹王宫社区的社区协商"三三三"工作法

江苏省扬州市江都区仙女镇禹王宫社区地处江都城区"第一老街"，辖区内的龙川老街已有数百年历史，居民住户 3350 户，约 1.1 万人，设 9 个网格，有社区党员 133 人，社区工作者 14 人。近年来，禹王宫社区坚持党建引领，探索出了社区协商"三三"工作法（即三个突出、三个注重、三个培育），有力强化了社区服务效能，回应了社区自治需求。

一、紧扣"三个突出"

从完善机制入手，成立了党总支、居委会、社会组织等多元主体参与的"社区协商议事委员会"，以老街自管会、民安工作室等自组织为主体，紧扣"谁来议、议什么、怎么议"，制定社区协商民主流程图，从议题着眼，突出议题征集的开放性、议题确定的民主性、议题设置的技巧性，找到居民诉求的最大公约数。

突出议题征集的开放性。社区根据区域特点、居民需求精心打造了"六大驿站"，分别是先锋驿站、文化驿站、休闲驿站、温馨驿站、美味驿站、康老驿站，并将六个驿站打造为六个睦邻议事点，建立了"六个一"的民情民意收集方法，即在每个议事点设立一个民情小站，建立一支民情联络队伍，设立一个"留言板""意见箱"或"痛点箱"，每天走访一次网络，每星期走访一类群体，每半月召开一次议题汇报会。

突出议题确定的民主性。协商议事会开设了"禹王宫愿景坊"，开展

---

① 杨贵华. 社区协商的独特价值及其实践推进［J］. 社会科学，2017（3）.

了"四汇说"活动，让不同人群都来参与社区治理。"四汇说"是指：社区百老慧——百位老人"我为社区献一策"；社区青年汇——青年群体开展"禹王宫在我手中"发展论坛；社区少年绘——"假日学堂"画出"心中的禹王宫"；社区交心会——外来人员、侨眷、少数民族代表等用"另一双眼看禹王宫"。

突出议题设置的技巧性。按照"三个优先"将众多意见和建议凝练出可协商、可量化、可解决的议题，按照居民共同关注优先、特殊群体需求优先、急难重大事项优先的原则，让居民代表根据轻重缓急逐一打分，然后选取出得分高的前5项作为议题进行下一步协商。

二、坚持"三个注重"

突出党组织的引领作用，协商过程中坚持注重原则、注重运用、注重结果，让居民全程参与拟订议题、分层协商、协商运用，充分激发社区协商民主活力。

"一事一议、不能跑题，主持中立、充分表达，就事论事、公正理性、耐心聆听、打断无礼，文明表达、切勿攻击，主持叫停、得要服气，限时限次、公平合理，旁听人员、示意发言，话都说完、才能表决，多数通过、平局再议。"这是社区百老慧成员褚振德老师编写的议事顺口溜。在社区百老慧的老人们建议下，协商议事会召集党员社工、老街自管会成员、老街能人及有一定学识的老街居民，在专家、教授的指导下分成社区骨干组、居民代表组、专家组等分别进行协商，推出了《老街十条议事规则》。开展社区协商时，协商议事会就会运用议事规则，将社区负责人、社工、社区自组织代表、老街居民代表、志愿者等组织起来，让大家发表自己的意见，再由老街自管会用最优解决方案执行。

三、实现"三个培育"

通过社区协商的有效开展，努力培育"协商能手"、培育道德共鸣、培育责任担当。社区的民主协商机制让每位居民都有平等的机会提出议题、建言献策、主动作为，议事会、骨干居民里面的一个个"协商能手"不断涌现，更多的社区居民从对社会事务"事不关己高高挂起"，向议事协商"必定有我"、社区文明"从我做起"转变，从"被动要我做"向"我主动要做"转变。

第五章

文化治理视角下内蒙古社区治理创新实践
考察

    城乡社区是国家治理的基本单元,党和政府对国家治理的高度重视有力推动了各地区社区治理创新实践。自2011年起,国家民政部以全国社区治理和服务创新实验工程为抓手,将社区治理创新推向新的发展高潮。2011年至2015年,民政部先后确认了3批共83个"全国社区治理和服务创新实验区",每个实验区均有各自的实验主题,实验时间为三年,民政部组织第三方专家对实验区建设情况进行中期评估和结项验收。内蒙古自治区4个城市或城区被确认为实验区,均按期顺利通过结项验收,为内蒙古自治区社区治理创新实践积累了诸多成功经验。

第一节　内蒙古自治区社区治理创新的成绩和特点

    面对全国社区治理改革创新的良好局面,在先进地区先进经验的示范引导下,内蒙古自治区部分城市基于自身发展基础、优势和基层治理改革的现实需要,率先开启探索实验,在稳步推进以社区为重心的基层治理改革中务实创新,涌现出一批先进典型,得到了国家层面的认可和关注,短短几年间在内蒙古乃至中西部地区产生了社区治理创新成果的集聚示范效应。①

包头市"基层社会治理服务体制创新工程"获国家民政部组织评选的"2013年度中国社区治理十大创新成果"提名（全国共有5个），率先启动改革的包头市青山区"'三工互动'社区工作队伍建设"获"2014年度中国社区治理十大创新成果"提名（全国共有9个）。

2014年，包头市青山区、二连浩特市被民政部确定为"全国第二批社区治理和服务创新实验区"，两地区实验主题分别是：围绕"精街道、强社区、促服务"的主题，实验探索地区、街道、社区的功能定位和事权划分，形成基层政府行政管理与社区居民自治有效衔接、良性互动的渠道和途径；围绕"精简管理层级、提升治理水平"，探索市直管社区体制机制和边疆地区流动人口服务管理模式，形成社区治理体制的新模式和流动人口参与社区建设的经验。鄂尔多斯市和包头市昆都仑区于2014年被民政部确定为"全国社会组织建设创新示范区"，通过强化党建引领、完善孵化平台、落实扶持政策等措施，形成了助推社会组织发展、完善社区治理体系的先进经验。

2015年，包头市昆都仑区、赤峰市红山区被民政部确定为"全国第三批社区治理和服务创新实验区"，两地区实验主题分别是：创新街道社区治理体制改革，激发社会组织活力，建设信息化平台，打造多元参与、协商共治的幸福社区；党建引领、三社联动、信息化支撑，推动社区治理服务机制创新。二连浩特市、包头市青山区和昆都仑区、赤峰市红山区4个实验区先后在2017、2018年均按期顺利通过了国家结项验收，取得了有价值、可借鉴的创新经验。

---

① 付春华. 探索多元共治：包头市"强政府优社区"改革实践［J］. 社会治理，2016（5）.

纵观近年来内蒙古地区的社区治理创新实践，体现出以下几个特点。

一、学习借鉴，各有特色

包头市青山区的社区"一委一站一居"体制改革很大程度上吸收了深圳市盐田区 2002 年和 2005 年"一居两站"两轮社区治理改革的成功经验，并在之后南京等地区改革经验的示范引领下进一步巩固优化，强化社区党建，厘清主体权限，释放自治活力，推进三社联动。包头市昆都仑区在"一委一站一居"模式基础上，探索实验"一委一站多居"模式，旨在进一步提升社区治理和服务效率；在吸收借鉴近年来上海市徐汇区建立社区事务受理中心经验做法的基础上，于 2016 年在自治区率先推开"两中心一平台"（即公共事务受理服务中心、社会治安综合治理中心、社区信息化平台）模式，实行"一口受理、两级代办"。鄂尔多斯市康巴什新区和赤峰市红山区将社会组织孵化培育和参与治理作为重点关注问题，积极借鉴先进经验，两地各有侧重、各有所长，但都体现出很好的效果。康巴什新区进一步夯实社区治理体制，建立"一委一站一居一中心"体制，全力在培育、扶持、参与机制上引导支持社会组织发展；红山区则着力建立完善的社会组织三级孵化体系，并重点以活动、资金、技能助力，激发居民参与，撬动自治活力。

二、立足实际，务实创新

二连浩特市面对原有"街居式"基层管理模式的缺陷，立足城区小、人口少、基础好等客观实际，在全区率先实行了撤销街道办事处、市直管社区的"扁平化"管理，并针对口岸地区特点探索创新了流动人口管理新模式。包头市则立足城市发展格局和基层管理实际，充分考量改革实践的合理性和有效性，采取了"精街道、强社区"的改革路径，在有效释放社区活力的同时，充分保障基层治理的统筹协调能力和资源供给效率，对广大中心城区形成了具有较强借鉴意义的"一委一站一居"样板模式。以此为契机，青山区针对地区社区建设实际，积极探索社区党委领导、社区居委会指导下的业主自治模式，开展了"业主委员会法人登记"实验，两家试点小区的业委会在2018年由居民自治组织注册成为社会团体法人，确立业委会的法人地位，在自治区乃至全国具有开创性，对发展社区自治、理顺多元主体关系具有深刻意义。昆都仑区则结合基层基础、群众特点和突出矛盾，在体制改革基础上深化社区民主协商机制，建立了"一委三会"，即社区党委领导、居民议事委员会协商、居民委员会实施、监督委员会监督的社区协商机制。赤峰市红山区立足地区群众基础和社会资源优势，引入先进地区做法，在区级和街道层面精心组织开展"社区金点子提案大赛"，该项目成为红山区的社区治理品牌，有效激发了社会力量共治和社区自组织活力，在自治区及全国形成了很强的影响力和示范效应。赤峰市同时成立了自治区首家地市级社区公募基金会"赤峰市弘善社区发展基金会"，为社区提案大赛提供有力资金支持，为其他地区建立和发展"社区基金会"，进一步深化"三社联动"，助推社区治理积累了宝贵经验。

三、党建引领，持续发力①

各地区在社区治理改革创新实践中的共同特征是，紧紧抓住基层党建这一核心议题，为社区治理深入推进提供体制基础、组织保障和精神动力。各地区不仅在完善社区治理体系、提升社区治理能力、补齐社区治理短板等主线上充分发挥基层党委的组织引领、统筹协调、教育动员作用，

---

① 付春华. 基层政府社区认同建设的文化治理效用研究——以包头市为例［J］. 领导科学，2017（1）.

还努力将党组织力量融入社区治理创新实践的全要素、全过程，从而为社区治理改革创新的不断深化提供持续动力。康巴什新区通过党建引领，各社区形成了独特鲜明的服务品牌和公共精神，社区居民的幸福感和归属感不断提升；二连浩特市充分发挥口岸优势，探索"口岸党建"一体化，积极构建横向互动、上下联动的城市基层党建共同体，打造"国门党建"特色品牌，有效促进了各领域资源力量在社区治理中的"一盘棋"思想，发挥党组织力量的引领示范和先锋模范作用，持续提升社区治理绩效；包头市青山区、昆都仑区在夯实区域化党建、社区基层党建的基础上，着力强化社会组织和党组织"双孵化"载体和运行机制，助推社会组织高质量发展，不断夯实多元治理体系；赤峰市红山区在基层党建引领下，各街镇持续深化社区提案大赛等"红山品牌"，提升"三社联动"效能，延伸社区治理和服务创新实验区实践成果，于 2019 年启动镇、街道层面社区治理实验点申报工作，最终确认 20 个城乡社区治理实验点，进一步在实践探索中丰富和完善"红山经验"。

本章以下小节，将以文化治理策略为视角，逐一对包头市青山区和昆都仑区、鄂尔多斯市康巴什新区、赤峰市红山区及二连浩特市的社区治理创新实践进行重点剖析，梳理有价值、可参考、可借鉴的经验做法，进一步论证社区治理实践中文化治理策略的积极效应。

第二节　内蒙古包头市青山区社区治理创新经验

青山区是包头市主城区之一，下辖 8 个街道、2 个镇，包含 54 个社区。2012 年起，在包头市委市政府的引领下，青山区以"精街道、强社区"为思路，以改革社区管理体制、强化社区服务能力为主线，深入实践，先行先试，于全市率先开展街道社区管理服务体制改革。在改革创新的持续推进下，形成了社区自治更有活力，公共服务更加有效，基层行政管理与社区居民自治有效衔接、良性互动的生动局面。2014 年 1 月，被国家民政部确定为第二批"全国社区治理和服务创新实验区"，先后荣获"全国和谐社区建设示范城区""2014 年度中国社区发展创新奖""2014 年度中国社区治理十大创新成果"提名奖等国家级荣誉，2017 年通过国家社区治理和服务创新实验区结项验收。

一、主要做法

（一）主体权利体制的构建："一委一站一居"

1. 精简街道办事处

做到"三精"，即做精统筹协调、做精指导服务、做精监督管理；"三减"，即减职数、减处室、减职能。

2. 组建大社区

整合社区规模，加强社区党建，强化领导核心，发挥共建优势，设立区域化社区党委，广泛吸纳社会基层力量。

3. 设立社区服务站

强化基层服务能力，全面承接基层政府公共管理服务，人、财、物由街道一并下移社区，社区服务站每 400 户居民配备 1 名网格管理员，实行网格化管理，将网格细化为 529 个；建立"一站式"服务大厅，规范社区准入和精简事项，梳理准入社区事务。

4. 社区居委会回归自治角色

剥离基层政府的公共行政任务，强化下属各委员会职能，完善社区成员代表大会居民代表结构，社区党委尊重认可并指导建立健全居民自治的组织体系、规则和行动。

（二）需求回应机制的构建：多元主体协同共治

1. 推动行政力量与自治力量协调整合

一是畅通纵向"下评上"渠道。社区服务站与社区居委会之间相对独立，不相隶属，制定了《社区事务评议会制度》《社区"三报告一评议一监督"制度》等监督评价制度，开辟了社区自治主体监督评价基层政府社区工作的渠道，以制度形式规范和监督社区工作。

二是强化横向沟通协作效率。建立代表居民利益的社区居委会与具有行政背景的社区服务站的诉求沟通反馈、与地区政府职能部门直接对接的"扁平化"机制，搭建区、街道、社区一体化城市基层网络互动平台，网格员在巡查中发现社区层面解决不了的问题，通过社工 E 通上传系统，区级分拨中心根据部门职责进行业务分流，对应的部门在规定的时限内进行相应的处置。

三是促进自治主体内部整合。在社区党委的领导支持下，以社区居委会为中心，培育和整合文娱、互助、志愿等社区自治力量，为社区组织发展提供资源、组织、人力等方面的支持，对业主委员会进行协调指导，积极开展社区公共事务民主协商。以居委会领导班子为主体，下属委员会为核心，自治组织网络和协商议事网络延伸至居民楼栋、单元和住户。

2. 推动社区、社会组织、社工人才"三社联动"

一是建立社会组织三级孵化器。2015 年 7 月，在区委区政府的推动下，"青山区社会组织党建服务·孵化创业园"启动，每年集资 30 万元引入上海恩派团队运营，为孕育型、初创型社会组织提供办公场所以及政策咨询、项目策划等专业服务，协助街道社会组织服务中心推动区域资源链接整合，通过政府购买服务、公益创投、能力建设培训等促进社会组织发展，社会组织由 130 家扩充到 798 家。其中孵化的"党建·爱心公益汇"品牌，依托线上与线下互动运行，成为全新的公益爱心党建项目化品牌。

2016 年，10 个街镇联合压缩挤兑自身工作经费，众筹 100 万元，专项用于开展微型组织公益项目创投，支持社区成立属地化社会组织服务站统筹整合辖区社会资源，支持新起步的社会组织锻炼队伍、积累经验、创投创业。目前，青山区已举办两届公益创投大赛，共支持 12 大类 120 个公益服务项目，项目资金达 230 万元，受益人群达到 3 万余人。2018 年打造了"三社联动"基地，建起区—街道—社区三级社会组织孵化器，社区级孵化器注重挖掘社区骨干培育草根和兴趣类组织，街镇级孵化器注重扶持公益和民生服务类组织，区级孵化器注重发展创业引领和产业构筑专业服务类组织。区级孵化器先后通过项目从外部引进知名社工实务督导和一线社工各 5 人，嵌入青山区"335"工程社会工作领域实务项目中，内培出 12 家示范标杆性的专业化社工组织，带动了 271 个社会组织公益服务精品创投项目。

二是建立社区工作者激励培养机制。出台《关于规范和提高社区工作人员工资补贴的意见》，调整居委会（副）主任的薪资待遇。目前，社区工作人员薪酬最多可达到 3867 元/月，年限报酬从原来的 10 元/月调整为 50 元/月，薪资待遇逐年递增。鼓励符合条件的社区工作者参加深造学习、专业考试，实行社区工作人员取得社会工作师职称（中级）每月补贴 100 元、取得助理社会工作师职称（初级）每月补贴 50 元的补贴机制。2018 年社区工作人员助理社会工作师通过 27 人，社会工作师通过 13 人。建立考核评价体系，日常考核由各街镇根据评定的等级，匹配相应的绩效考核奖金，年终考核由政府办会同区民政局进行专项考核，对排名末位的社工进行辞退，2016、2017、2018 年三年共辞退、罢免社区工作人员 11 名，优化了社工队伍素质。

三是创建社区人才"三工互动"模式。在社区打造"驻区高校学生社区实习实训基地"，孵化成立专业社工服务机构，为 53 个社区各配备 1 名以上本科学历专业社工，向其他工作人员渗透专业理念、传授方法技巧、指导规范实务；针对专业"社工"人才相对短缺、数量不足的问题，发展社区"助工"，广泛招募培训"义工"，协助社区"社工"和"助工"参与项目管理和执行服务，形成了"高校督导社工、社工引领助工、义工协助社工、群众参与义工"的良性互动格局。

二、主要成效

包头市青山区是内蒙古地区较早推进社区管理服务改革的地区，立足地区基层管理服务效能较低、社区自治意识整体较弱、社会主体结构发展尚不健全的总体实际，立足基层政府尚不具备充分让权、授权的改革基础，立足中西部地区城市的发展定位，从社区治理的制度文化和行为文化出发，着眼于协同治理导向的主体权利体制和需求回应机制的构建，深入探索并稳妥推进区、街道、社区的功能归位和事权划分，率先在包头市探索出了社区党委总揽协调、社区服务站承接公共管理服务、社区居委会引领自治活动的党务、政务、居务既相对独立又协同共治的社区治理体系，有效强化了"共建共治共享"的价值观念，促进了基层政府治理与社区居民自治的有效衔接和良性互动。

（一）社区党建基础不断强化

社区党委成为统揽全局、领导社区建设发展的核心，党委委员通过选举担任居委会干部，加强了社区党建工作力量，使党组织延伸到单元、楼宇。同时，与辖区单位建立联合党委 47 个，党支部 471 个，统筹辖区资源，发挥共建优势，共建社区办公活动用房面积平均达到 654 平方米。实行社区党建工作联席会议制度和区域共建协商议事机制，让社区党建从"独唱"变为"合唱"，让社区建设从"单建"变为"联建"，构筑了"共促、共融、共赢"的区域化党建新格局。

【典型案例】青山区文昌社区党委构建"爱心家园"

青山区自由路街道文昌社区在 2013 年推进"一委一站一居"体制后，配有社区党委书记 1 名，副书记 2 名，下设 5 个党支部，6 个党小组，划分 12 个党建工作网格，在册党员 130 名；1 名副书记兼管理服务站站长，配置 12 名社区工作者；1 名副书记兼居委会主任，配副主任 5 名。社区党委针对社区困难户多、残疾人多、下岗失业人员多"三多"实际，有效整合区域优势资源，建立了社区"爱心家园"帮扶平台。"爱心家园"是区域、共建单位与社区居民群众的互助平台，成员汇集了包头供电局、青山区法院、中国移动通信青山分公司、包头广播电视报社、青山区供销社、当代建设集团、科尔沁之家等 20 余家企事业单位，涵盖法律援助、敬老助残、课业辅导、健康宣讲、生活服务、环保行动等 10 大类 30 余项帮扶服务，形成社区建设、管理、服务的强大合力。

（二）社区服务效益不断提升

首先，社区服务基础有效强化。通过新建、购买、置换、租赁、改扩建，青山区社区"两室"用房平均面积增加到 1098.4 平方米，最大的社区两室用房面积单体达到 3500 平方米，37 个社区达到 800 平方米以上，占比 70.8%。各社区统一设置一站式便民服务大厅、党员活动室、居民议事室等功能室，形成"一厅五室两中心"的规范化格局。

其次，社区准入事务规范精简。为进一步减轻社区负担，青山区按照社区工作依法确定、部门任务审批进入、承办事项权责统一、居民自治鼓励支持等原则，对社区办理事项进行了全面梳理，在自治区首家制定《社区管理服务站、居委会公共服务和开具证明工作目录》。准确定位职能部门、街道、社区功能，规范社区准入和精简事项，共梳理 14 类 58 项 251

个准入科目，取消 89 个科目，使得社区事项更加明晰，服务效率更加提升，增加了办事透明度。

再次，公共服务效能显著提高。一是"一委一站一居"体制下，政府的公共服务职能从社区居委会剥离，由扎根于社区的服务站承接，区政府通过人、财、物与职能的相应下移，为社区居民就近提供社会保障、社会救助、治安卫生、就业援助等各类服务和保障，变"三级审批"为"一站式"服务，减少了街道办事处的行政管理层级，社区服务站对居民个体和居委会的诉求在社区与基层政府职能部门之间快速反馈，增进了居民对基层政府能力的认同；二是社区服务站强化了服务意识和能力，变"坐等求助"为"上门服务"，变"统一服务"为"个性服务"，有效解决了以往居委会人员不足、能力不够、热情不高的问题，政府基层服务效能特别是专业化、精细化水平明显提升；三是通过打造区、街道、社区三级共享的"智慧社区"网络平台，提高社工服务信息化水平，实现了居民信息的实时动态掌握，提高了问题沟通效率和解决效率。2018 年通过网络平台共解决问题 4241 件。

最后，社区物业服务不断改善。摆脱了大量行政事务性工作的社区居委会由过去主要按照街道的要求完成任务，转变为如今以如何服务好居民为工作中心，以社区居委会为核心的自治体系逐渐加大对公共利益的影响，突出表现在一些非商品化居住小区的物业管理上。社区居委会积极迎合居民生活和自治诉求，更加关注如何解决居民居住矛盾、改善社区环境，主动协助居民组建和发展业委会，在社区党委的领导下，加强与业委会的沟通互动，通过与社区党委、管理服务站、物业公司、业主委员会等参与方理顺权责关系，探索适合本社区的物业管理模式，呈现出诸多成功的多元共治的物业管理案例，并探索开展业委会法人登记工作，确立业委会的法人地位，选定绿苑豪庭和中环国际两个小区为先行试点小区，颁发

"社会团体法人登记证书"。

【典型案例】青山区春光社区"五位一体"自管物业管理

青山区万青路街道春光社区内的春光四区是典型的老旧小区，共有楼房12栋，居民770户，一直没有规范的物业管理。小区内流动商贩、流动车辆多，配套设施不完善，基础设施破旧，环境脏乱差，治安水平低，小区居民反应强烈。春光社区党委为更好地解决社区难题，组织召开社区居民协商议事会议，组织成立了由退休老干部、社区党员、热心居民组成的业主委员会，联合社区居委会、业委会多次深入居民了解民意，多方征求意见。经过调查分析，因小区为典型的老旧小区，多为老年人，收入水平低，不适合采取市场化方式进行物业管理。春光社区党委通过居民代表大会讨论确定，按照"民事民议民定、民财民用民管"的原则，对春光四区实行社区自管物业服务，成立社区自管物业服务中心，实行由社区党委统筹、社区居委会组织实施、业委会监督、社区居民参与、社区自管物业服务中心开展物业服务的"五位一体"自管物业管理模式。主要采取了以下措施。

成立组织机构。社区"两委"牵头组织成立业主委员会，组建自管物业服务中心（独立法人机构，公益性社会组织），由业委会委托提供小区日常保洁、设施维修、秩序维护、治安防范等物业管理服务，向居民收取低偿物业费，受业委会监督。在社区党委领导下，成立由自管物业服务中心和业委会中的党员组成的春光四区自管物业联合党支部，充分发挥党组织优势，定期组织召开物业工作联席会议。

建立工作制度。针对自管物业管理的重要事项，采取"三议两公开一监督"制度。"三议"指居民代表大会提议、"五位一体"平台审议和业主大会决议。"两公开"指决策结果公开和工作程序公开。"一监督"指社区党支部对"三议两公开"过程监督指导。同时，搭建物业管理民主协商议事平台，"五位一体"相关方组成议事小组，定期召开协商议事会，形成群众反映、业委会提交、议事会讨论、物业限时办理、社区反馈结果"五步"工作流程。

提供贴心服务。自管物业服务中心依托社会组织优势，为社区困难群体提供生活帮扶，适当减免物业费；与社区人民调解委员会组建联合调解委员会，针对业主矛盾多方调解；开展以物业监控为支撑，物业保安与志愿巡逻队联动的群防群治防控工作，提高社区治安水平。

【典型案例】青山区欧鹿社区"3+5"准物业管理

青山区自由路街道欧鹿社区自 2015 年通过探索构建"3+5"的准物业管理模式，即通过社区居委会、业委会、物业公司三方联动，建立由物业人员、业委会成员、社区网格员、居委会主任、楼栋长组成的共商共建准物业管理新模式，实现了社区治理与物业服务的一体化建设，取得了良好成果。主要做法包括以下几点。

强化党委核心地位。欧鹿社区为确保准物业管理模式的实效性，首先理顺了党委、居委会、业委会和物业公司的关系。社区党委处于主导地位，始终发挥统领作用；居委会是居民与物业之间各类矛盾纠纷的调节主体，起协调作用；业委会是选举产生的居民自治组织，是监督主体；物业公司为全体业主提供物业服务，接受社区党委的领导、居委会的调节、业委会的监督。之后设立党小组，派驻联络员。社区指导居民成立业委会，要求居民党员和在职党员积极参与其中，同时，指导物业公司与业委会成立联合党小组并派遣党建联络员。社区党委还要求物业公司党员在日常服务居民、物业管理中"亮明身份、做好表率"，使党组织的"触角"延伸到物业公司和业主委员会。

强化多元协商共治。成立由居委会、业委会、物业公司、居民代表组成的"欧鹿社区物业联席会"。联席会由社区党委牵头,至少每季度召开一次会议,共同研究解决小区物业管理中存在的问题。联席会成立后,欧鹿社区在征求多方意见建议的基础上,确定了辖区内各物业公司全部实行"先服务、后收费"的服务规则,物业公司入住后先试服务三个月,征得业主认可才能收缴物业费。社区党委针对健康新城小区、福泰嘉苑小区困难户和低保户较多的实际,要求东港、恒誉物业公司为小区内所有的低保和困难家庭减免物业费,得到了居民的认可。

(三) 社区协商自治不断增进

首先,社区居委会回归自治本色,保证和扩大了居民自治空间。厘清了政府与社会的功能边界,社区居委会的自治角色得到深度回归,其应有功能逐步释放,为社区民主协商和自治共治提供了坚实平台。由于其本色归位,其内部议事规则、功能结构逐步规范,组建了监督委员会和协商委员会,完善了居民参与网格和社区成员代表大会居民代表结构,配齐了社区居民小组长、楼栋长、单元小组长,发展了院落、楼宇、门栋自治、业主自治、社团自治等民主形式。去行政化后的居委会,增强了汲取民意、解决诉求的热情,将更多的服务精力放在化解邻里矛盾、帮扶困难群众等方面,奉行"民事民议民定"和"共建共管共享"的原则,在充分借助社工专业技术指导优势的基础上,对辖区社会资源进行有效整合,居民的诉求愈来愈影响居委会的行动方向。

其次,形成了行政主体与自治主体平衡对等的组织结构,推进了社区协商自治的制度化和规范化。以社区党委为核心,居委会、管理服务站、社会组织、业主组织、物业机构和驻区单位等主体对社区公共事务不断提升协同共治水平,社区问题实现了"一言堂"向"群英会"转变,社区工作的推进实现了"一头热"向"两头热"转变，基层政府社区管理由"包揽"向"引导"转变，居民逐渐由"他律"向"自律"转变，形成了浓厚的"民事民管民受益"的自治理念。各社区普遍搭建了"居民说事议事"的制度平台，设立居民议事厅、楼院议事平台，2015—2016 年召开社区工作联席会、社情民意建言会 1000 余次，实现了社区诉求由居民表达、问题由居民讨论、事务由居民参与决策的社区协商制度化方式，健全完善了"收集—议事—决策—执行—监督"的社区协商自治程序，有效形成了居民认同的需求回应机制。

【典型案例】青山区多个社区实现"社区事大家管"

科学路街道迎宾二社区个别居民在院里私盖车库并占用通道，邻居们觉得他侵占公共用地，用以牟取私利，常私下发牢骚，有人还写信向自治区反映，但始终没有解决，居民们的怨气越来越大。迎宾二社区居委会主动牵头组织居民建立自治小组成立业主委员会，和居委会共同监督违章建筑。迫于居民依法自治的压力，建车库的居民将占用通道的建筑转交社区。居委会和居民们又共同申请青山区政府出资，对小区道路进行了硬化，小区环境得到了大幅改善。

青山路街道北新社区是一个由棚户区改造而来的城乡接合部社区，社区整体呈现"四多两低"的现状，即"低保户多、老年人多、流动人口多、弱势群体多、整体收入偏低、整体文化水平偏低"，3300 多户居民中有 210 多户享受低保政策。政府部门审批低保资格时，常有人觉得执行政策不公平，邻里互相猜忌，时常关系紧张。北新小区居委会召集成立"居民议事厅"，议事厅下设公共事务组，成员代表参加每季度的低保审批专题议事会。会上，大家开诚布公，谁家不该纳入低保，谁家确实困难需要帮一把，都比较客观地反映出来，增加了低保审批工作的公开公正，强化了基层政府的行政效能。"居民议事厅"共计下设公共事务组、青少年关爱组、残疾人爱心组、流动人口服务组、文化活动推广组、老年生活互助组6个主题小组。成员来自辖区单位职工代表、党员、退休人员、育龄群众、失业人员等，代表不同群体将社区热点难点问题提交议事会商讨，研究解决办法，形成了"群众反映—小组提交—议事厅讨论—限时办理—结果反馈"五步工作流程。

自由路街道文昌社区现有居民4800多户，人口12000多人，在社区党委领导下，居委会充分发挥居民自治作用，建立了协商议事委员会和居民监督委员会，形成了社区社会工作联席会制度，为居民共同协商议事、反映监督、解决问题搭建了良好平台。结合社区院落分布、小区居民构成特点等，社区协商议事委员会下设以辖区单位、社区物业、片区民警、居民代表等为成员的七个协商议事小组，强化了区域自治合力。社区还设立了日常事务受理中心、百姓知音室，了解社情民意，为民排忧解难。

【典型案例】青山区纺织社区居民协商自治解决园区市场秩序

青山区科学路街道纺织社区是包头市原国有企业棉纺厂的职工家属区，之后因企业破产，物业公司退出，垃圾弃置随处可见，占道经营和噪音扰民现象严重，问题矛盾集中。街道办事处曾多次联系城管、工商等部门进行集中清理，也曾制订过纸质公约，但由于没有广泛民主参与形成整体共识，最终成为一纸空文，行政干预反而使矛盾更加深化。当时的居委会也想了很多办法，如每天早晨5点起轮流上岗，防堵商贩占道经营，但坚持半个月后则疲惫不堪，由于改革前居委会还承担着大量行政工作，也无力持续顾及，于是社区居民与商户间的矛盾长时间在消长间往复。

直到2014年前后青山区第三批社区体制改革启动，按照"精街道、强社区、促服务"改革思路，纺织社区推行"一委一站一居"模式，社区党委统筹引领，管理服务站全面承接政府的行政服务职能，居委会从繁杂的行政事务中解脱出来实行全面自治。改革后的居委会，再次将社区早市占道经营提上议程，制订周密计划，采取有力措施积极介入干预，确定以"协商民主、居民自治"途径解决问题。主要经历了以下几个步骤。

收集信息，选定主题。居委会了解到现在部分居民和商户已经是水火不容，通过问卷调查和走访，进一步核实各方想法，将收集到的矛盾信息重新整理分析，找出主要症结应是规范市场运行，最后确定围绕"同意设立早市，公议管理办法"主题进行民主协商，为各方创造说事议事、彼此倾听的机会，找出多方沟通产生的偏差。

界定主体，确定内容。经营主体的矛盾，主要表现为社区居住商户集体排斥外来商户，要求独自享有经营权，外来商户自然争执不让，部分社区居民也担心外来商户撤出后，社区居住商户会抬高物价、垄断居奇。充分考虑各方利益和声音后，居委会界定协商主体，大致分为：只支持保护小区居住商户、只保护小区居住且生活贫困商户、只要缴纳卫生管理费且接受公约的商户就可进驻经营、不缴纳费用但遵守公约的商户也可进驻经营四类。居委会采取吸纳不同阶层、群体代表的"群众共商共治"模式召开议事协调会，就"早市商户设立无严格准入机制，早市商户间无行业公约守则，商户摊点分类经营、卫生责任、共治公约等"热点、难点问题进行对话和商讨，努力推进问题解决。

民主决策，订立公约。居委会充分尊重民意，平衡多方诉求，把达成的几种方案及其优劣利弊关系全面告知参会大众，组织全体居民和商户公投选择可行方案，并加以完善。之后，组织召开了居民代表和商户代表大会，表决通过了《棉纺小区早市摊位和卫生管理及收费办法（试行）》，居民代表还签写了《意愿书》，订立商户公约，就各方权责关系达成共识。

多元共治，有效执行。为切实有效履行公约，居委会引导居民和商户选出商户市场管理自治小组和监督小组，实现市场商户自我管理、自我服务、自我教育、自我监督，同时，培育引导相关群团组织参与共治，协助商户市场管理自治小组执行公约，严控经营商户准入条件，规范早市经营事务管理。

信息公开，强化监督。在纺织社区"自治市场"试运营的第一个月，向所有遵守公约的商户免收卫生费，由纺织社区将第一月卫生费足额拨付给商户自治小组，由居委会和居民监督小组共同监督使用情况，并每周向居民和商户张贴财务审计公告，发布商户公约履行情况，将违反公约的商户作为反面教材告知大家，实行自管问责处罚制。试运营一月后，市场秩序整体改变，占道经营导致的行车拥堵现象得到解决，社区居民冲突隐患得以消除，16 家拒不执行公约的商户慢慢也默认了管理和公约。

【典型案例】青山区哈达社区"吐槽大会"诉民心聚民意

青山区先锋道街道哈达社区有住户 4746 户，居民 10830 人，分为回迁小区和老旧小区，针对这两类小区存在的不同问题，为了有效畅通群众诉求表达渠道，2018 年以来，哈达社区共开展了 2 期居民"吐槽大会"活动。"吐槽大会"在哈达社区党委的领导下，由社区"两委"班子成员、青山区弘仁社工服务中心、社区党员和居委会成员代表组成调解委员会和议事会，对居民反映的问题进行汇总，在社区办公场所三楼设立"说事大厅"，定期召集辖区居民召开"吐槽大会"，发现和记录疑难问题、矛盾纠纷，倾听群众诉求，让居民反映的问题在家门口解决，现场化解矛盾，同时结合网格化管理，组织楼栋长、居民现场说事，定期开展主题吐槽，为居民提供参与社区治理的平台。

社区"吐槽大会"实行"主动问事、群众说事、及时办事、集中议事、事后评事"五个环节，对当场能解决的小事，面对面现场解决；对暂时不能解决的难事，发挥联合党委作用，积极沟通解决；对于不能解决的疑难问题，党委上报街道协调相关部门解决。吐槽内容可以是邻里小事、社区难事、社区发展大事，让居民找到一种合理解决矛盾纠纷的渠道。在社区党委的引领下，居民既是问题的提出者，也是解决问题的参与者，办理结果的监督者。自"吐槽大会"开展以来，社区居民现场参与人数达到80余人，他们中有社区老党员、楼栋长、热心居民，有新小区的回迁居民对居住环境变迁进行吐槽，有老旧小区居民对遗留问题进行吐槽，社区工作人员一一登记。"吐槽大会"建立了网格员入户沟通的"连心桥"，提升了哈达社区居民的归属感、幸福感，打造了哈达社区文化特色。

（四）"三社联动"不断成熟

青山区政府通过完善社区服务平台、搭建社会组织培育体系、提升社区工作队伍能力、不断加大政府购买社会组织服务项目和公益扶持力度等诸多举措，各类社会非营利组织迅速成长，以社工人才为支撑的社区专业化服务水平不断提升。有效推进了以社区为平台、社会组织为载体、社工队伍为支撑的"三社联动"运行模式，在居家养老、日间照料、家庭呼叫、准物业管理等方面向社区提供多元化、专业化服务，形成公共资源、社会资源和市场资源协同共赢的良好局面，社区居民对社区公共服务供给的认同不断增进。主要表现在以下几个方面。

1. 社会组织迅速发展

青山区在区级和社区层面分别建立社会组织孵化基地，通过能力提升、开展公益创投、购买服务项目、降低发展门槛等措施，至2017年，全区社会组织数量由183家迅速增长到769家。弘仁社会工作服务中心作为精心培育的专业社工机构之一引领组建了社会组织联盟，近年来辐射带动社会组织申请承接国家、自治区多个服务项目，充分发挥了社会工作专业人才在困难救助、矛盾调处、人文关怀、心理疏导、行为矫治、关系调适等个性化、多样化服务方面的专业优势。

2. 社工人才迅速壮大

青山区通过举办社区社工服务机构，创建"三工互动"模式，加快了社区工作专业人才队伍的发展。到 2017 年上半年，全区社会组织中专业社工人员达 87 人，国家和市级社工师持证人员达 553 人，受训专业义工人员达 25000 余人，有效提升了社区服务专业化水平。通过向社区引入专业社工开展工作，推进发展更多的居民自助互助组织，为社区社会组织和居民个体提供更充分的发展和互动空间。

3. 治理效应充分显现

青山区首届社会组织公益创投大赛，共收到来自全市的 101 个项目，内容涵盖社区服务、养老、文体活动、社区矛盾调解等领域，挖掘出了一批优质的社会组织公益项目，经过初赛、决赛，最终评选出 40 个"A 类奖"和 20 个"B 类奖"，分别给予 2000~40000 元不等的项目资金支持，并对项目管理实施进行专业培训。如党员志愿帮扶项目、失独家庭精神慰藉及社会救助计划项目、少年安全领袖计划项目、"心飞扬"文艺支教项目等，受益人群涵盖青山区 10 个街道、镇的各个社区老年人、青少年、党员、流动人员等万余人。此外，青山区还购买了"衣旧情深"项目（面向包头市民 7 成新的闲置衣物，采取免费包上门收取方式，统一收回到青山创益园，调动周边居民志愿者分类、消毒、包装后，定向发放给 5000 户青山区范围的生活困难市民）、公益拆解中心（为青山区辖区内的小学生提供 50 场免费公益拆解活动）等公益服务项目，受益群众十分广泛。

富强路街道倾力打造青山创益园，引进了包头市心愿公益协会、包头市青山区源益服务社、包头市杏林医职业培训学校 3 家社会组织，准入富强之声宣讲团、爱心传递站等 6 家社会组织及辖区内各社区社会组织，开展各种体验式项目，包括"废旧电子产品再利用""老年人心理健康维护"等体验式项目16次，吸引了老年、青少年等群体广泛参与，受益者达500余人，得到了包头电视台、包头日报等各大媒体的关注与广泛宣传报道。

青山路街道结合辖区地理位置较偏、居住人群以国有大企业职工居多的实际，在都兰社区打造街道级"双中心"，即社区级社会组织服务中心和街道志愿组织服务中心，按照"资源共享、项目合作、抱团服务"的工作思路，以凝聚引领社会组织和志愿者参与社会建设、助力城市和社区发展为目标，创新构建"枢纽型"工作体系，现已入驻内蒙古红十字心理救援队、内蒙古蓝天救援队和青山区阳光义工等社会组织10余个，志愿者服务队伍30多支，为辖区群众提供党员服务、为老服务、文化服务、环保服务、健康服务、平安服务、救助服务等7项服务，最大限度满足群众多元化服务的需求。

【典型案例】青山区"孝心快递"助老公益项目服务暖人心

70岁的王大妈高兴地说："前几天晚上我自己做饭的时候，发现厨房灯泡坏了。给儿子打电话让修，儿子说最快得明天，可是我还得做饭啊，儿子说没事，一会灯泡就能换，我还纳闷。过了一会儿，有人敲门，'我是您儿子派来的救兵，专门来给您换灯泡的'，不到两分钟灯泡就换好了。"这就是青山区政府向包头市心愿公益协会购买的"孝心快递"助老公益项目的服务效果，当老人遇到自己无法解决，而年轻人举手之劳就可以解决的问题时，老人的儿女可以从心愿公益"孝心快递"平台发出求助，由叮咚速达的快递员代替老人儿女在1~24小时内，上门帮助老人解决问题。

【典型案例】青山区幸福路街道繁荣社区"三社联动"提供专业社区服务

专注于社区服务的包头市易帮家政服务机构 2013 年 5 月份成立之初，月营业额只有万元左右，繁荣社区为易帮家政机构免费提供 200 多平方米的办公场所，主要业务为针对社区居民的低偿和无偿服务，入户陪老和婴幼儿照料最受居民们欢迎。同时，社区做公益活动，如认养孤寡老人、节日慰问等，易帮家政机构也会积极参与，在居民中树立了良好口碑。以繁荣社区为半径，公司业务不断向周边社区辐射。该公司发起成立了便民服务联盟，集合 10 多家从事开锁、清洗、管道疏通等便民服务的个体户，统一服务、统一品牌、统一结算，打造了更广阔、更专业的社区服务平台。如今，公司已在全市各社区里成立 6 家门店，聘用员工 300 多人，单店月营业额达 8 万多元。

第三节　内蒙古包头市昆都仑区社区治理创新经验

昆都仑区是包头市主城区之一、人口大区、老龄化城区和自治区最大的企业——包钢（集团）公司所在地，辖 2 个镇、13 个街道、78 个社区。自 2013 年开始，昆都仑区委、区政府通过试点先行、稳步推开的方式，在街道社区治理体制、基层信息化平台、社会组织培育等方面多点突破，加强社区治理改革创新，先后荣获全国首批社会工作服务标准化建设示范区、全国和谐社区建设示范区、全国社会组织建设创新示范区、全国志愿服务记录制度试点地区等。2015 年 7 月被国家民政部确定为"第三批全国社区治理和服务创新实验区"，2018 年通过国家社区治理和服务创新实验区结项验收，取得了诸多实践创新成果。

一、主要做法

　　昆都仑区在包头市委市政府提出的"一委一站一居"总体格局下，结合地区实际进一步改革优化升级，从强化基层党建引领能力、基层公共服务能力出发，将"主体权利体制"与"需求回应机制"两方面协同构建、有机融合，形成了社区治理发展与公共服务创新的整体效应。

（一）打造"1＋N"基层党建组织体系

　　强化"1＋N"基层党组织模式，"1"即强化基层党委整体功能，"N"即统筹辖区内驻区单位、新兴领域等各类党组织，推动传统基层党建与驻区单位、新兴领域党建融合。在街道社区层面，全区15个街镇全部建立以街道党工委为核心的"区域联合党工委"，78个社区普遍组建以社区党委（总支）为核心的"社区联合党委"，将区域内所有组织纳入整合范围，实现区域内组织工作和党员作用发挥全覆盖，街道区域党工委推行轮值书记制，社区联合党委实行兼职委员制；在新兴领域方面，建立了"五个步骤动态排查、四种模式组建、双孵化三同步"工作体系，动态排查辖区内各类新兴组织，通过单独组建、联合组建、挂靠组建、派驻帮建等方式，使新兴组织与党组织双孵化，实现同步组建、同步发育、同步成熟，在全区205家社会组织中，有党员的105家社会组织全部建立党组织，实现了应建尽建。

（二）建设"两中心一平台"街道社区管理服务机制

　　从2013年开始，昆都仑区积极学习上海等地先进经验，通过先行试点、分步推进的方式，最终于2016年探索形成了在街道设立"社会公共事务受理服务中心"和"社会治安综合治理中心"，在社区设立统一"信息化平台"的"两中心一平台"基层管理服务机制，社区公共服务实行"一口受理、两级代办、信息支撑"模式。

1. 设立公共事务受理街道中心站

结合街道社区特点，昆都仑区经历了从"一委一站一居"到"一委一站多居"的探索，进而对"一站"进行精简优化，整合集聚服务资源，把分散在区级层面部门、单位的治理和服务平台打包集合，系统性延伸下沉到街道，设立街道中心站即"社会公共事务受理服务中心"，每个中心站设置多个服务窗口，每个窗口都可集中办理公共事务，建立居民办事一门式、窗口受理一口式机制，大力提升公共服务效率。对非中心社区的行动不便、年老体弱等特殊居民，设立65个居民代办点，由社区干部和服务站工作人员到社区中心为居民代办公共事务。

2. 实行社会治安综治多要素集聚

加强街道社区社会综治能力，将街道综治办下沉到中心社区集中办公，按照"5+X"模式设立"社会治安综合治理中心"，公检法司派员进驻办公，文化等相关单位作为联动单位参与一体化运作，内设群众接待室、监控研判室、矛盾调处室、法务室、警务室和特色工作室等，实现全要素集聚、协同化治理，搭建起全面依法治理的社区平台。

3. 建设街道社区信息化平台

按照统筹规划、需求导向、全面推进的原则，打通民政、社保、就业、计生等业务，投入500万元开发智慧社区信息系统，搭建"智慧社区信息系统+综治信息系统"信息化综合应用平台，依托"智慧昆区"电子政务网，整合各部门信息资源，推进信息共享、互联互通、数据安全管理机制建设，建立各职能部门与社区工作人员互联互通的信息化平台，在不增加编制、经费、场地的前提下，为社区居民提供家门口的智慧多元服务。

（三）建立社区"一委三会"协商自治体制

制定出台《昆都仑区关于加强城乡社区协商的实施意见》，进一步探索完善社区主体权利体制，在社区党委的领导下，设立居民议事委员会、居民监督委员会，与社区居民委员会组成以居民为主体的"一委三会"社区协商自治体制，形成了"社区党委领导、议事委员会协商、居民委员会实施、监督委员会监督"的自治格局。于2016年先行试点，2017年开始在各街道社区全面推开，有效提高了社区协商覆盖面和治理水平，保障了社区居民的自治权利。截至2019年，已在42个社区全面推开了社区协商工作，召开协商会议338次，处理社区矛盾315起，参与人数5223人次，形成基层党组织领导下居民群众协商自治的良好局面。

（四）建立"三社联动"社区服务供给模式

1. 完善社会组织和专业社工培育机制

建成包头市首家区级社会组织孵化园、1个区级社会组织孵化中心、1个区级公益创投园、12个街道社会组织服务中心、75个社区社会组织促进会，截至2018年8月，社会组织孵化园入驻社会组织183家，孵化成熟140家。

2. 建设"智慧型养老社区"

针对老龄化城区特点，通过"互联网＋养老"方式，打造以社区为单位、信息化平台为支撑的公益化、社会化的"五个一"智慧养老服务模式，即"一线"（12349便民为老服务热线）、"一院"（银龄虚拟养老院）、"一站"（39个社区日间照料站）、"一中心"（45个社区医疗服务中心）、"一组织"（63个社会组织所形成的多元化社区养老服务体系），社区老人有服务需求时，拨打信息平台电话就可以在家享受专业化养老服务。

二、主要成效

包头市昆都仑区在市委市政府的总体改革思路引领下，围绕"创新街道社区治理体制改革，激发社会组织活力，建设信息化平台，打造多元参与、协商共治的幸福社区"的社区治理创新实验主题，以强化基层党建引领为前提，以提升基层公共服务供给能力、社会组织参与治理能力、社区协商自治能力为抓手，深入推进社区治理创新，取得了积极成效。

（一）强化了基层党建统筹引领作用

通过有效推进区域化党组织建设，突出了街道社区党组织的领导核心作用，全面加强了对辖区内地域性、群众性、社会性工作的领导和指导，使街道社区党组织能够真正聚焦主责、突出主业、优化职能，真正把工作重心转移到抓基层党建、引领社会治理、提供公共服务上来。通过统筹带动非公企业、社会组织和楼宇商圈等领域党建工作，理顺了街道社区党组织和辖区单位、社会组织等党组织在基层治理中的关系，形成了街道社区党建、单位党建、行业党建的互联互动，实现了街道社区党组织的思想观念、工作方法、活动方式向区域型、服务型、专业型转变，拓宽了党组织服务功能，提升了服务专业化水平，如爱心呼叫、领办代办、上门预约等服务满足了更高水准、更加多元的社区服务需求，提升了社区服务工作的层次和水平。

（二）增强了基层公共服务供给能力

"两中心一平台"实现了"优质资源集聚"和"服务重心下沉"的双重效应，在把街道辖区的公共事务受理和社会综合治理职能向中心社区集聚的同时，依托智慧信息平台将服务重心下沉至社区，形成了多层次、高效率的公共服务体系，既保证了社区管理和公共服务的质量和效能，又实现了公共服务平台延伸至社区居民家门口，有效回应了社区服务需求。基层社会综治工作依托街道综治中心建立起"发动群众、分级调解、专业对接、法治保障"的社会矛盾纠纷调解工作体系，积极吸纳社区"能人"为调解员，以"身边人掺和身边事，草根力量化解民间矛盾"的创新管理方式，提高基层矛盾纠纷调处质量。

（三）夯实了社区协商自治的体制基础

"一委三会"主体权利体制形成了完善的领导、议事、执行、监督"四位一体"的社区协商自治架构，形成了制度化、规范化和程序化的社区民主协商机制，凸显了以居民为中心的社区治理体制，在制度上保障了居民参与社区公共生活各项事务的基本权利，让居民共同商讨与自己利益相关的身边事，引导群众在社区治理、公共事务和公益事业中依法自我管理、自我监督、自我教育、自我服务，有力推进了社区议事协商自治活动的自我规范和深入开展。据了解，2016—2017 年，昆都仑区 42 个社区广泛开展了社区协商活动，召开协商会议 338 次，参与人数 5223 人次，处理社区矛盾 315 起，使社区治理方式从"为民做主"转变为"由民做主"。例如，林荫路街道友谊 17#社区党委通过社区协商，解决疏通下水道、噪音扰民、失管区域绿化硬化等事关辖区居民切身利益的实际问题 44 件。市府东路街道阿 1#社区党委建立了周四议事厅，解决小区分户供暖、设置监控等居民需求的实际问题 20 多件，受益覆盖人群 500 余人。2018 年，黄河西路街道黄河社区的"社区居民议事厅"，在央视一套电视政论片《坚持发展"枫桥经验"——中国基层社会治理现代化之路》中作为以人民为中心的典型案例播出。

（四）激发了社区多元治理活力

以"三社联动"为抓手，通过不断完善社会组织孵化体系，有效引导社会组织良性发展，逐步形成了品牌化引领、项目化运作、专业化服务的社会组织参与治理模式，特别是在养老服务领域，形成了较为健全的"社区智慧养老"服务体系，为社区老年群体打造了高质量、信息化的居家养老模式，在自治区具有很强的示范效应。带动了专业社工和志愿者队伍的发展，形成了社工和义工"双工联动"的社区治理力量支撑，形成"社区党组织＋专业社会组织＋社会工作者"的"三社"联动服务模式，打造了

"郭孝红社会工作服务中心"和"居民素质拓展中心"等服务群众专业化项目，涌现出法泽志愿者协会、"家长里短"调解工作室、丽梅调解咨询工作室、郭孝红工作室、老段说事点、李书记24小时服务热线、小巷总理信箱等一批百姓办事"零距离"志愿服务岗，志愿服务成为昆都仑区基层社区生活的鲜明特色。

第四节 内蒙古鄂尔多斯市康巴什新区社区治理创新经验

鄂尔多斯市康巴什新区属城市核心区，为市政府办公所在地，下辖哈巴格希、青春山、滨河、康新4个街道办事处、15个社区，总人口15.3万人。2014年11月，康巴什新区率先在全市启动街道社区治理创新改革，首先在青春山街道试点，2015年5月在辖区多个社区同时推开，通过对街道社区管理体制、三社联动工作机制等方面的一系列重要改革，康巴什新区基层社区治理取得了明显成效，为鄂尔多斯市其他地区及周边地区走出了一条可复制、可借鉴的成功路子。

一、主要做法

（一）主体权利体制构建：建立"一委一站一居一中心"体制

在主体权利体制构建上，康巴什新区充分吸收包头市青山区成功经验，打造"升级版"。核心举措可概括为"一减四强"：精减街道，包括内设机构、职能、人员等各方面；强化社区党组织领导能力，实行社区"大党委制"；强化社区公共服务能力，成立社区管理服务站；强化基层自治能力，做强社区居委会；强化社区专业化服务能力，成立社区社会工作服务中心。

通过在职能定位上进一步明晰、人员配置上向社区下沉、财力保障上增费补缺、工作方式上直面居民、服务主体上多元参与，形成了社区党委领导、社区服务站承载、社区居委会自治、社区社会工作服务中心提供专业服务的"一委一站一居一中心"社区治理体制。"一中心"即在每个社区吸纳 3~5 名现有社区工作人员中取得全国社会工作资质的人员及社会工作专业毕业的大学生，对街道社区工作人员中取得全国社会工作师资格的人员给予奖励政策（社工师奖励 500 元/人/月；助理社工师奖励 300 元/人/月），注册登记成立社区社会工作服务中心（性质为社会组织），开展以培育孵化社区社会组织、登记管理社区志愿者、策划实施社区服务项目为重点的专业社会工作服务。

（二）需求回应机制构建：建立"三社一体化"机制

康巴什新区依托"一委一站一居一中心"体制，进一步强化"三社联动"的机制载体，引入社会工作专业队伍、理念、技能和方法进入社区，以居民需求为导向，培育发展多样化的社会组织，通过政策吸引配置资源，构建以项目服务为核心、以专业社会组织为载体、以社工人才为支撑、以社区为工作平台的"三社一体化"机制，实现专业社会组织、社会工作者与社区的深度融合。

1. 强化孵化载体，建立"一园多基地"格局

2015 年，康巴什新区按照"一园多基地"思路，打造了 1 个区级社会组织孵化园和 9 个社会组织孵化基地。孵化园委托区级层面成立的枢纽性、支持型社会组织"至善社会工作服务中心"运营管理，孵化基地委托各社区社会工作服务中心运营管理。

2. 专业团队运作，搭建孵化平台

孵化园通过打造"四个平台"、发挥"十大功能"，采取"政府资金支持、民间力量兴办、专业团队管理、政府公众监督"的运营模式，引进

专业社工机构采用社会工作专业方法，通过提供项目申报、项目管理、项目督导、资源链接、财务代理等专业社会工作服务，支持督导社区社会工作服务中心开展工作，对社会需求度高、发展前景好、服务潜力大的公益性、社区服务类社会组织进行培育发展，大大促进了社会组织能力的提升。

"四个平台"包括一个公共服务平台，为入驻社会组织免费提供办公场地、政策咨询、登记注册、年检等公共服务支持；一个资源共享平台，通过举办沙龙、小组交流活动等为入驻社会组织链接资源、共享资源；一个能力提升平台，通过每月一次的培训、讲坛、讲座等为入驻社会组织的能力建设提供捷径；一个信息交流平台，为入驻社会组织之间信息交流提供桥梁。

"十大功能"是在具体的孵化培育过程中，从公益理念普及、社会组织政策咨询、公益资源共享、社会组织信息交流、社会组织孵化培育、社会组织能力建设、社会工作人才实践、社会组织集中监督、社会组织评估、社会组织成果展示等十个方面入手，发挥服务和管理职能。

3. 创新管理方式，优化发展土壤

首先，针对原有社会组织登记管理程序复杂、门槛较高、限制较多的现状，率先在自治区对社区文体类社会组织实行社区备案制，将社区居民自娱自乐的文体组织在社区登记备案。

其次，推行直接登记改革，除法律法规规定须经政府主管单位前置审批的社会组织外，其余的商会类、行业协会类、文体类、社区服务类、公益慈善类等五类社会组织均可以直接申请登记，改变了以往社会组织登记成立双重审批方式。同时，对上述五类社会组织成立不要求场地、零资金注册，实现99%以上的审批事项10天之内即可完成，大大提高了登记成立效率。

最后，制定出台《康巴什新区关于加强和创新社会组织建设与管理的实施办法》《康巴什新区管委会政府向社会力量购买服务项目实施办法》，通过体系化的政策支持，全力拓展社会组织发展空间。

二、主要成效

康巴什新区的社区治理改革在充分吸收周边地区优秀经验的基础上，较为成功地推进了制度创新和实践创新。一方面，"一委一站一居一中心"体制的深化，实现了由"大街道"向"大社区"的转变，推动了政府公共服务资源的集约高效和社区主体职能的准确定位，街道社区基层党组织活力有效提高，社区干部和社工服务群众的意识进一步增强，群众参与社区治理的积极性高涨，社区认同不断增进。另一方面，"一委一站一居一中心"体制关注到了当前西部地区基层政府推动社区治理普遍面临的新课题：基层社会力量的培育整合及其与基层政府公共服务职能的有效衔接和良性互动。依托"一委一站一居一中心"的创新体制，在社区层面打造了"三社联动"的基础平台，形成了"三社一体化"机制，有利于充分回应社区服务的多元化、专业化需求和社区自治力量的参与需求，很好地实现了社区治理体制创新，促进了社区治理结构的良性发展，成为康巴什新区基层改革的亮点。

（一）社区减负增效显著

通过理顺关系、下移职能、事费配套、功能配套、人员保障、经费保障等一系列措施，强化了社区党组织的统筹领导能力、社区公共服务能力和居民自治能力。社区综合服务功能明显增强，社区服务站承担公共事务职能94项，包括区直部门下放的27项、街道办事处下移的53项、收回社区居委会不应承担的14项；社区居委会回归本位，实现了群众选人、大家管事，促进了志愿互助和自我服务。

（二）社区治理体制更加完善

依托"一委一站一居一中心"体制建设社区社会工作服务中心，在社区层面做实了社会组织孵化平台和社工队伍培养平台，有效弥补了区政府、街道层面对各个社区多元需求的敏感度和反馈性不足、社区自治主体对社区发展所需的社会组织引导培育和承接项目能力不足的问题，通过引入社会工作专业队伍、理念、技能和方法，以居民需求为导向，培养扎根社区的各类社会组织，把政府不该管、管不好的社区公共服务事项交给服务组织，为有效形成"三社联动"机制，更好地回应居民需求夯实了体制基础。

（三）社会组织发展活力增强

通过简化注册登记手续、缩短审批时间、实行社区备案制、实施监督管理及等级评估等改革措施，有效运营的各类社会组织数量逐年增加，作为仅拥有 15 个社区的新区，注册登记由 2013 年 12 家到 2017 年 96 家，备案制登记 112 家，社会组织发育成效显著。一系列创新措施形成的"三社一体化"互动机制，建立了专业社工机构培育孵化社会组织和社会组织通过购买服务、公益创投、市场化运作等多种方式以社区为平台开展专业服务的良性循环体系，培育了"三社联动"良性运行的有利环境，实现多元主体参与社区公共服务的"四助"治理格局，即备案制社区社会组织的"自助"、居民带头人成立互助组织的"互助"、社区志愿者的"协助"、政府购买服务的"公助"。

（四）社会组织承接公共服务能力显著提升

"一园多基地"社会组织孵化体系的搭建和一系列培育、管理、扶持的制度创新，为社区资源的有效整合、社会力量的充分发育、政府公共服务的转移承接夯实了体制基础，具备承接政府购买服务项目资质的社会组织迅速发展。2015 年，康巴什新区在至善社会工作服务中心的精心指导下，15 家社会组织承接了自治区民政厅 2015 年政府购买服务社区居家养老、社区社会工作、社区文体宣传及社会组织孵化园运营等项目，占鄂尔多斯市 36 家承接项目社会组织总数的 41%，占全自治区 101 家承接项目社会组织总数的 14.9%，是自治区社会组织承接项目最多的旗区。2016年，新区已有 62 家社会组织具备承接政府职能转移资质，其中 19 家社会组织与政府各部门、街道签订了购买服务协议，承接了 16 项政府项目，协助政府管理社会基层事务及向社会提供公共服务，受到广大居民的广泛赞誉。如至善社会工作服务中心实施的宁馨社区老年大学项目，成为社区老人居家养老服务的品牌项目；铭善志愿者与至善社工实施的爱心厨房送餐服务，充分发挥社工、义工双工联动作用，开展志愿服务，为孤寡老人、残疾人送爱心餐；康巴什新区康盛社会工作服务中心采用社会工作小组活动方法，解决了小区物业公司与业主的矛盾纠纷问题，将小区的多年老大难问题解决，受到居民好评。

【典型案例】康巴什新区青春山街道的"一社区一品牌一特色"

青春山街道办事处为康巴什新区推进社区管理服务改革的先行地区，下辖珠江社区、神华康城社区、康盛社区、园丁社区、恩和社区、学苑社区 6 个社区，包括 35 个小区，辖区人口 40000 余人。街道成立社区党委 5个，小区党支部 16 个，楼栋党小组 25 个，社会组织党支部 7 个，联合党支部 1 个，社区工作人员数量由改革前的 52 名增加到 88 名，新增居委会成员 38 人，选举产生居委会主任、副主任 18 名，成立社区社会工作服务中心 5 家，考取中级社会工作师 9 名，助理社会工作师 15 名。青春山街道提出"党建引领，精准服务"的社区建设思路，将群众由"大众"细分为"小众"，根据辖区人群结构特点打造"一社区一品牌一特色"，各社区创建的特色服务品牌如下。

	神华康城社区	
品牌名称	邻里互助一家亲	
品牌理念	党建引领　邻里友善　守望互助　共创和谐	
建设目标	建设"邻里友善感情好、互帮互助团结好、扬德向善风尚好、全民参与自治好、人人幸福家园好"的"五好"幸福和谐社区	
建设内容	推行"睦邻"工程 实现与邻为善	一年一届社区邻里节
		一季一回长者生日宴
		一月一场青年沙龙会
		一户一张亲情睦邻卡
	推行"启智"工程 实现与邻共进	相同兴趣组建兴趣小组
		相同特长组建社团协会
		相同困难组建互助小组
		相同职业组建行业联盟
	推行"暖心"工程 实现与邻同乐	高尚品德同颂共学
		生活技艺比拼促学
		持家经验交流互学
		致富本领结对跟学
	推行"融情"工程 实现与邻为伴	在职党员结对包联
		包片干部深度走访
		社工专业助人自助
		义工定期上门探访
品牌目标	以党委引领为核心，依托社会工作服务中心，创新社区管理方式，针对居民和企业个性化需求，提供专业社工服务，努力寻找"快乐"点，实现社区服务精准化、多元化、专业化	

续表

		康盛社区	
建设内容	个案服务，关爱特殊群体，情暖民心	关爱困难家庭，实施"暖心行动"服务工程 关爱单亲家庭，实施"阳光成长"服务工程 关爱独居老人，实施"邻里守望"服务工程 关爱残障人士，实施"回归社会"服务工程	
	推行"启智"工程实现与邻共进	退休党员关爱小组，实现真情服务 流动人口融入小组，实现均等服务 老年群体互助小组，实现乐享生活 矛盾纠纷调处小组，实现小区和谐	
	推行"暖心"工程实现与邻同乐	开展"知民"活动 ——创建汇集社情民意的"民情沟通家园"； 开展"聚民"活动 ——创建党员带头示范的"自管自治家园"； 开展"为民"活动 ——创建精细精益管理的"和谐宜居家园"； 开展"乐民"活动 ——创建倡导健康生活的"文明康乐家园"	
	社企心连心	政策服务小组，强化优惠政策运用 职工关爱小组，营造和谐企业环境 商居互助小组，促进商居和谐共处 技能提升小组，培养企业优秀人才	

	珠江社区
品牌名称	心系群众　情暖家园
品牌理念	党建引领　资源共享　亲情服务　共创和谐
品牌目标	以社区党委引领为核心，运用专业的社会工作理念和方法，以政府购买服务的形式，依托市直机关行政资源平台和智慧党建平台，为辖区"上班族""退休族""陪读族"、个体工商户四大群体倾情提供精细化、精准化服务，同时，以服务青少年群体为落脚点，服务全人群，最终打造以"情"为特色的家园式社区
建设内容	为"上班族"创建"放心家园"，实现专心工作
	为"退休族"创建"舒心家园"，实现怡心修养
	为"陪读族"创建"安心家园"，实现悉心陪读
	为个体工商户创建"诚心家园"，实现精心创业
	为青少年创建"开心家园"，实现欢心成长

	恩和社区	
品牌名称	恩泽邻里　和业馨居	
品牌理念	资源共享、人人参与、精准服务、回报社会	
品牌目标	建设居住安心、娱乐欢心、健康舒心、和睦暖心的和谐社区	
建设内容	针对转移农民及离退休人员实施品质养老工程	老有所医、老有所学、老有所为、老有所乐、老有所养
	针对大学生及行政企事业单位职工群体实施安心工作工程	助力成长行动、科学育儿行动、感恩父母行动（大多是流动人口）、青春在线行动

	园丁社区
品牌名称	吉祥乌日和（蒙语"家园"）·幸福连心桥
品牌理念	心心相印　情系百姓　精准服务　温暖万家
品牌目标	打造民族气息浓郁、教育特色突显的学习型、服务型、友好型"三型"社区
建设内容	针对性服务辖区少数民族居民，通过构筑同心桥，实现民族团结和谐一家亲
	针对性服务辖区广大教职人员，通过构筑春晖桥（寓意社区干部真诚的服务），感恩广大老师无私的付出，实现社区亲情贴心一家人的目标
	针对性服务辖区莘莘学子，通过构筑希望桥，营造青少年健康成长的良好社会环境
	针对性服务辖区广大陪读家长，通过构筑芳邻桥，使异地来康的陪读亲属增强归属感，体现社区异乡如家和睦友好邻里情

第五节　内蒙古赤峰市红山区社区治理创新经验

　　红山区是内蒙古赤峰市的政治、经济、文化中心之一，下辖2个镇、11个街道，包括27个行政村、55个社区。红山区是赤峰市探索社区治理和服务创新的先行地区，2015年被民政部确定为第三批"全国社区治理与服务创新实验区"。红山区的创新实验与包头市、鄂尔多斯市等地在方式、特征和着力点上差异明显，其并未以相对统一化的方案和步伐启动改革试验，而是在总体理念指导下，引导支持各街镇立足优势自主探索、先行先试，从而不断提炼经验、理清思路，最终凝练成红山区"党建引领、三社联动、信息化支撑"的实验主题，并逐步细化方案和目标；改革的着力点也并未局限于街道社区管理体制，而是将更大的精力放在如何激发社会力量和社区意识，或者说如何培育多元治理的内生动力和社区居民参与治理的互动精神上。红山区社区治理创新的亮点在文化治理策略中需求回应机制的构建上。

在区级社区治理创新思路引领下，三中街街道、东城街道、长青街道以及站前街道昭乌达社区等积极探索"一委一站一居一室（警务室）"的社区管理体制实践，并取得了党建引领、社区服务、协商自治、社区综治等方面的积极效果；与此同时，西屯街道、长青街道、三中街街道等地在社区社会组织整合培育方面开拓创新，取得了实效。西屯街道率先创新实践"社区公益金点子大赛"，收效显著，为红山区全面推进社会组织培育、深度激发社会力量参与社区治理、不断增进"三社联动"效应积累了宝贵经验。赤峰市红山区《全国社区治理和服务创新实验区中期推进方案（2017 年—2018 年）》（赤红党办发〔2016〕61 号）提出：实施社会组织培育行动，搭建三级社会组织培育平台，通过多元力量助推社会组织发展；实施社区服务力量集聚行动，积极促进居民自治，通过"金点子"提案大赛等活动培育居民家园意识，加强社区居民的责任意识、民主协商意识及参与社区公共事务的热情，提升居民的社区认同感。经过多年来自上而下持续深入的实践推进，"社区金点子提案大赛"已成为红山区政府支持、社会关注、群众喜爱的社区治理创新品牌。

一、主要做法

（一）西屯街道创新"三社联动"需求回应机制

西屯街道位于红山区中心城区，下辖西屯、老爷庙、一西街、六西街

4 个社区，是红山区社区治理创新的先锋地区，2015 年 5 月，西屯街道被确定为赤峰市社会组织孵化培育和政府购买社会组织服务试点。经过实践探索，红山区形成了一套相对完善、清晰可行、具有普遍示范效应的社会组织培育体系和以"三社联动"回应社区居民需求的行动体系，为社会组织培育整体方案的形成以及社区"金点子"提案大赛的全面开展奠定了坚实基础。

1. 搭建平台

一是提供活动空间。西屯街道整合社区资源，搭建 800 平方米社会组织创享空间，既为需要进入孵化程序的社会组织提供成长平台和交流机会，又为辖区居民咨询和参与自己感兴趣的公益活动带来了便利。二是提供专业指导。2015 年 6 月，西屯街道注册成立了专业第三方机构——赤峰弘益社会组织服务中心，专门负责社会组织培育和政府购买社会组织服务具体工作。三是提供资金支持。为及时发现好的想法，调动各方面参与的热情，2015 年 11 月，在赤峰弘益社会组织服务中心的指导下，西屯街道启动"首届社区金点子提案大赛"，并积极筹措资金，一方面为社区金点子提案大赛入围提案项目提供资金支持，另一方面用于购买培育成熟的社会组织服务。四是强化党建引领。成立社会组织联合党支部。

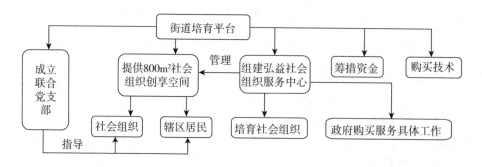

西屯街道社会组织培育平台体系图

2. 完善机制

西屯街道依托社会组织培育平台，建立了联动培育机制，即"确立一个目标、注重两个层面、实行三个步骤、明确四个要素和四个重点"。

"一个目标"即"营造共创共享社区公益创业氛围，引导居民广泛参与社区公益实践"。

"两个层面"分别是社区层面注重提升现有居民组织专业化程度，进一步激发服务活力，扩大社区社会组织数量，增加社区组织化程度；街道层面注重培育一批服务覆盖范围广、承接能力强、团队专业化程度高的西屯街道品牌性社会组织。

"三个步骤"即按基础培育、进阶培育、购买服务三步实施。基础培育阶段：由社区指导项目挖掘、支持办公设备、共享活动空间；进阶培育阶段：由街道帮助梳理组织战略、对接项目资源、指导组织注册、支持项目落地、进行财务托管、提供独立办公空间；购买服务阶段：由街道梳理辖区内群众的需求和现有社会组织服务，通过尝试购买社会组织服务，逐步实现部分事务性、公益性、社会性公共服务由政府直接提供管理转变为向社会组织购买并由街道监督管理。

"四个要素"和"四类重点"即分别以公益性、成长期、潜力型和在地化四个要素公开遴选社会组织，分别对各社区已有自组织带头人、各社区热心公益居民个人、街道已备案社区社会组织和市区范围内有意向的草根组织四类重点进行活动招募。

经过两年的发展，西屯街道通过提升、发掘、引入等方式，在原有 8 家成熟的社区社会组织基础上，培育和发展出具有西屯街道品牌的社会组织 41 家，其中民生服务类 18 家、文体娱乐类 23 家。41 家社会组织均形成了各自的章程、管理制度、志愿者队伍和活动的项目化运作方式，为居民提供了专业性、多元化服务。首届提案大赛的家庭教育支持计划、停车自管项目等都填补了政府能力不足形成的"公益真空"和"治理真空"。

3. 活动引领

西屯街道通过培育和孵化社会组织，充分发挥社区社会组织凝聚居民的桥梁纽带作用、管理社区的参谋助手作用、服务社区的重要补充作用，以"社区公益金点子大赛"和"社区微爱行动"等活动为载体，积极促进社会组织和社区居民参与社区治理，完善社区治理体系。

"金点子"大赛。2015 年 11 月初，西屯街道在红山区率先组织开展了首届"社区公益金点子大赛"活动，以公益性、广泛参与性、可操作性、可持续性、创新性为方向，面向辖区所有居民征集涉及社区发展、社区和谐、群众生活的"金点子"，以更好地发现各层面社区群众需求。西屯街道利用"社会组织创享空间"这一平台，将辖区内的社区社会组织汇总分类，鼓励其参与到社区治理中，通过三社联动、共创共享，发挥社会组织专业作用，为社区提供专业化、精细化、多样化服务，引导社区成员自我提出、自我组织、自我解决问题，激发公众参与活力。大赛历经提案整合、立项、完善、优化、评审等环节，利用两个月时间共征集金点子218 个，梳理出涵盖社区民生、文化、多元协作等方面的 21 个提案项目进行立项和资金支持，进入街道层面具体实施，每个项目要经历中期展示评估和结项评审。据跟踪了解和统计，截至 2019 年 11 月份，西屯街道已精心举办四届社区公益"金点子"大赛，累计征集"金点子"479 个，评选出 68 个提案项目，开展活动5820 余次，带动志愿者6310 余人，项目覆盖人群94960 余人次，不仅为辖区居民搭建起了沟通交流的平台，还有效解决了社区治理中存在的一批难点问题，构建起了多元参与、多方受益的社区生活共同体。

"微爱行动"。2017 年 6 月 8 日，西屯街道"微爱行动"正式启动。"微爱行动"是在两届提案大赛的基础上，对进一步提升居民参与的广度、深度和常态化程度的行动创新，是拓宽居民参与社区建设的新途径。活动通过公益认领的方式，征集社区居民针对社区问题的解决方案，通过社区居民现场评议的方式，动员更多的居民以"居民评议员"的身份或以微小的行动参与到社区问题的解决中，提升项目团队之外的居民对社区公益事务的参与率。为加强活动效应，在所辖四个社区均设立"梦想墙"和"梦想树"征集居民"微梦想"，广泛征集社区困难群众、孤寡老人、残疾人等群体的微心愿，制作成"心愿卡"，在"梦想墙"上予以张贴。西屯街道充分调动和整合辖区力量，通过一对一、一对多等多种形式的面对面访谈、评选、指导，将居民对生活和社会的要求，转化为一个个的具体行动，通过"公益项目认购会"的方式面向社会各界筹集活动实施资金。针对参与过西屯街道提案大赛的项目申请人，街道也进行了多种形式的交流引导，提升现有社区社会组织的活跃度和规范化程度。志愿者根据自己的特长和实际，认领包括助学帮困、政策咨询、心理疏导、纠纷调解、法律援助等方面的微心愿项目。截至2018年6月，西屯街道已完成两期"微爱行动"，共计开展31个公益项目，开展活动38次，受益人群5300余人，内容涉及社区文体、志愿服务、社区民生三个方面。"微爱行动"的成功举办得到了西屯街道人大代表、辖区爱心企业家的大力支持，获得支持资金47135元。

4. 楼宇自治

2018年，西屯街道党工委结合各社区及楼栋实际，以楼道为单位，搭建社区"微自治"平台，选择部分楼栋为试点，推进"楼宇微自治"。各社区将开展特色楼门创建活动纳入协商议事范围，通过梳理议事协商形式、议事协商规则、议事协商程序，建立居民自管会、社区协商议事会、驻街共建单位共商会三级协商议事会平台，采取多种形式听取民意，提升试点楼宇内的居民凝聚力。最终，老爷庙社区确定了"康乐"和"和谐"两个楼道文化主题；六西街社区确定了"扬礼"和"誉和"两个楼道文化主题；西屯社区成功打造"幸福里楼院"，引导辖区住户自行拟定居民公约，对楼院公共空间进行规范管理，按照居民自治、共建共享、突出特色和务求长效的原则不断探索创新。

（二）红山区打造社会组织培育三级平台建设体系

1. 制度建设

以街道层面及周边地区探索形成的多级联动方式和"基础培育—进阶培育—购买服务"三步培养模式为思路，赤峰市红山区民政局 2017 年出台《红山区社会组织培育三级平台建设方案（2017—2018）》（赤红民发〔2017〕56 号），明确了社会组织培育的平台体系、功能定位和职责任务，提出将打造区、镇街、社区三级社会组织培育平台，即区级建立社会组织实践园，各个镇街成立社会组织服务中心或社区社会组织联合会等街道枢纽型社会组织，各个社区依托社区服务设施为社会组织提供社区服务及活动空间，从组织培育、人才培养、项目管理、资源链接等方面为社会组织提供全方位服务，使社会组织发展有方法、有步骤、有资源、有阵地。该方案是对内蒙古典型地区近年来社会组织培育实践经验的全面理论凝结，具有较强的政策指导性和实践操作性。

2. 实践发展

红山区近年来形成了"一园、多基地、N 空间"社会组织培育发展平台。"一园"是指赤峰红山社会组织公益实践园，是区一级孵化培育平台，培育主体是政府购买的专业运营组织；"多基地"是指在镇街建设的孵化培育基地，培育主体是镇街枢纽型社会组织；"N 空间"是指社区公益空间，培育主体是群众性自治组织（社区居委会或村委会）。各社区根据文化氛围、品牌特色、综合服务场所面积、功能室建设等因素，提高和优化社区公益空间的使用率，改变以往"小社区小街道"的概念，区级和街道统筹调配社区公益空间的使用，使"金点子"项目实施场地、服务人群和活动时间等各方面达到公益空间的最佳配比。2017年，红山区完成了区级、镇街、社区三级社会组织培育平台建设，全区城乡所有社区综合服务设施覆盖率达到100%。截至2019年，赤峰红山社会组织公益实践园入园组织40余家；街道枢纽型社会组织实现全覆盖，成为各街镇开展社区"金点子"提案大赛的委托实施机构，对"金点子"项目进行资源链接、资金代管和项目管理；社区公益空间入驻组织700余家，红山区有登记（备案）的社会组织1000余家。

3. 党建引领

红山区发挥社会组织党建工作的政治、组织和人才优势，成立了红山区社会组织发展党建联盟。联盟由红山区民政局党委牵头发起，成员单位包括红山区民政局机关党支部、实践园联合体党支部和13个镇街属地，覆盖登记注册社会组织307家、登记备案社会组织723家。通过将社会组织中优秀的人才培养成为党员，让各行各业党员们的带头模范作用得到充分发挥，将党员逐渐培养成"金点子"项目的引路人。坚持"开放、共享、合作、共赢"的工作理念，通过"政治引领＋平台融合""组织引领＋资源融合""行动引领＋人才融合"保证社会组织的正确发展方向，助推社会组织高质量发展。

【典型案例】赤峰市红山区社会组织培育三级平台体系解析

		职能定位	具体权责
1	区级社会组织培育平台（赤峰红山社会组织公益实践）	统筹规划	1. 统筹规划全区社会组织培育发展工作，指导镇街社区的社会组织工作； 2. 整合多元主体力量与社会资源，搭建资源链接平台，营造社会组织生态环境； 3. 推动政府职能转移，引导社会组织参与社会治理、社区服务，协助规范管理政府购买社会组织服务

续表

		职能定位	具体权责
2	镇街级社会组织培育平台（镇街社会组织服务基地）	推进执行	1. 有效衔接区级和社区平台资源，指导社区平台开展工作； 2. 培育发展社区社会组织，为社区社会组织发展提供政策引导、备案登记、项目设计、团队管理、资源链接、资金支持等服务； 3. 引入对接专业服务型社会组织落地社区，承接政府转移的公共事务，参与社区服务，满足居民需求
3	社区级社会组织培育平台（社区公益空间）	服务阵地	1. 调查收集发布社区服务需求，将需求转化为服务项目； 2. 为社会组织、镇街备案的社区社会组织和社区自组织开展活动、服务提供落地支持和服务监督，实施社区服务项目满意度测评； 3. 发现、挖掘和培养社区公益领袖及社区公益协调人，引导、协助、支持社区社会组织参与社区治理和社区服务

（三）红山区社区需求回应机制的品牌建设

在西屯街道首届社区"金点子"提案大赛成功经验的基础上，红山区于 2016 年 10 月起，在所有镇和街道举办红山区首届社区"金点子"提案大赛活动，11 个街道办事处、52 个城市社区收获 2336 个"金点子"，经过优化整合形成 185 个签约实施项目，其中残疾人服务类 6 个、老年人服务类 58 个、青少年服务类 30 个、特定人群服务类 14 个、综合人群服务类 77 个。2018 年，制定了《红山区社区公益"金点子"大赛项目常态化实施暂行办法》，形成了"金点子"大赛可持续发展的长效机制。三年间，共征集社区公益"金点子"5190 个，立项实施"金点子"项目 526 个。

"金点子"品牌作为亮点工作，受到民政部创建实验区中期评估专家组的肯定。

1. 社区治理创新的重要探索：社区基金会

2016 年 8 月，由红山区政府发起成立了自治区首家社区发展基金会"赤峰市弘善社区发展基金会"，该基金会为地方性公募基金会，以基金会的运营模式，以项目化的资助方式，致力于动员社会资源，挖掘社区力量，服务本地社区的多元发展需求，引导社区组织、社会组织、社区居民更好地办理社区公共事务和公益事业，推动本地公益生态的可持续发展。社区基金会的项目化运作，对整合社区资源、满足社区需求、推动居民自治、促进社区融合等方面具有积极作用，是推进社区治理创新的生力军、推动公益事业发展的新载体、促进社区多元共治的新力量。

2. 打造"金点子"品牌：社区提案大赛

社区"金点子"提案大赛由红山区民政局、赤峰市弘善社区发展基金会主办，根据提案项目所在街道（镇）设立分会场，各街道办事处和枢纽型社会组织承办和实施，以购买服务方式委托赤峰弘益社会组织服务中心运营管理，对所有街镇提案大赛进行全程专业指导和技术支持。赤峰市弘善社区发展基金会为大赛提供 60% 的项目资金支持，其余 40% 的项目资金由财政提供。

区级社会组织孵化培育平台——赤峰红山社会组织公益实践园对在提案实施过程中成长起来的社区社会组织提供全方位的支持，为参赛居民及组织提供免费专业培训，以理论指导和先进经验帮助提案人推进项目。各街道社会组织服务中心或联合会，为社区工作者、专业社会工作人才、提案人和居民提供咨询、一对一辅导、培训以及陪伴成长服务，引导居民广泛参与，自我发现问题、自己组建团队、自主解决问题。

社区提案大赛项目周期为一年，项目周期划分为项目征集、优化立项、项目实施、项目总结四个阶段，旨在动员并指导广大社区居民、社会组织、社区社会组织和团体、非营利性公益组织及社区工作者等社会力量发现社区问题，提出改善建议并执行项目方案，在创新社区治理中积极承担社会事务，参与公共服务。

社区提案大赛的直接目标是结合社区治理工作，针对社区公共服务需求，发掘一批创新性高、可行性强，能有效解决社区居民需求的微小型公益服务项目，弥补政府公共服务的不足，提升社区治理水平；最终归宿是通过大赛挖掘一批有能力、有意愿、有热情为社区开展公益服务项目的社区公益达人，搭建辖区社会组织与社区居民交流互动的平台，提高社区居民对公益项目的认知度和参与度，激发多元力量参与社区共治的热情，形成共建共治共享的社区治理格局。

二、主要成效

赤峰市红山区以"党建引领、三社联动、信息化支撑，推动社区治理服务机制创新"为社区治理创新主题，以"社会组织培育三级平台建设"为基础、"金点子"社区提案大赛为载体，探索精细化服务新路径，激发"三社联动"新动能，搭建多方共治新平台，走出了一条"红山特色"社区治理创新之路。

红山区"社区提案大赛"帮助政府充分聚焦社区治理，是政府升级治理方式，转变治理理念，引导社区主体采取提案方式参与社区治理的创新实践。将来源于社区多元主体的兼备可行性、需求性的公益"好点子"变成提案进行优化实施，有效提升了社区公共服务精准度，以精细化的服务打通了服务群众"最后一公里"；有效促进了社区社会组织的萌发和成长，社区自组织能力得到进一步锤炼和完善；实现了社区居民、社区社会组织、专业社会组织和社区工作者对社区公共事务的深度参与，共建共治共享的文化价值理念深度融合到社区治理体系和治理过程中，广泛渗透到社区主体的意识和行动中，社区居民的认同感、归属感与日俱增。

（一）社区服务精细化程度显著提高

社区提案大赛动员居民发现社区治理问题，收集社区居民、社区团体、社区社会组织等参与主体的提案，打捞社区诉求，回应居民呼声，挖掘公益种子，升级社区服务，畅通了居民参与社区建设的渠道，弥补了政府公共服务的不足。数量庞大的社区微提案经过提炼、筛选、优化、升级，在支持性机构的陪伴指导下，对接社区社会组织或专业社会组织提出解决问题的方案，形成多方支持的公共服务项目，使居民能够享受到更加精细化的服务，居民的多样化需求不再单纯由行政力量自上而下提供，而是通过一个个提案以项目化的形式"自解决"。首届社区提案大赛签约实施的185个项目中，青少年服务包括国学普及、创意手工、体育健身、亲子教育、陪伴成长、流动儿童社会支持等内容；残障人服务为残障人士提供帮扶、就业、社会融入等多方位支持；老年人服务包括文体娱乐、法律援助、养生护理、健康体检、心理健康、信息技能普及等具体内容；特定人群服务重点关照复转军人、环卫工人、慢性病人、单亲妈妈、外来务工人员子女等特定社会群体，特殊群体的需求得到了更多满足。这些项目使得社区公共福利不断增加，社区公共生活更加充实，社区认同感和归属感更加强烈。

（二）社区自组织能力明显强化

社区提案大赛为居民搭建起沟通交流的平台，激发了居民的自治热情和社区活力，撬动了更多的社区居民和社会力量自主参与社区事务，维护了社区居民的知情权、参与权、表达权、监督权，促进了社区自治主体职能归位，提升了社区自组织能力和自治水平，社区整合各方资源解决公共问题的意识和能力明显提高。据统计，首届提案大赛开展活动 6322 次，服务覆盖 253537 人次，带动创业就业 443 人，发动志愿者参与 13345 人次，发动 732 名居民带头人参与提案，挖掘和协助组建社区社会组织 649 家，孵化培育出企业社会责任行动联盟、昭乌达社区老年协会、创艺手工体验交流中心、晓菲志愿服务站、红枫叶心智障碍家庭互助中心、致慧青少年家庭教育服务中心等在民政登记成立的社会组织 66 家，涌现出西屯街道老爷庙社区全国"最美志愿服务社区"等先进典型社区。

（三）三社联动效能有效增强

社区提案大赛搭建起了"以社区为平台、社工为支撑、社会组织为载体"的良性互动格局，社区治理与服务体系更加专业化、精细化、现代化，有效发挥了三社联动效应，更好地回应了社区主体的多元化服务和发展需求。提案大赛的深入推进，培育了一批社区社会组织，锻炼和提高了社工队伍的专业能力，还塑造了一批具有参与互助意识和公益慈善精神的社区居民，培养了大批社区社会组织骨干和社区公益协调员，一批青年社区工作者在大赛中得到锻炼和成长。大赛充分发挥专业社工在活动中的服务及带动作用，共举办流程解析、优化立项、资金使用 3 场全区大型培训会，38 场赛前辅导会，500 余次项目实施指导，10 场外地专家专场培训课，93 次现场监测和能力督导，保证项目顺利落地实施。

（四）共建共治共享效应突出

以社区提案大赛为依托，基层政府在取得社区居民和社会组织的深刻认同的过程中，有效推进了社区协同治理，政府职能部门不再是社区问题的主导者、决策者，而是资源的提供者、平台的搭建者、过程的推进者，致力于满足社区多元需求，推进多元共治，实现利益共赢。社区提案大赛创新和拓展了多元主体参与社区治理的新渠道，吸引了一批公益伙伴、志愿者、社会组织、驻区企事业单位投身社区建设，公募基金会和专业社会组织的介入，发挥了动员各方资源助力社区发展的作用，首届社区提案大赛共获 863253 元资金支持，其中自治区首家社区发展基金会——赤峰市弘善社区发展基金会提供资金占 60%；大赛着力营造"人人提供服务，人人享受服务"的共建共治共享氛围，为普通居民提供了施展才能的舞台；大赛广泛汇集了政府、社会、居民各方面资源，坚持项目利民、创新为民、活动惠民，居民需求得到更有效、更专业的关注和响应，切实解决了居民关注的社区问题，构建起了多元参与、多方受益的社区生活共同体。①

【典型案例】红山区长青街道"提案大赛"火热开展助推社区治理

长青街道位于红山区中心城区，辖长青社区、花园社区、东树林社区等 4 个社区，有居民 11078 户，31200 余人。

2017 年 1 月 6 日下午，在长青街道办事处四楼会议室，4 个社区 16 个提案项目的提案人齐聚一堂，长青街道首届社区"金点子"提案大赛拉开序幕。项目负责人在社区居民们的见证下进行提案项目陈述，现场由项目专家评委弘益社会组织服务中心对每个项目进行点评并提出建议。一个个提案人站在大赛舞台上，认真陈述着自己想要改善社区环境、完善养老体系等一系列提案，获得评委与社区居民们的阵阵掌声。经过征集、优化立项，4 个社区共征集居民金点子 28 个，形成提案项目 16 个。所有提案陈述完毕后，居民从符合社区需求、可行性等方面对提案项目进行评分，最后评选出 8 个"优胜奖"项目，8 个"优秀奖"项目。

最先上场的是长青社区的提案人冯鸣镝，今年 47 岁，居民代表，一年来带领热心居民在社区开展"红袖标"志愿巡逻服务，他们在清洁楼院环

---

① 付春华. 激发城市社会主体活力的社区治理创新实践——以内蒙古赤峰市红山区为例［J］. 现代城市，2019（4）.

境、保证楼院安全、丰富楼院活动方面均发挥了很大的作用，形成了一支自我管理、自我服务的自治队伍。在需求与创新的引导下，冯明镝站到了街道提案大赛的舞台上，陈述着巡逻队接下来的发展方向……

红山区长青街道首届社区提案大赛立项资助项目名单			
序号	项目名称	项目提案人	所属街道
1	老高交通爱心服务队——志愿服务在行动	高国兴	长青街道办事处
2	长青社区巧手维修服务项目	黄朝晖	长青街道办事处
3	花园社区"笑颜义工"助老服务行动	丁爱民	长青街道办事处
4	花园社区"乐公益"按摩服务项目	申文虎	长青街道办事处
5	融合驿站　百姓舞台——花园社区文化服务项目	刘志新	长青街道办事处
6	东树林社区"爱满夕阳"文化服务活动	马慧娟	长青街道办事处
7	长青社区梦工厂——手脑创意开发计划	王彬彬	长青街道办事处
8	"和我一起养养眼"自然视力矫正公益项目	田慧英	长青街道办事处
9	喜牵红线——义务红娘帮帮忙项目	王春红	长青街道办事处
10	长青社区红袖标志愿巡逻行动	冯鸣镝	长青街道办事处
11	火花社区"足益生"爱心修脚志愿服务项目	霍红英	长青街道办事处
12	绿马甲老年志愿清洁服务项目	信海龙	长青街道办事处
13	长青社区娘家人工作室项目	顾守文	长青街道办事处
14	东树林社区"心语港湾"心理辅导项目	刘艳	长青街道办事处
15	爱绿护绿——花园社区家园美化项目	李瑞芳	长青街道办事处
16	东树林社区环保酵素推广项目	刘素平	长青街道办事处

通过社区提案大赛立项的 16 个项目，解决了社区服务管理难题 40 多个。一是解决群众身边的事，提案使社区文体类、维修类、互助类等自治团队应运而生，一个又一个居民需求不再单纯由政府解决，而是通过提案共同解决。二是解决群众闹心的事，如社区治安问题，提案项目"红袖标"巡逻队统一着装、统一标识，每天分时段分区域开展义务巡逻。三是解决行政管理效果不佳的事，针对小区个别居民将公共绿地占为己有，种植蔬菜、堆放杂物等问题，花园社区居民提出"爱绿护绿家园美化"提案，成立志愿服务队，开展护绿宣传，劝阻居民毁坏绿地行为，开展补绿增绿行动，成功破解了管理难题。四是解决职责不明确的事，如清理小广告、居家养老、心理辅导等问题，花园社区"笑颜义工"助老服务的提案，找到了高龄老人居家服务的新途径；长青社区"娘家人"工作室项目，引导社区矛盾纠纷内部调解解决，对社区和谐稳定起到了积极作用。

第六节　内蒙古二连浩特市社区治理创新经验

二连浩特市位于内蒙古自治区正北部，北与蒙古国口岸城市扎门乌德隔界相望，两市相距 4.5 公里，是我国对蒙开放的最大口岸，距首都北京最近的边境陆路口岸。城市建成区面积 27 平方公里，城镇化率 94.3%，下辖东城社区、西城社区、南苑社区、北疆社区、锡林社区、额仁社区、呼和社区、乌兰社区共 8 个社区及 1 个苏木（5 个嘎查），全市总人口约 10 万人，户籍人口 3.1 万人，仅占总人口的 1/3。2014 年，二连浩特市被民政部确认为第二批"全国社区治理和服务创新实验区"，近年来，按照"加强基层党建、精简管理层级、优化整合资源、实行区域化管理"的改革思路，依托地缘优势，在探索"市直管社区"体制机制和边疆地区流动人口服务管理模式上先行先试，形成了基层党建引领的新模式、社区协同治理的新体制和流动人口融入社区发展的新路径。

一、主要做法

（一）社区主体权利体制的构建

1. 打造"口岸一盘棋"的"国门党建"品牌

在纵向联动上，充分发挥口岸优势，树立"一盘棋"思想，深入打造基层党建共同体。打破行政隶属关系，整合各级各类党组织，成立"口岸联合党工委"，由市口岸办牵头，整合外事办、商务局、海关、边防检查站、铁路车站等各类党组织资源，建立"口岸党建联席会"制度，形成党建、业务、服务一体化发展模式，打造由市委统一领导、各职能部门统筹协调、各级党组织密切联动的"国门党建"共建品牌。

在横向联动上，实施"1+N"区域党建模式，建立社区党工委，整合辖区内各类组织，将区域内各类组织纳入基层党建范围。全市8个社区党工委建立"基层党建联席分会"制度，形成以社区党工委为核心、社区居委会为基础、各类社会组织为支点的社区"大党建"共建格局。各社区进一步优化组织设置，建立"三级组织四级负责"党建模式，消除组织覆盖"空白点"，有效发挥社区兜底管理作用，形成基层党建共建合力。

2. 创新实践"市直管社区"的"大社区、大服务"治理体系

借助城市发展基础和优势，优化管理体制，精简管理层级，撤销了原有的3个街道办事处，将原有14个社区整合为8个，将原"市、街道、社区"三级管理体制优化为二级管理体制，由市级主管部门直接对接各社区，提升对社区治理的统筹指导和支持服务效能；同时，各社区建立"社

区管理服务中心"，将社保、就业、民政等 42 项政府公共服务职能直接下沉到社区管理服务中心的便民服务大厅，实现基层公共服务的"扁平化"体系，形成了"市直管社区"的"大社区""大服务"模式基层治理体系。

3. 重塑"社区本位、居民为主"的社区自治体制

研究制定《关于推进社区规范化建设工作的实施意见》《精简和规范社区工作实施细则》等制度，对社区党工委、社区居委会、社区管理服务中心的职能职责、具体事项等细致梳理划分，扎实推进社区减负增效，建立社区职责准入审批机制，对市直各部门需社区协助完成的工作，由主管部门统一受理审核，共梳理出 191 项具体事项，其中服务类 74 项，管理类 117 项，取消社区居委会工作任务 3 项、组织机构 4 个，取消纸质台账 6 项。将社区行政事务和公共服务事项划归社区管理服务中心，让社区居委会回归自治本位，依法履行社区自治职责，重点发挥组织发动群众、指导小区成立业主委员会、开展社区协商等作用，维护社区居民自治权利和利益。指导全市 181 个住宅小区选举产生业主委员会 169 个，组建率达 93%。推选楼栋长、院落小组长 764 人，形成多层次的社区自治网络。由社区党工委或居委会牵头，通过居民协商议事会、民情恳谈会等形式开展社区协商，将城市建设管理、小区改造、物业管理、邻里纠纷等事项纳入社区协商内容。

（二）需求回应机制的构建

1. 以"强化基础、精细管理、保障人才"优化社区公共服务

强化社区公共服务基础。整合原有街道办事处办公场所，累计投入 2000 余万元，对 8 个社区办公活动场所进行新建、改扩建，社区服务场所平均面积由原来的 253 平方米增加到 1940 平方米，社区管理服务中心便民大厅实行"前台一口受理"。经费保障方面建立财政统一拨付、主管部门

集中管理、社区自主报账使用的财务运行管理机制，社区工作经费根据社区常住人口数量进行核定，经费基数由改革前的每人每年5元增加到现在的每人每年40元，并保障足额到位。

提高社区精细化管理服务水平。打破原有条块分割管理和服务方式，将市区划分为123个管理网格，每个网格下辖200～300户居民，并配备专职网格员为居民提供上门服务，将社区服务、民生保障、综治维稳、矛盾纠纷排查化解等事务有机融入网格工作中。为社区网格员配备外勤助手终端设备，把与居民生活密切相关的城市建设、物业管理等方面的问题，通过信息化手段及时转交相关部门解决，并提供代理代办、网上预约、网上受理办理等服务，切实方便居民群众办事。整合26个部门的社会管理信息资源，全方位采集"人、地、物、事、组织"等信息，建立社区综合信息服务平台，并纳入全市智慧城市建设总体规划，形成了"一库一站三平台"的信息化工作手段（即社区综合信息库、社区便民服务网站、社区工作人员"外勤助手"管理平台、政务服务综合管理平台、智慧城市"12345"综合服务热线平台）。

保障社区专业工作人才。一是充实社区工作力量。通过原有街道人员下沉、失业人员考录、开发公益性岗位等方式，社区工作人员由原来的98人增加至170余人。二是建立社区工作者激励培养机制。将社区工作者划分为公务员、事业人员、民生志愿者、公益性岗位等5类，社区党工委书记为正科级公务员，社区党工委专职副书记、服务中心副主任为副科级，居委会主任享受事业单位副科级待遇，先后从优秀社区工作者中选拔部门单位领导干部7人、从社区普通干部选拔社区副科级干部16人、从机关选派社区领导班子成员12人，把24名政治素质、综合能力过硬的优秀人才推选为社区党支部书记，并积极推选支部书记兼任居委会主任，将68名有威望、责任心强的驻区单位党组织负责人推选为社区党工委委员，成为社区党建和引领发展的重要力量。

2. 创新"均等服务、多元保障、融合共享"的流动人口社区服务
方式

实行均等服务，把流动人口纳入城市基本公共服务保障体系，梳理形
成流动人口基本公共服务项目清单，惠及流动人口基本公共服务项目7类
23 项，涉及就业创业、社会保障、教育卫生、文化体育等各方面，使流动
人口享有均等化服务。

加强多元保障，根据流动人口的特点，建立以社区为主体、相关单位
密切配合的联动工作机制，定期开展入户调查、安全检查、防范教育、扶
贫帮困等活动，帮助流动人口解决实际困难，将"救急难"试点范围扩大
到流动人口，流动人口可灵活选择参加社会保险，及时得到临时救助、慈
善救助、司法救助等各类社会救助；对流动人口中的外国人单独建立工作
台账，对外国人就学、就医给予"市民"待遇，并实施减免学费、医疗费
等优惠政策；将外国人纳入疾病应急救助范围，建立外国人消费维权机
制，拓展跨国维权渠道。

促进融合共享，利用社区协商议事会、民情恳谈会、社区微信平台等
载体，充分征求和吸收流动人口对社区建设的意见建议，畅通流动人口参
与社区协商的渠道；赋予流动人口在居住地参加民主选举的权利，吸收部
分流动人口成为社区居委会委员、业主委员会成员、居民小组长；定期举
办社区消夏晚会、球类比赛、联谊会、健身舞会等文体活动，促进流动人
口与本地居民的交流沟通。

3. 以"党建引领"激活社区共治力量

充分发挥社区、驻区单位和各领域党组织合作共建作用，搭建社区共
治载体和平台，建立以社区、驻区单位、非公党组织为成员的"睦邻党支

部"，引导各行业党员发挥自身优势，参与社区服务。在各社区设立教育、安全、文化、就业、健康、生活等6大类20个公益岗位，为在职党员设岗定责，由各单位党员到社区认领服务岗位，紧密结合党员个人特长，搭建服务平台，履行党员职责，促进党员服务向网格、向楼栋、向家庭延伸。充分发挥社区党组织先锋示范作用，引领社区志愿服务发展，279名党员组建了党员先锋、青春动力、文化体育等7支志愿服务队，开展社区志愿和互助活动。深入开展"机关单位包联小区"专项行动，建立社区统筹协调、机关单位分包负责的包联小区工作机制，将全市181个居住小区分配给103个单位进行包联，帮助完善小区基础设施、规范小区物业管理、解决居民实际困难。

二、主要成效

二连浩特市作为我国对蒙开放的最大口岸、向北开放的前沿窗口，依托地缘优势和城市发展特点，在内蒙古地区率先尝试了"市直管社区"的基层治理体制，在市委市政府"口岸一盘棋"思想的引领下，建立了"大党建、大社区、大服务"的基层治理模式，激发了多元主体力量，提升了社区治理效能，优化了公共服务方式，特别是在流动人口均等化服务和融入社区发展方面建立了有效路径，形成了在"共建共治共享"价值理念指引下的社区治理创新成功经验。

（一）有效强化了基层党建引领作用

通过成立口岸联合党工委、社区党工委，打破行政隶属关系，统筹片区和社区，建立基层党建联席分会等方式，深度打造了引领社会治理的基层党建共同体，有效统筹了各级各类党组织力量，切实强化了基层党组织的政治引领功能，形成了"口岸一盘棋"的共建格局。基层社区治理在党建引领效应下，从单兵作战转变为合力出击，由封闭运行转变为融合发展，有效发挥了对基层治理资源、服务、力量的统筹协调和组织动员作用，各政府职能部门等行政主体、社区党组织、社区居委会等社区主体、社会组织和辖区企事业单位等社会主体的热情和潜力被有效调动，形成了基层社区治理的多元共治效应。在党建、治理、服务一体化格局的支撑下，通过打造"国门党建"品牌，创建"睦邻党支部""十星级"党支部、党员志愿服务队、12345智慧党建热线平台等基层党建载体，有效发挥了党组织和基层党员的示范引领和先锋模范作用，使党员成为社区治理中的重要力量。

（二）有效强化了政府部门主导作用

"市直管社区"基层管理和服务体制的创新改革，通过强化职能、撤销街道、整合社区、下沉服务的方式，有效强化了基层政府在社区治理体系和治理过程中的主导作用。在改革过程中，通过成立和强化针对社区治理的组织机构和政府职能部门，精简基层管理层级为"市—社区"二级管理体制，有效提高了政府主管部门对社区治理的统筹规划和指导支持效能，为主管部门传递政策信息、掌控发展情况、发现治理问题、指导治理过程等方面提供了高效、便捷的途径，社区主体与政府主管部门在推进社区发展、反映基层意愿上的沟通互动更加及时有效。

（三）有力提升了社区公共服务水平

依托"市直管社区"体制改革，通过整合社区规模、统筹基层服务资源、建立一站式社区管理服务中心的方式，建立了社区服务主体与政府职能部门直接对接的工作机制，提升了政府对居民服务诉求、受理服务事项的反馈和处理效率，实现了社区公共服务"扁平化管理"；通过加强和改善社区服务场所和基础设施建设、增加社工数量、强化人才保障、提高经费标准、实施网格化管理、强化信息化支撑等一系列方式，社区汲取基层意愿、收集社区问题、提供精准服务、回应居民诉求的能力明显增强，强化了社区公共服务"精细化管理"。

（四）有力促进了社区自组织发育

依托"市直管社区"体制改革，社区减负增效工作深入推进，社区党组织、社区管理服务中心、社区居委会三大社区主体的职责权限进一步明晰，社区管理服务中心承接了政府下沉社区的公共服务事项，社区居委会的行政任务得以剥离，自治角色得以回归，在体制上夯实了社区自治基础。在社区党组织引领下，社区居委会开始注重自治网络的完善、自治组织的培育、自治行动的组织、自治制度的健全等方面，绝大部分小区成立了业主委员会，以楼栋长、院落小组长为身份的一批"社区骨干"不断成长，居民议事会、民情恳谈会等制度机制得以落实，社区协商活动日益成为解决社区问题、化解矛盾纠纷、推进社区建设的重要手段。

（五）深度营造了本地居民与外来居民的"共建共治共享"氛围

面对城市流动人口比例较大的实际，二连浩特市顺势而为，将流动人口作为营造基层治理"共建共治共享"格局的重要抓手，形成了"生活共融、责任共担、事业共创、成果共享"的流动人口服务管理和参与社区建设新模式。

在"口岸一盘棋"的党建引领效应和"市直管社区"改革所带来的"一体化""扁平化""精细化"服务效应下，二连浩特市内流动人口包括外国人员享受到了基层均等化公共服务，在就学、就医、救助等各方面落实帮扶政策，让流动人口对居住社区的认同感、归属感不断增强。同时，通过赋予流动人口在居住地的民主选举权，吸收其成为社区居委会委员、业主委员会成员、居民小组长，引导流动人口充分参与社区协商议事会、民情恳谈会，充分保障流动人口的社区居民权利和切身利益，鼓励和引导流动人口主动融入社区，与本地居民共同参与社区建设、推进社区治理、享受社区福利，从而深度营造了"共建共治共享"的社区治理氛围。

第七节　内蒙古自治区社区治理创新的
基本经验和再拓展空间

内蒙古自治区近年来各典型地区的社区治理创新，既呈现出彼此在实践路径上的独特性，又具有发展经验和创新成效的共同性。

一、基本经验

从过程角度看，通过考察内蒙古各典型地区的创新实践过程，可提炼出以下几点发展经验。

（一）强化党建，保障人才

要始终把加强基层党建工作作为推动社区治理创新的首要任务和核心抓手，强化其在街道社区层面对基层治理的组织引领作用，以党的政治、思想、组织建设引领基层治理全过程，做实做优党建引领机制，发挥其凝聚力量、统揽全局、协调各方、组织动员、引导示范等方面的作用。街道党（工）委要统筹协调辖区内各领域党建工作，打破社区与驻区单位和组织的党建"壁垒"，整合调动各类党建资源，将驻区单位党组织、"两新"组织等各领域基层党组织统一到街道社区党委的领导下，以街道社区党组织为主导，加强组织共建，推进活动共联，实现资源共享，推进街道社区党建、单位党建、行业党建互联互动、互促互补、互利共赢，形成以街道党（工）委为核心、社区党组织为基础、各领域基层党组织为支点的紧密型基层党建共同体，为引领社区治理、服务居民群众夯实基础。要以基层党建共同体为有力支撑，创新党建载体，打造党建品牌，带动社区服务、社区志愿、社区协商、居民自治、多元共治等社区治理要素的良性发展。

要以强化社区党建为有力依托，做好社区专业人才的培养和保障。应研究制定科学有效的评价方式，通过设计符合当前社区发展需要的考核项目和考核办法，着力选拔任用有基层经验、有治理思维、有统筹能力、有文化素养、有亲民气质、有为民热情的社区党委负责人，并积极通过法定程序推选为社区居委会负责人，通过党组织力量集聚各类社区专业人才扎根基层，为社区治理创新提供持续的推动力和创造力。要为社区工作者建立良性健全的培养激励制度体系，为社区"两委"负责人创造积极包容、立足长远的干事创业环境，营造积极探索、大胆创新、脚踏实地、久久为功的改革意识和实践精神，推动社区治理创新夯实基础、不务虚名、不断深入。在内蒙古各典型地区的社区治理创新过程中，不仅基层党建组织力、影响力持续加强，还以此为依托通过政策渠道吸引了大量党政人才、社工人才在社区落地，通过落实身份、提高待遇、绩效奖励、培养晋升等方式，有效激发了人们投身社区治理的工作热情。

（二）注重调研，科学规划

社区治理发展，与本地区、本社区的各方面具体状况、特点、优势密切相关，推动社区治理没有万能方案，必须立足实际、因地制宜。做好一个地区、一个社区的社区治理工作，大到整体的发展规划、推进方案，小到具体的实施路径、解决办法，都必须要建立在扎实有效的调查研究基础上。习近平总书记强调，"调查研究是我们做好工作的基本功"，"正确的决策离不开调查研究，正确的贯彻落实同样离不开调查研究"，"既要到工作局面好和先进的地方去总结经验，又要到困难较多、情况复杂、矛盾尖锐的地方去研究问题"①。这些重要论述，为我们做好调查研究、科学规划提供了根本遵循。

通过多渠道、多层次、多方面的深入调研，既要摸清自身的发展基础、矛盾症结和现实需求，又要学习研究其他地区的政策背景、实施条件和先进经验，从而科学确定适合本地区、本社区的发展定位和方略，因地制宜制定地区社区治理的专项发展规划和配套政策方案。既要科学务实，又要适度前瞻，确保规划方案稳步实施、政策落地。基层政府应建立跟踪问效的长效机制，由社区建设主管部门牵头对规划方案落实情况定期开展调研，结合了解到的实际情况和先进做法，及时健全完善规划子方案，及时调整、跟进、传递政策意见，确保基层单位在推进社区治理时能够具有上下统一的政策依据和行动方向。

无论是包头市青山区率先探索的"一委一站一居"体制，昆都仑区创新打造的"两中心一平台"，还是赤峰市红山区高位设计的"社区金点子提案大赛"以及二连浩特市的"市直管社区"大胆改革，均是各地区在深入调研自身情况和发展需求的基础上，积极采取"走出去"方式，广泛学习借鉴深圳、上海、南京、北京等先进地区实践发展经验后，立足实际、科学研究、务实规划、反复探索的结果，而不是闭门造车、坐而论道。

（三）精细切入，精准推进

社区治理是涉及多主体、多要素、多环节的系统工程，必须具备务实有效的推进策略和办法，需要立足发展基础，聚焦矛盾症结，找准问题切口，实施精准发力。自身发展优势是撬动全局的重要支点，是准确设计推进策略的重要考量因素。立足优势，精细切入，精准推进，有利于在推进

---

① 习近平. 在党的十九届一中全会上的讲话（2017 年 10 月 25 日）［R/OL］. 求是，2017 – 12 – 31.

社区治理中把握工作重点，抢抓发展机遇，打开工作格局，实现以点带面。从长远看，有利于形成独特的社区治理品牌。

包头市青山区首先以打造多元共治的社区治理体制为突破口，按照"精街道、强社区、促服务"的思路，通过精准的下沉社区、还权于民的实施政策，在各社区做实"一委一站一居"体制，充分释放了多元主体活力，为之后在社区协商、业主自治、三社联动等方面的探索集聚了改革创新动能；昆都仑区则是首先聚焦于街道社区公共服务能力建设，全力打造"两中心一平台"，为进一步推进社区减负增效、探索社区协商"一委三会"机制提供了有利空间；二连浩特市以精简基层管理层级为切入点，通过实施社区整合、市级直管、下沉服务、去行政化等一系列针对性措施，打造"大党建、大社区、大服务"社区治理模式，为进一步强化社区自治能力，实现流动人口均等化服务和社区融合共治，创建国门党建品牌奠定了坚实基础；赤峰市红山区充分汲取基层经验，以精心筹划开展"社区公益金点子大赛"为有力抓手，几年来不断深入发展，有效带动了社区社会组织培育孵化体系的发展、专业社会组织和社区基金会的发展、社区自组织机制的发展，成为推动"三社联动"、打造社区"共建共治共享"格局的"梦工厂"。

二、再拓展空间

从结果角度看，梳理内蒙古各典型地区的社区治理创新成果，其主要成效亦具有共通性，可以概括为四个方面：一是健全了社区协同治理体系，二是增强了社区公共服务能力，三是提升了社区协商自治水平，四是完善了共建共治共享机制。通过以文化治理策略为视角的创新实践考察，可以看到内蒙古地区的社区治理创新主要集中体现在"主体权利体制构建"和"需求回应机制构建"，即"制度文化"和"行为文化"这两个层面，因此，其在文化治理策略体系中的"物质文化"和"精神文化"层面，实践上仍具有进一步的拓展空间。主要包括以下两方面。

1. 着力打造与社区"共建共治共享"的交往互动空间

交往互动空间集中承载着社区物质文化，是社区文化治理的重要实践载体，是社区公共空间的物质基础。在考察过程中发现，各街道社区普遍在打造有"人气"的、便于社区居民交往互动的公共空间上还明显不足。大部分社区仅有一个集公共服务、社区"两委"办公于一体的党群服务阵地，有些已建成标准化党群服务中心、一站式综合服务大厅，但主要功能更多地局限于公共服务、召开会议和宣传展示，有些场地和空间虽已挂牌"社区活动室"和"居民议事厅"等，但时常门窗紧锁、徒有虚名，对于那些居住距离偏远的居民群众来说，关注和参与热情不高，更多的居民群众倾向于在居住小区内参与社区公共活动。一些新建小区拥有面积不小的活动大厅，但由于居民中年轻群体比例较高，交往互动需求较低，导致功能性不强、利用率不高而长期闲置，相反，众多老旧小区内的居民公共参与热情和对交往互动空间的需求相对较高，但普遍公共活动场所狭小，有的地理位置偏远，有的基础设施陈旧或缺乏，难以满足需求。这些公共场所有"公共"之名，无"公共"之实，更多的社区居民仅知道这些场所里有社区干部的办公室和会议室，可以去办理社保、申请低保、出具各种证明，不太清楚那些加挂各种牌匾的场所还有哪些具体功能和活动空间，认为那里就是社区"两委"的办公楼，是社区干部和"社区精英"们的工作和活动场所，通常感到与自己无关。

这样的状况一方面造成了社区的公共资源浪费，公共场所的价值功能单一，社区缺乏吸引居民、促进居民相互交流沟通、参与社区议事、组织公共活动、关心社区发展的居民共享空间，缺乏社区团体和组织发育成长的基础环境，缺乏"共建共治共享"格局的最基础支撑；另一方面，对广大社区居民的心理造成了对社区公共生活的疏离感，极大地抑制了社区居民主动走出家门、参与公共事务、关注社区建设的热情，难以形成对社区的认同感和归属感。这两方面影响往往使基层政府、社区党委、社区居委会等主体对增进邻里关系、组织公共参与、推进社区治理的努力事倍功半。

因此，对于打造具有"亲和力"，能够集聚"人气"，承载社区文化的交往互动空间，基层政府如何发挥统筹主导作用，加强对社区公共资源充分开发、合理利用的制度设计和政策引导，指导社区党委、社区居委会在引领和助推社区治理过程中，积极借助专业社会组织力量和社区自组织力量针对交往互动空间进行需求调查、参与动员、方案设计和运营维护，激发社区居民群体广泛关注、参与和利用，从而实现"共建共治共享"，仍具有较大的实践创新空间。

包头市青山区自 2017 年开始在此方面进行了初步探索并初见成效。青山区从以往开展阵地建设追求较大面积、服务功能齐全和能够承载较大规模活动的"大而全"思路，转为向社区群众提供更多的简单服务和小规模日常活动场地的"小而精"理念，聚焦于众多老旧小区交往互动空间的供需矛盾，选取居民聚集区内相对独立的面积小于 100 平方米的场地，通过将老旧小区闲置底店、门房、车库等建筑进行改造，打造了一批外观一致、标准统一的"'一米阳光'邻里屋"，将活动阵地真正建到居民家门口，一定程度上改善了党群活动阵地的分布、功能与居民群众的意愿、需求不协调的问题。目前已建成启用的 29 个"一米阳光"邻里屋，在开展邻里纠纷调解、老党员读书看报、居民交流交往等服务基础上，利用区域资源优势，通过引入法律讲堂、开展公益义诊、组织读书分享会、搭载"微实事"项目等方式，将"一米阳光"邻里屋打造成服务群众"最后一公里"的具有邻里相聚、休闲娱乐、生活服务、开展活动等多元功能的集约化党群服务阵地。对于"一米阳光"邻里屋的日常管理，街道社区坚持"党委建设、党员管理、居民群众使用"的原则，通过推荐选聘、发放补贴等方式，确定48名日常管理员，组织党员群众自主管理，激发居民自治热情。

2. 着力培育社区"共建共治共享"的共同价值意识

共同价值意识集中承载着社区精神文化，反映着社区居民对社区公共生活普遍持有的价值取向和思维方式，是社区公共精神的本质内容，是文化治理策略体系的内在动力，对社区治理主体具有价值引领和行为导向作用。共同价值意识是在社区文化不同形态的发展过程中不断巩固的，社区精神文化作为社区文化体系的核心，是共同价值意识形成的核心要素。社区"共建共治共享"的共同价值意识基本形成的主要标志是，社区成员普遍秉持"权责对等、协商协作、利益共享"的公共精神。通过加强社区精神文化建设，强化社区成员对多元参与、信任互惠、协同共治的文化价值共识，促进居民群体对政府基层治理理念和社区生活共同体的心理和行动认同，激活多元主体参与治理的内生动力。

当前，内蒙古各地区的社区治理改革创新普遍呈现加速发展态势，社区治理的制度体系、体制机制不断健全，实践探索不断深入，改革创新效应逐步显现，基层政府"一元治理、单向行动"的格局日趋消解，"多元参与、协商共治"的理念正在逐步从政府部门政策研究者、行政管理者向街道社区党组织、社区居委会、社会组织、社区自组织等主体成员渗透，但从深层次看，还远未普遍深入广大社区居民内心。多数社区的普通居民群体对社区治理的关注和参与程度不高，社区认同感、归属感不高，有益于社区良性发展的公共活动参与对象和参与范围相对局限，多数居民还游离于社区公共生活之外，社区的多元共治行动仍在内生动力不足的状况下曲折前行。造成这些状况的根本原因在于，以社区居民为主体的"共建共治共享"的共同价值意识在社区范围内尚未形成。这是当前各地区普遍面临的深层次问题，解决问题的有力抓手是社区精神文化建设。

社区公共精神的形成依赖于社区居民认识的提升和行为的养成。社区精神文化建设需要从知与行两方面出发，将"共建共治共享"内化为个体意识和行为准则，外化为推进社区发展的主要方式，从而在日积月累、潜移默化中逐步固化为社区成员普遍坚持的公共精神。因此，面对当前社区发展中普遍存在的价值意识问题，可以将社区精神文化建设主要定位为"两个工程"，即对以社区居民为主体的社区成员参与社区治理的"意识启蒙工程"和"能力提升工程"。这其中的核心是，以培育和践行社会主义核心价值观为根本，融入社区精神文化建设的全过程；关键是如何把抽象的社会主义核心价值观具体化、生活化，融入社区公共生活，从社区实际和居民实际来培育社区精神，指引社区成员的意识和行动，加强社区"两委"的感召凝聚力和社区主体的协同行动力。在这一方面，基层政府仍需进一步探索务实有效的经验做法。

地区党委政府除了做好本地区各区域社区精神文化建设工程的精细化安排和社会化引导外，还要着力提升街道社区党委的引领、凝聚、教育和动员能力，注重向社区居委会、社区组织和社区工作者赋能，以因地制宜和因人制宜为原则，一是深挖社区文化资源，打造有特色、多层次、可持续的社区精神文化精品项目；二是创新主体多元化、形式多样化、内容生活化的社区教育模式，通过接地气的学习形式强化引领感召能力，通过有效率的引导方法提升社区居民有序参与治理的基本能力；三是从小处入手，探索激发社区居民公共参与热情的有效方法，从最广泛、最基础的层面逐步涵养社区公共精神，培育"共建共治共享"的共同价值意识。

参考文献

中文著作：

[1] 习近平．习近平谈治国理政：第 1 卷［M］．北京：外文出版社，2018.

[2] 习近平．习近平谈治国理政：第 2 卷［M］．北京：外文出版社，2017.

[3] 习近平．决胜全面建成小康社会 夺取新时代中国特色社会主义伟大胜利：在中国共产党第十九次全国代表大会上的报告［M］．北京：人民出版社，2017.

[4] 习近平．干在实处 走在前列——推进浙江新发展的思考与实践［M］．北京：中共中央党校出版社，2006.

[5] 中共中央宣传部．习近平新时代中国特色社会主义思想三十讲［M］．北京：学习出版社，2018.

[6] 中共中央文献研究室．习近平关于社会主义社会建设论述摘编［M］．北京：中央文献出版社，2017.

[7] 中共中央国务院．中共中央国务院关于加强和完善城乡社区治理的意见［M］．北京：人民出版社，2017.

[8] 编写组．中共中央关于坚持和完善中国特色社会主义制度、推进国家治理体系和治理能力现代化若干重大问题的决定（2019 年十九届四中

全会决定单行本）［M］．北京：人民出版社，2019．

　　［9］国务院发展研究中心公共管理与人力资源研究所"我国社会治理创新发展研究"课题组．我国社会治理的制度与实践创新（国务院发展研究中心研究丛书2018）［M］．北京：中国发展出版社，2018．

　　［10］王沪宁，林尚立，孙关宏．政治的逻辑：马克思主义政治学原理［M］．上海：上海人民出版社，2016．

　　［11］俞可平．中国治理理论［M］．北京：中央编译出版社，2015．

　　［12］俞可平．论国家治理现代化（修订版）［M］．北京：社会科学文献出版社，2015．

　　［13］俞可平，李侃如，等．中国的政治发展［M］．北京：社会科学文献出版社，2013．

　　［14］俞可平．治理与善治［M］．北京：社会科学文献出版社，2000．

　　［15］俞可平．权利政治与公益政治［M］．北京：社会科学文献出版社，2000．

　　［16］俞可平．中国如何治理：通向国家治理现代化的中国之路［M］．北京：外文出版社，2018．

　　［17］俞可平，黄卫平，陈学明，等．马克思主义经典作家关于民主和政治文明的基本观点研究［M］．北京：人民出版社，2017．

　　［18］何增科，陈雪莲．政府治理［M］．北京：中央编译出版社，2015．

　　［19］陈家刚．基层治理［M］．北京：中央编译出版社，2015．

　　［20］谢志强．社会治理研究［M］．北京：人民出版社，2020．

　　［21］魏礼群．中国社会治理通论［M］．北京：人民出版社，2019．

　　［22］郑杭生，陆益龙．社会学概论新修精编本［M］．北京：中国人民大学出版社，2020．

［23］郑杭生．社会运动学派轨迹［M］．北京：首都师范大学出版社，2014.

［24］郑杭生．中国人民大学中国特色和谐社区建设"上城模式"实地调查研究——杭州"上城经验"的一种社会学分析［M］．北京：世界图书出版公司，2010.

［25］郑杭生．中国社会发展研究报告2009——走向更有共识的社会：社会认同的挑战及其应对［M］．北京：中国人民大学出版社，2009.

［26］夏建中．中国城市社区治理结构研究［M］．北京：中国人民大学出版社，2012.

［27］叶笑云，许义平，李慧凤．社区协同治理［M］．杭州：浙江大学出版社，2015.

［28］史柏年．社区治理［M］．北京：中央广播电视大学出版社，2004.

［29］卢汉龙．社会建设与社会治理［M］．北京：社会科学文献出版社，2006.

［30］雷晓康，马子博，等．中国社会治理十讲［M］．北京：中国社会科学出版社，2020.

［31］童星．国家治理研究书系：中国社会治理［M］．北京：中国人民大学出版社，2018.

［32］邱梦华，秦莉，李晗．城市社区治理［M］．北京：清华大学出版社，2013.

［33］李友梅，肖瑛，黄晓春．社会认同：一种结构视野的分析——以美、德、日三国为例［M］．上海：上海人民出版社，2007.

［34］刘辉．文化治理：公共文化服务的中国故事研究［M］．北京：高等教育出版社，2017.

[35] 刘须宽. 国家治理体系和治理能力现代化 [M]. 北京：人民日报出版社，2019.

[36] 冯天瑜，何晓明，周积明. 中华文化史 [M]. 上海：上海人民出版社，1990.

[37] 周立. 中国城市社区治理报告（2019）[M]. 北京：中国社会出版社，2018.

[38] 王志弘. 文化治理与空间政治 [M]. 台北：群学出版有限公司，2011.

[39] 颜玉凡. 大都市社区协同治理视域下的公共文化服务 [M]. 北京：中国社会科学出版社，2017.

[40] 赵秀玲. 中国基层治理发展报告（2017）[M]. 广州：广东人民出版社，2017.

[41] 孙磊. 行动、伦理与公共空间：汉娜·阿伦特的交往政治哲学研究 [M]. 北京：北京师范大学出版社，2013.

[42] 陈伟东. 社区自治——自组织网络与制度设置 [M]. 北京：中国社会科学出版社，2004.

[43] 中国大百科全市编委会. 中国大百科全书：社会学 [M]. 北京：中国大百科全书出版社，1991.

[44] 李雪萍. 社区参与在路上 [M]. 北京：中国社会科学出版社，2015.

[45] 本书编写组. 思想道德修养与法律基础 [M]. 北京：高等教育出版社，2018.

[46]《西方政治思想史》编写组. 西方政治思想史 [M]. 北京：高等教育出版社，2018.

[47] 李山，吴理财. 社区文化治理及其公共性重建 [M] // 赵秀玲.

中国基层治理发展报告 (2016), 广州: 广东人民出版社, 2016.

[48] 付春华. 政府推进社区多元共治的体系与过程: 重构社区认同 [M]. 北京: 中国政法大学出版社, 2015.

[49] 哈贝马斯. 公共领域 [M] //汪晖, 陈燕谷. 文化与公共性. 北京: 生活·读书·新知三联书店, 2005.

中文译著:

[1] 中共中央马克思恩格斯列宁斯大林著作编译局. 马克思恩格斯全集: 第 2 卷 [M]. 北京: 人民出版社, 2012.

[2] 斐迪南·滕尼斯. 共同体与社会 [M]. 林荣远, 译. 北京: 商务印书馆, 1999.

[3] 尼科洛·马基雅维利. 君主论 [M]. 潘汉典, 译. 北京: 商务印书馆, 1985.

[4] 约翰·洛克. 政府论: 下篇 [M]. 叶启芳, 瞿菊农, 译. 北京: 商务印书馆, 1982.

[5] 亚里士多德. 政治学 [M]. 吴寿彭, 译. 北京: 商务印书馆, 1996.

[6] 彼得·德鲁克. 社会的管理 [M]. 徐大建, 译. 上海: 上海财经大学出版社, 2003.

[7] 约拉姆·巴泽尔. 国家理论 [M]. 钱勇, 曾咏梅, 译. 上海: 上海财经大学出版社, 2006.

[8] 约翰·罗尔斯. 正义论 [M]. 何怀宏, 何包钢, 廖申白, 译. 北京: 中国社会科学出版社, 1988.

[9] 罗伯特·帕特南. 独自打保龄: 美国社会资本的衰落与复兴 [M]. 刘波, 祝乃娟, 张孜异, 译. 北京: 北京大学出版社, 2011.

[10] 埃莉诺·奥斯特罗姆. 公共事物的治理之道：集体行动制度的演进 [M]. 余逊达，陈旭东，译. 上海：上海译文出版社，2000.

[11] 罗伯特·帕特南. 使民主运转起来 [M]. 赖海榕，译. 南昌：江西人民出版社，2001.

[12] 托尼·本尼特. 文化与社会 [M]. 王杰，等译. 桂林：广西师范大学出版社，2007.

中文期刊：

[1] 付春华. 基层政府社区认同建设的文化治理效用研究——以包头市为例 [J]. 领导科学，2017 (1).

[2] 付春华. 社区协同治理与社区认同的同构性研究 [J]. 领导科学，2016 (2).

[3] 付春华. 探索多元共治：包头市"强政府优社区"改革实践 [J]. 社会治理，2016 (5).

[4] 付春华，王宇辉. 社区多元共治的共性逻辑和差异性选择——以包头市为例 [J]. 赤峰学院学报，2016 (5).

[5] 付春华. 社区多元共治主体的"权利"和"权力"问题研究 [J]. 兰州工业学院学报，2016 (5).

[6] 付春华. 社区多元共治实践之"强政府优社区"模式研究 [J]. 理论观察，2016 (1).

[7] 付春华. 激发城市社会主体活力的社区治理创新实践——以内蒙古赤峰市红山区为例 [J]. 现代城市，2019 (4).

[8] 付春华. 社区治理、社区认同、文化治理概念梳理 [J]. 职大学报，2019 (4).

[9] 付春华. 生态文明建设中政府确立"引导人"角色的理论基础

[J]．中共云南省委党校学报，2013（3）．

[10] 付春华．共建共治共享：社区协同治理及其运行机制 [J]．职大学报，2020（3）．

[11] 付春华．城市社区多主体协同治理模式研究——基于"共建共治共享"理念 [J]．城市学刊，2020（5）．

[12] 俞可平．中国治理变迁30年（1978—2008）[J]．吉林大学社会科学学报，2008（3）．

[13] 黄树贤．奋力开创新时代城乡社区治理新局面——学习贯彻习近平总书记关于城乡社区治理的重要论述 [J]．中国民政，2018（15）．

[14] 郑杭生，尹雷．"社会互构论"视野下的城市社区文化建设刍议——基于南海的案例分析 [J]．学习与实践，2014（5）．

[15] 燕继荣．社区治理与社会资本投资——中国社区治理创新的理论解释 [J]．天津社会科学，2010（3）．

[16] 燕继荣．协同治理：社会管理创新之道——基于国家与社会关系的理论思考 [J]．中国行政管理，2013（2）．

[17] 燕继荣．社会变迁与社会治理——社会治理的理论解释 [J]．北京大学学报（哲学社会科学版），2017（5）．

[18] 郁建兴，张利萍．地方治理体系中的协同机制及其整合 [J]．思想战线，2013（6）．

[19] 毛少莹．文化治理及其国际经验 [J]．中国文化产业评论，2014（2）．

[20] 吴理财．公共文化服务的运作逻辑及后果 [J]．江淮论坛，2011（4）．

[21] 吴理财．文化治理的三张面孔 [J]．华中师范大学学报（人文社会科学版），2014（1）．

［22］李世敏，吴理财．社区治理的文化转向：一种新的理论视角［J］．理论与改革，2015（1）．

［23］陈伟东．社区行动者逻辑：破解社区治理难题［J］．政治学研究，2018（1）．

［24］陈伟东．社会治理的基础在于增强社区自组织能力［J］．中国民政，2015（3）．

［25］陈伟东，许宝君．社区治理社会化：一个分析框架［J］．华中师范大学学报（人文社会科学版），2017（3）．

［26］陈伟东，李雪萍．社区治理主体：利益相关者［J］．当代世界与社会主义，2004（2）．

［27］许宝君，陈伟东．社区治理理念创新及其技术实践［J］．中州学刊，2017（7）．

［28］尹浩，陈伟东．城市社区治理：研究进路与发展态势［J］．学术论坛，2016（6）．

［29］胡惠林．当代中国文化治理的历史逻辑与基本特征［J］．治理研究，2020（1）．

［30］胡惠林．城市文化空间建构：城市化进程中的文化问题［J］．思想战线，2018（4）．

［31］胡惠林．国家文化治理：发展文化产业的新维度［J］．学术月刊，2012（5）．

［32］魏波，孙颖．在治理创新与文化发展的互动中培育社会认同［J］．中国特色社会主义研究，2012（1）．

［33］崔新建．文化认同及其根源［J］．北京师范大学学报（社会科学版），2004（4）．

［34］张勇．论社会资本的社区公共空间向度［J］．深圳大学学报

（人文社会科学版），2017（6）.

[35] 柳立子. 城市公共空间建设与城市文化发展——以广州与岭南文化为例［J］. 学术界，2014（2）.

[36] 李昕阳. 城市老人、儿童适宜性社区公共空间研究［J］. 城市发展研究，2015（5）.

[37] 杨荣. 社会资本的缺失与重建——以中国城市社区发展为视角［J］. 山东科技大学学报（社会科学版），2004（3）.

[38] 王立洲. 当代中国人的文化认同危机及其重建——兼论社会主义核心价值体系建设的路径和方法［J］. 求实，2011（4）.

[39] 唐有财，胡兵. 社区治理中的公众参与：国家认同与社区认同的双重驱动［J］. 云南师范大学学报（哲学社会科学版），2016（2）.

[40] 舒晓虎，陈伟东，罗鹏飞. "新邻里主义"与新城市社区认同机制——对苏州工业园区构建和谐新邻里关系的调查研究［J］. 社会主义研究，2013（4）.

[41] 刘忱. 国家治理与文化治理的关系［J］. 中国党政干部论坛，2014（10）.

[42] 王前. 理解"文化治理"：理论渊源与概念流变［J］. 云南行政学院学报，2015（6）.

[43] 徐一超. "文化治理"：文化研究的"新"视域［J］. 文化艺术研究，2014（3）.

[44] 李山. 社区文化治理：主体架构与实践行动［J］. 云南行政学院学报，2017（1）.

[45] 辛方坤. "三治融合"视域下城市社区公共空间的构建——基于上海D社区的探索［J］. 社会科学，2018（3）.

[46] 杨贵华. 社区协商的独特价值及其实践推进［J］. 社会科学，

2017（3）.

［47］杨贵华，王瑞华．社区自组织机制的发展及其在当代中国的意义［J］．南昌大学学报，2008（3）.

［48］丁元竹．价值意义与工具意义上的社区——关于社区建设和社区治理的探索［J］．中国治理评论，2013（2）.

［49］夏辉，张冰．社会治理的文化介入机制及路径［J］．河海大学学报（哲学社会科学版），2014（4）.

［50］郭风英．单位社区的终结和社区治理的转型——以湖北省 X 市 L 集团三个社区为个案［J］．湖北社会科学，2007（11）.

［51］宋文生．哲学视野的文化评价标准及其意义［J］．湖北社会科学，2014（5）.

［52］孟红莉．如何避免社区文化建设的路越走越窄［J］．社区，2006（2）.

［53］陈圣龙．"区直管社区"探路城市社区管理体制改革［J］．学习月刊，2011（19）.

［54］孔娜娜．"共同体"到"联合体"：社区居委会面临的组织化风险与功能转型［J］．社会主义研究，2013（3）.

［55］陈炳辉，王菁．"社区再造"的原则与战略——新公共管理下的城市社区治理模式［J］．行政论坛，2010（3）.

［56］毕天云．社区文化：社区建设的重要资源［J］．思想战线，2003（4）.

［57］冯猛．城市社区治理的困境及其解决之道——北京东城区 6 号院的启示［J］．甘肃行政学院学报，2013（5）.

［58］杨荣．社会资本的缺失与重建——以中国城市社区发展为视角［J］．山东科技大学学报（社会科学版），2004（3）.

［59］马全中．中国社区治理研究：近期回顾与评析［J］．新疆师范大学学报（哲学社会科学版），2017（3）．

［60］卓健，孙源铎．社区共治视角下公共空间更新的现实困境与路径［J］．规划师，2019（3）．

电子资源：

［1］中共中央国务院．关于加强和完善城乡社区治理的意见〔2017〕13 号［A/OL］．中华人民共和国中央人民政府官网，2017 – 06 – 12．

［2］国家发展改革委．关于印发西部大开发"十三五"规划的通知〔2017〕89 号［A/OL］．中华人民共和国中央人民政府官网，2017 – 01 – 11．

［3］内蒙古自治区党委，自治区人民政府．关于加强和完善城乡社区治理的实施意见 中发〔2017〕40 号［A/OL］．内蒙古自治区人民政府官网，2017 – 12 – 31．

［4］新华网．习近平在上海考察［R/OL］．新华社上海，2018 – 11 – 07．

［5］习近平．在党的十九届一中全会上的讲话（2017 年 10 月 25 日）［R/OL］．求是，2017 – 12 – 31．

［6］新华网．习近平在上海考察时强调 深入学习贯彻党的十九届四中全会精神 提高社会主义现代化国际大都市治理能力和水平［R/OL］．新华社上海，2019 – 11 – 03．

［7］新华网．习近平在湖北考察时强调 坚持新发展理念打好"三大攻坚战"奋力谱写新时代湖北发展新篇章［R/OL］．新华社武汉，2018 – 04 – 28．

［8］新华网．习近平春节前夕赴陕西看望慰问广大干部群众 向全国人

民致以新春祝福［R/OL］．中央政府门户网站，2015-02-16.

　　［9］新华网．习近平：践行新发展理念深化改革开放 加快建设现代化国际大都市［R/OL］．新华社北京，2017-03-05.

　　［10］新华网．习近平在上海考察［R/OL］．新华社上海，2018-11-07.

　　［11］中共中央办公厅．国务院办公厅关于转发《民政部关于在全国推进城市社区建设的意见》的通知〔2000〕23号［A/OL］．中华人民共和国中央人民政府官网，2000-11-19.

后　记

近年来，本人一直致力于社区治理问题的研究探索。作为城市基层的一名高校教学和科研人员，我习惯在进行理论研究时关注一些"身边的事"，感受一些"身边的变化"。以2017年国家层面出台第一个关于城乡社区治理的纲领性文件为契机，我国社区治理创新从理论、政策到实践都呈现出日新月异的发展状态，特别是我的家乡内蒙古自治区近几年在社区治理创新上，正值抢抓发展机遇、全面统筹推进时期，这让我对学术研究创作产生了一种"时不我待"的紧迫感。2019年党的十九届四中全会胜利召开，会议审议通过了《中共中央关于坚持和完善中国特色社会主义制度、推进国家治理体系和治理能力现代化若干重大问题的决定》，让我愈加感受到大到国家治理、小到社区治理的发展必将踔厉步稳，愈加意识到"脚力""眼力""脑力""笔力"的全面提升对于目前学者立足中国大地开展学术研究的重要价值，这亦是习近平总书记对新时代哲学社会科学工作者提出的重要要求。

我心怀对专业学术理论创新的热情、对现实关注的热情、对家乡发展的热情，秉持理性、客观的学术研究态度，深入街道社区，深入基层站点，全力以赴完成了本书的调查研究和理论创作计划。本书从筹划到完成历时三年，完成一部专著，如同孕育一个孩子，过程虽然艰辛，但当项目顺利通过结项验收（内蒙古自治区哲学社会科学规划项目"内蒙古地区社区认同与社区治理的协同建构研究"），本书稿作为项目主要研究成果最终收笔的那一刻到来时，心中充满了无限欣慰和感慨。

本书虽由我亲自执笔，但如没有其他同志的倾力支持，就没有即将到来的脱稿付梓。感谢在前期项目研究以及各地实地调查研究中给予积极协助的各有关部门、单位同志和基层社区负责人及居民群众，他们的鼎力协助对本书的创作至关重要。也要感谢多年来在学术探索道路上给我无私帮助和宝贵建议的同仁和朋友，他们的鼓励和认可激励着我永不懈怠。

感谢光明日报出版社为此专著出版提供的平台支持和资助，感谢出版社各位编辑老师所付出的辛劳，一份严谨免除多少遗憾。

最后要感谢在生活中一直给我默默支持的家人，他们永远是我疲倦时最温暖的休憩港湾，给我前行路上不竭的动力。尽管本书创作努力坚持严谨、求实的原则，但受本人学术积累和水平所限，必然存在许多不足，敬请各位批评指正。

付春华

2020 年 1 月于东亚新华社区